JN189071

「君たちはどう生きるか」を読み解く

——あるジャーナリストの体験から

橋本 進

目次

「君たちはどう生きるか」を読み解く——あるジャーナリストの体験から

第1章

コペル君と視座の転換

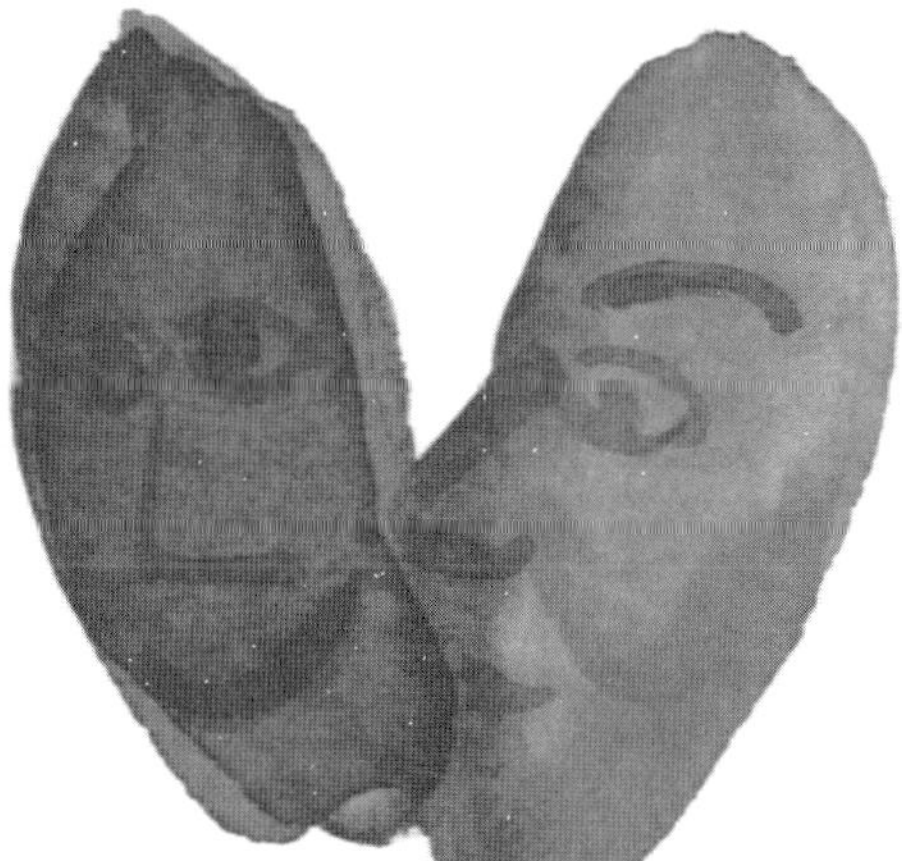

1　吉野源三郎と『君たちはどう生きるか』

名著としての『君たちはどう生きるか』

一九三七（昭和一二）年に刊行されたこの本は、現在もなお読みつがれている。当時の中学生向けに書かれた物語だが、高校を卒業された皆さん、いや私年輩の人間が読んでも教えられることが多い。岩波文庫のテキストの巻末に、丸山眞男氏の「『君たちはどう生きるか』をめぐる回想」という文章が収められている。サブ・タイトルに「吉野さんの霊にささげる」とあるように、吉野さんが亡くなったとき（一九八一年）の追悼文ですが、読むとわかるとおり美事な解説の役割を果たしている（以下、便宜上、この文章を「解説」と呼ばせていただく）。

現代有数の政治学者・丸山さんはこの文章の最初のほうで、少年期の鶴見俊輔氏や自分がこの『君たちは……』から大きな感銘を与えられたことをのべている。鶴見さんは、これまた現代日本で有数の哲学者・思想家です。この作品は少年向けの読物なのに、大学を卒業して法学部助手（東大）になった青年・丸山は読んで「震撼される思い」がし、「自分ではいっぱしオトナになったつもりでいた私の魂をゆるがした」（傍点――引用者）と書く。そして、なぜそのような感動を得たのかをのべることが、「吉野さんへの追悼をかねてこの劃期的名著にたいする一つの紹介の役割」を果たすかもしれない、とつづける。

では吉野源三郎さんとはどんな人か。出版ジャーナリストの大先輩です。一八九九年東京生まれ、東京大学哲学科卒。三省堂編集部をへて、東大図書館勤務。一九三七年、岩波書店に入社、翌年、岩波新書の創刊に携わる。いま日本ではいろんな出版社から何々新書という本が出されているが、新書という形式で本が刊行されるようになったのは、これが最初です。戦後、総合雑誌『世界』を創刊し初代編集長、編集担当の重役をつづけた。一方でジャーナリスト活動をしながら、他方、戦後結成された労働組合「印刷出版」（今日の出版労連、全印総連）の書記長をやったり、日本ジャーナリスト会議（ＪＣＪ）の初代議長になったりした。編集者であり、思想家・哲学者であり、ジャーナリスト運動や平和運動の実践家でもあった。

私がはるかに後輩であり、勤務する会社も違うということから、吉野さんに直接お目にかかった体験は二、三度しかありませんが、三〇歳近くも年下の私に、ていねいな言葉づかい、折目ただしい態度で接してくださり、ジェントルマンそのものという印象でした。

若き日の吉野さんが『君たちは……』を書いた事情については、テキスト巻末の吉野さんの「作品について」や『職業としての編集者』（岩波新書）をみてください。

コペル君登場

「まえがき」で物語の主人公が紹介されます。本田潤一君、あだ名がコペル君、中学二年生、一五歳。潤一君の家庭をふくめ、このころの人びとの生活を目に浮かべるためにいい本が出ました。立川昭二（北里大教授）『昭和の跫音』（筑摩書房）。この本が書かれたきっかけも『君たちは……』なのです。「さいきん『君たちはどう生きるか』を五〇数年ぶりに読み返し、この本が刊行された昭和一二年をあらためてふり返ってみたところ、このころは「昭和史の山場というべき時代」で、昭和一二年はおそらく「近代文学史上空前の多産な一年」であることがわかる。堀辰雄『風立ちぬ』、川端康成『雪国』、永井荷風『濹東綺譚』、志賀直哉『暗夜行路』、横光利一『旅愁』、島木健作『生活の探求』、和田伝『沃土』、山本有三『路傍の石』、石坂洋次郎『若い人』、豊田正子『綴方教室』、久保栄『火山灰地』、野上弥生子『迷路』……そして『君たちは……』。なるほど壮観といっていいほど、名作揃いです。立川さんは当時の庶民が日常どんな生活を営んでいたのかを、これら「同時代の文学から照らし出してみよう」と、この本を書くわけです。

コペル君の家に、近所に住む叔父さんがちょくちょく訪ねてくる。叔父さんは少年コペル君の内部に育つ「ものの見方」をみつめ、その意味合いがコペル君に自覚されるように、感想と意見をノートにしるし、コペル君に伝えるというのが本の組み立てです。そこで物語の筋のほうは皆さんに読んできてもらい、私は主として「おじさんのノート」について注釈をのべることにします。

2 私の「へんな経験」と視座の転換

あだ名の由来

コペル君というあだ名の由来は第一章「へんな経験」で明らかにされる。これは物語の前年、潤一君が中一のときの一〇月、叔父さんと銀座のデパート屋上から地上を見おろしたときの経験だ。その日は雨。霧雨の中に茫々とひろがる東京の街を見つめる潤一君には、街が一面の海のようにみえる。そして、その海の下に人間が生きているんだということに思いいたり、身ぶるいをする。叔父さんとあれこれ言葉をかわしたのち、「ねえ、叔父さん」「なんだい」「人間て……人間て、まあ、水の分子みたいなものだねえ」と感想をのべる。

それからまた、近くのビルを見廻す。無数の窓。中に人がいるかどうかはわからない。けれども潤一君は、どこか自分の知らないところで、自分を見つめている眼があるような気がする。そこで「見ている自分、見られている自分、それに気がついている自分、自分で自分を遠く眺めている自分」――いろいろな自分が潤一君の心の中で重なり合って、目まいに似たものを感じる。これが「へんな経験」です。

そこでおじさんはノートで潤一君に語りかける。〝人間てほんとに分子みたいなものだね〟と言って、本気でものを考えてる君の顔は美しかった。「君が広い世の中の一分子として自分を見たというのは、決して小さな発見ではない」。

そこで潤一君のあだ名の由来、コペルニクス Nicolaus Copernicus（一四七三～一五四三年。ポーランドの天文学者。『天体回転論』）の地動説について語る。コペルニクスが唱えるまで、昔の人は、みんな、太陽や星が地球のまわりをまわっていると、目で見たままに信じていた（天動説）。コペルニクス説の正しさは、その後ガリレオ・ガリレイ（一五六四～一六四二年。イタリアの物理学者、天文学者。『星界の使者』『二大宇宙体系についての対話』）、ヨハネス・ケプラー（一五七一～一六三〇年。ドイツの天文学者）らによって証明されるが、この学説は当時の教会から危険思想として迫害を受け、地動説を誰一人疑う者のない今日のような状態になるまでには、何百年という年月がかかった。
「それほど人間が自分を中心としてものを見たり、考えたりしたがる性質は、根深く、頑固なもので、それは何も天文学ばかりのことではなく、世の中とか、人生とかを考えるときにも、やっぱりついてまわることなのだ」とおじさんは書く。ここでおじさんはコペルニクスの偉大さは、人間の宇宙観、地球観、つまり「ものの見方」「とらえ方」を一八〇度転換させたことにあることを指摘し、潤一君が〝へんな経験〟から、広い世の中の一分子として自分をとらえる見方を自分の中に育て、「ものの見方」を転換させはじめたことを激励しているわけです。

認識と視座の転換

このへんのくだりについて、丸山さんの「解説」をみよう。丸山さんはその文章の最初のほうで、「吉野さんの思想と人格が凝縮されている、この一九三〇年代末の書物に展開されているのは、人生いかに生くべきか、という倫理だけでなくて、社会科学的認識とは何かという問題であり、むしろそうした社会認識の問題ときりはなせないかたちで、人間のモラルが問われている点に、そのユニークさがあるように思われます」とのべている。この書物の本質を言い当てた記述だ、と思います。

そこで丸山さんは社会認識の問題に入って、「へんな経験」についてこうのべている。地上で「懸命に小さな自転車のペダルをふむ少年と、その少年の動きを屋上から目で追っているコペル君は、見られるものと見るものとの関係にあり、見られるものはそのことを意識しないが、見るものには分っています。にもかかわらず眼下の少年にたいしては、一方的に見る立場にあるコペル君自身も、眼前に林立するビルの無数の窓のなかから見られていて、そのことが自分には分らないのかもしれないことに気づくという視座の転換の問題。つまりここにすでに都市論という社会科学的な、そうしてすぐれて今日的な対象の分析と、主体・客体関係という認識論的な意味づけとがわかちがたく結び合わされて読者に提示されているわけです」。

ここでいう都市論とは、銀座など都市中心部における昼間人口と夜間人口の差を、おじさんが潮の満ち干きに例えているところのことですね。そして丸山さんはつづける。「社会科学的な認識が、主体・客体関係の視座の転換と結びつけられている、ということの意味は、……おじさんのノート――ものの見方について――で、一段と鮮明になります」。要するに、この本は最初の章から、認識と視座の問題が提起されているのです。

私の「へんな経験」

私にも視座を意識し、その転換を自覚した経験はいくつかあります。何といっても一九四五年八月一五日、敗戦に伴う社会観、人生観の転換は決定的です。しかし、これは説明の要もないでしょう。私は一九八二年、長崎の被爆者で平和運動家の渡辺千恵子さんの講演旅行に同行したことがあります。渡辺さんは一九四五年八月九日、動員先の工場で原爆投下に出会ってはりの下敷きになり、下半身不随となる。そのうえ放射能の影響（原爆症）で何度も生死の境をさまよう。お母さんの必死の看病で一命をとりとめるが、家の中の一室で寝たきりの生活となる。五六年、長崎で第二回原水爆禁止世界大会がひらかれたとき、〝二度と原爆の惨禍を招いてはならない〟という思いから、お母さんの腕に抱かれて壇上から核兵器廃絶を訴える。以降、母親に抱かれながらの平和アピール活動をつづけるが、やはり被爆者のお母さんも病気がちになる（七九年六月逝去）。そこで渡辺さんは自立して行動できるように車椅子生活に挑戦する。車椅子に慣れるまでに二度骨折した、といいます。だから、渡辺さんは重度障害者です。

重度障害者といっしょに旅行して、私ははじめて障害者の目線＝視座から世の中を見るということを知りました。私たちの多くは障害をもたない人間＝「健常者」だから、身近かに障害者がいないかぎり、容易に障害者の立場を実感できません。渡辺さんの車椅子を押してみて、はじめて「三センチの段差が富士山の高さにみえる」という障害者の言葉が身にしみました。歩道の段差を車椅子の人が自力で越えることは至難の業です。泊まるところにも不自由します。ビジネスホテルのトイレやバスはユニット式で、入口のところに仕切りがある。だいたい部屋が狭くて、車椅子を廻転させることができない。行く先々の市役所、役場に障害者用トイレの設置場所を前日に問い合わせておかねばならない。

車椅子を押していて、私は日本の酔っ払いサラリーマンたちに無性に腹が立ちました。私も長い間出版社勤務で、編集者サラリーマンであったにもかかわらず……。向こうから酔ったビジネスマン集団がやってきたら、ダンプカーに襲われるような感覚になります。話に夢中で、車椅子などに注意を払わない。欧米系の外国人だとまず安心です。軽く道をよけながら、なかには〝グッドイブニング〟などと声をかけてくれる人がいる。私は別に欧米崇拝をやりたいわけではないが、障害者に対する見方、接し方の社会的慣習が日本では未熟なんですね。その根本には日本における社会福祉政策の「貧しさ」がある。

編集者にとっての視座の転換

視座の転換は、ジャーナリストにとって、つねに意識されていなければならない問題です。編集者は世に送り出す原稿を、いつも読者の立場から読まねばならない。こういう表現、記述の順序で、はたして読者は素直に理解してくれるだろうか、論旨を正しく受けとるだろうか、という視点です。このことは同時に筆者の視点に立つということでもある。筆者は読者に何を訴えようとしてこう記述しているのか、これを主張したいのであれば、この表現は不適当だし、この展開の仕方では論理矛盾がおこる、展開はこうあるべきではないか、という視点です。よく「筆者と編集者の切り結び」からすばらしい原稿が生まれるといわれるが、それには読者、筆者双方の視座をもち得る編集者の存在が必要とされる。

原稿を扱う場合だけではない。取材、論評というジャーナリストの基本活動において重要な意味をもつ。本多勝一さんのルポルタージュには定評があるが、その理由の一つは、彼がつねに視座の問題を意識しているからではないでしょうか。その著書の『殺される側の論理』『戦争を起こされる側の論理』などの題名がしめしているように、同氏が書かれるものには、どちらの側から、あるいはどういう側からものを見るか、という問題が強烈に意識されています。

認識と主体の責任

では視座をあれこれ転換させれば、いいルポや論文が書けるかというと、そうはいかない。丸山さんは言っている。

「もしこの転換（視座——引用者）が、たんに対象認識の正確さの増大とか、客観性の獲得とかいうだけの意味しか持たないならば、その過程には自分は——つまり主体はなんら関与していないことになります」「どうして自分や、自分が同一化している集団や『くに』を中心に世の中がまわっているような認識から、文明国民でさえ今日も容易に脱却できないでいるのでしょうか。つまり世界の『客観的』認識というのは、どこまで行っても私達の『主体』の側のあり方の問題であり、主体の利害、主体の責任とわかちがたく結び合わされている、ということ——その意味でまさしく私達が『どう生きるか』が問われているのだ、ということを、著者はコペルニクスの『学説』に託して説こうとしたわけです」

つまり視座を転換することは、ものごとを正しく客観的にとらえるということだが、ものごとをとらえた（知った）人間に、そのとらえた（知った）ことを基点にして、どう生きるかが問われることでもある、という意味です。何らかの社会的不正の事実を知る。その場合、どうせ世の中はキレイゴトではすみはしないさ、と片づけるか、それともそういう不正を知った以上、社会から根絶するために自分は何をしたらよいのかと考えるか、の違いです。ベトナム戦争を取材した本多さんが、アメリカ側の視座を検討し（ジャーナリストとして当然の行為）、そのうえでベトナム民衆の視座の上に自分の視座を据えるというのは、ジャーナリスト本多の主体責任の行為であり、だからこそあのルポがあれだけの感動を呼びおこしたのではないでしょうか。

3　コペルニクス的転換とカント

コペルニクスとルネサンスの科学技術

コペルニクスやガリレイら科学的精神の発展とその成果は、ルネサンスの産物です。私たちジャーナリストの仕事の出発点をなす活版印刷は、火薬、羅針盤とともに「ルネサンスの三大発明」といわれます。ルネサンスとは一四世紀イタリアにはじまり、一五〜一六世紀のヨーロッパにひろがった文化興隆の動向をさし、さらにその時代の呼び名ともされる言葉で、「再生」を意味するフランス語です（イタリア語ではリナシタ）。わが国では「文芸復興」「学芸復古」と訳されていたことがある。中世ヨーロッパ社会における教会的束縛、既成観念から離れて、かつて自由で人間中心であったギリシャ、ローマの時代を再現しようという思想運動で、現実主義、合理主義的思考を育てた。そのことから人間性を躍動させるミケランジェロ、レオナルド・ダヴィンチらに代表されるけんらんたる芸術の開花と、科学技術の発展がもたらされた。このようにルネサンスは、「近代」を準備した歴史的運動であったが、それは都市の上流市民や知識人の間のものでした。

広範な民衆の思想変革運動は、マルティン・ルター（一四八三〜一五四六年。ドイツ人。『キリスト者の自由』一五二〇年ほか）、ジャン・カルヴァン（フランス人。一五〇九〜六四年。『キリスト教綱要』一五三六年）、トマス・ミュンツァー（ドイツ人。一四八九頃〜一五二五年）らの宗教改革運動です。

カントのコペルニクス的転換

吉野さんが、本書の主人公に、コペル君というあだ名を思いついたのは、吉野さんが大学時代にカント哲学を勉強されたからではないでしょうか。

イマヌエル・カントImmanuel Kant（一七二四〜一八〇四年）は、ドイツ東北部、東プロシャのケーニヒスベルク（現ロシア共和国のカリーニングラード）に生まれ、そこで死んだ大哲学者です。その生涯で『純粋理性批判』（一七八一年）、『実践理性批判』（八八年）、『判断力批判』（九〇年）などの大著を残します。『純粋理性批判』というのは、人間知性の基本構造の解明、要するにいっさいの学問の出発点となる人間の認識の構造の解明にとりくんだ本です。カントはこの本のなかで、それまでの哲学者の考え方を一八〇度展開させる自分の立場を「コペルニクス的転回」という言葉で類比したのです。

〝近世哲学の潮流すべてが彼に集まり、そこから流れ出す〟と評されるカントは、ドイツ啓蒙主義時代の学者です。啓蒙とは、精神の蒙昧（もうまい。物事にくらいこと）な状態を啓発することを意味する言葉で、ドイツ語のAufklärungに由来する。先にのべたルネサンスと宗教改革が、世界史における「近代への序曲」であったとすれば、近代の第一楽章は、イギリス、アメリカ、フランスの革命によってはじまるといっていいでしょう。二度の革命（一六四九年ピューリタン革命、八八年名誉革命）によって、当時、民主主義の最先進国となったイギリスの政治・社会思想の影響を受け、自国の絶対主義体制批判の思想を形成し、言論を展開したヨーロッパの知識人たちが、啓蒙主義者・啓蒙思想家と呼ばれる。啓蒙思想とその時代背景は次章にゆずります。

カントの哲学は、科学の世界からいっさいのドグマや迷妄を追い払おうという意図に貫かれ、神とか不死とかいう超感覚的なものを科学にもちこむ従来の哲学（たとえば、遊星の軌道が楕円だという主張は、造物主たる神の完全と円満にふさわしくないというような論証）をきびしく批判する。だからコペルニクス的転回といわれるわけですが、だが、その立場を徹底することができず、たとえば道徳律は先天的な至上命令でただこれに従うべきものだというような主張をした面もある（『実践理性批判』）。

彼の自然、世界、人間に関する考察の精緻さは驚くほどのもので、その全容を手短かに紹介することは、私などには不可能です。そこで彼の晩年（七一歳）のときの小論文を紹介することにします。

カントの永久平和論

カントの生きた時代は、フランス革命（一七八九年）の時代です。啓蒙思想家としてカントはフランス革命に関心と共感を寄せながら、同時に革命を機とし、ヨーロッパ中にひろまった戦争の惨禍に胸をいためた。そして『永遠平和のために――一哲学的考察』という小論文を発表する（一七九五年）。この執筆動機は、同年四月、フランスとプロイセンとの間でかわされたバーゼル平和条約への不信であったとみなされている。そのことは同書の第一章第一条項に示されている。本の内容は、目次をみるだけでかなり理解できると思うので、そのままご紹介しましょう。

［第一章］この章は、国家間の永遠平和のための予備条項を含む

第一条項　将来の戦争の種をひそかに保留して締結された平和条約は、決して平和条約とみなされてはならない。

第二条項　独立しているいかなる国家（小国であろうと、大国であろうと、この場合問題ではない）も、継承、交換、買収、または贈与によって、ほかの国家がこれを取得できるということがあってはならない。
第三条項　常備軍（miles perpetuus）は、時とともに全廃されなければならない。
第四条項　国家の対外紛争にかんしては、いかなる国債も発行されてはならない。
第五条項　いかなる国家も、ほかの国家の体制や統治に、暴力をもって干渉してはならない。
第六条項　いかなる国家も、他国との戦争において、将来の平和時における相互間の信頼を不可能にしてしまうような行為をしてはならない。

［第二章］　この章は、国家間の永遠平和のための確定条項を含む
第一確定条項　各国家における市民的体制は、共和的でなければならない。
第二確定条項　国際法は、自由な諸国家の連合制度に基礎を置くべきである。
第三確定条項　世界市民法は、普遍的な友好をもたらす諸条件に制限されなければならない。
第一補説　永遠平和の保証について
第二補説　永遠平和のための秘密条項

『永遠平和のために』というこの風刺的な標題は、あのオランダ人の旅館業者が看板に記していた文字で、その上には墓地が描かれていたりしたが、ところでこの風刺的な標題が、人間一般にかかわりをもつのか、それともとくに、戦争に飽きようともしない国家元首たちにかかわるのか、それともたんに、そうした甘い夢を見ている哲学者たちだけにかかわるのか……」という魅力的な書き出しでこの小論文

ははじまる。第一章（予備条項）でとくに有名なのは、常備軍の段階的廃止を唱えている第三条項です。各国の無際限な軍備拡張が国内の経済を圧迫し、それから逃れるために、常備軍の存在そのものが先制攻撃の原因になるという指摘は、当時から現代に至るまでの戦争の経過をみれば、大いにうなずけます。とほうもない軍備拡張が国内経済をどんなにめちゃくちゃにするかは、崩壊にいたった旧ソ連、今日のアメリカをみれば明らかです。カントはまたこの条項で、人間が人殺しの道具として使われることは、人間性の権利に反するという理由もあげています（ただし、カントは祖国防衛のための自衛措置は認めている）。

第二章第一確定条項でいう共和制とは、社会の成員が自由であること、すべての成員が共同の立法に従っていること、平等であることが要件だとしている。そして共和的体制と民衆的体制とを区別し、共和制とは、代表制、執行権と立法権の分離が行なわれている国家体制だとする。手っとり早くいえば、今日、私たちがイメージする民主主義的政治社会体制といっていいでしょう。国民に自由・人権がなく、支配者の意のままに国民を動員し得る独裁国家の同盟が、人類史上最大の戦禍、第二次世界大戦をひきおこしたことを想起すれば、この提言の意味は容易に理解できる。自由、人権、民主主義と平和は不可分のものです。

第二確定条項では、国際平和を達成する体制として、国際連合が構想される。一国内の共和的体制のような世界共和国（諸国家が独立した単位となる）ができることが望ましいが、それぞれの国家権力をもつ諸国は容易にうけ入れないだろうから、当面実現可能な平和維持の手段として連合が構想され、国際法はこれを土台に成立させるが、それはどのような形であれ、戦争を正当化する条項を含んではならない、という。

ほか今日の読者である私たちにとって、啓発される諸点は少なくありませんが、この論文の特徴、そして魅力は、世界平和という人類の根本問題が、単なる国際政治論としてではなく、理性や道徳など、人間性の本質への考察とともに展開されていることにあります。

平和論の系譜

こういう平和構想はある日突然、カントの頭にひらめいたものではありません。カントは、フランスの啓蒙思想家、ジャンジャック・ルソーの『サン・ピエールの永遠平和論抜粋』(一七六一年)などをつうじ、一八世紀初頭(一七一三〜一七年)に発表されたフランスの聖職者、サン・ピエールの『恒久平和論』を知っていた。その先人としては、ウィリアム・ペン『ヨーロッパの現在と将来の平和のために』(一六九三年。イギリス)がおり、さらに、オランダの法学者、政治家のフーゴ・グロティウスHugo Grotius(一五八三〜一六四五年)がいます。彼の大著『戦争と平和の法』(一六二五年)は、「三十年戦争」のさ中に公刊されたが、平和を願うその情熱的な理想主義、宗教にとらわれず自由で合理的な考察によって、世界の名著になっている。彼は後世「国際法の父」と呼ばれるようになりました。

こういう先人たちの提唱は、一見すると、学者・思想家の思弁、空想にとどまったかのようにみえますが、それから三〇〇〜二〇〇年後、第一次大戦後の国際連盟、第二次大戦後の国際連合のように、具体的な実を結んでいることを知らねばなりません。

明治期、近代日本最初の民主主義運動として自由民権運動が展開されますが、その傑出した思想家、中江兆民(『三酔人経綸問答』一八八七年)や植木枝盛(『無上政法論』=万国共議政府の構想、一八八〇年)の著作の中に、世界と日本の平和にかかわる考察を読むことができます。

第2章

人間の「立派さ」と「真実の体験」

1 「立派な」人とは

鍵は君自身だ

テキスト第二章「勇ましき友」に入ります。コペル君の親友がここで登場する。水谷君＝小学校時代からの友人で、すらりとしたスタイルのもの静かな少年（大実業家の息子。第五章で暮らしぶりが描かれる）。北見君＝背が低く、頑丈（軍人の息子）。率直で言い出したら後へは引かず、つけられたあだ名が「ガッチン」。コペル君はガッチンとはじめから親しかったわけではない。仲よくなるのは「油揚事件」からだ。事件をつうじてもう一人の親友ができる。浦川君＝運動はダメで、仕ぐさは間が抜けている。学業もできない（漢文だけは得意）。豆腐屋の息子（生活ぶりは第四章にくわしい）、弁当のおかずに生の油揚げをもってくるから、「アブラゲ」とあだ名をつけられ、クラスの中でからかいの対象とされている。

秋の学芸会を前にしたある日、クラスの顔役みたいな山口が、またも浦川君に悪意のあるからかいを仕かける。憤慨した北見が山口にくってかかり、取っ組み合いになる。先に手を出したのはどっちだという先生の問いに、北見は自分だと認めるが、理由はいわない。授業後、教員室に呼ばれて経過が明らかになる。教員室から出てきた北見に、どうして理由をいわなかったのかとコペル君が問うと、「だって、いいつけ口になるじゃないか。いやだあ、そんなこと」。

——こういうコペル君の体験に対する「おじさんのノート」は「真実の経験について」と題されています。おじさんはまず「君が、北見君の肩をもち、浦川君に同情しているのを聞いて、うれしかった」。君が叱られた「山口君といっしょに、コソコソと運動場の隅に逃げていった」としたら、「お母さんや僕は、どんなにやり切れないか知れやしない」。

なぜか。『お母さんも僕も、君に立派な人になってもらいたいと、心底から願っている」からだ。それは亡くなったお父さんの最後の希望でもある。おじさんがノートでコペル君に語りかけるのも、コペル君が「世の中や人間の一生について」「立派な考えをもたずに、立派な人間になることは出来ない」との考えからである。

だからといって、世の中とはこういうもので、その中に人間が生きることの意味はこうだなどと、一口で説明することは誰にも出来ない。「それは、君がだんだん大人になってゆくに従って、いや、大人になってからもまだまだ勉強して、自分で見つけてゆかなくてはならないことなのだ」。冷たい水の味は飲んでみなくてはわからないし、芸術も接してみなければわからず、しかも「それを味わうだけの心の眼、心の耳」が開かれていなければならない。人生についても、すぐれた文学者、思想家、宗教家らの著作——名著、名作のことですね——に学んでいかねばならないが、「それにしても最後の鍵は、——コペル君、やっぱり君なのだ」「君自身が生きて見て、そこで感じたさまざまな思いをもとにして、はじめて、そういう偉い人たちの言葉の真実も理解することが出来るのだ」。

「立派な人」と立派なジャーナリスト

「立派な人」についてのおじさんの意見はこうだから、ノートのどこにも「立派な人」のモデルは提示されない。冒頭のほうで「君が、卑劣なことや、下等なことや、ひねくれたことを憎んで、男らしい真直ぐな精神を尊敬しているのを見ると」ホッとすると書いているから、正義感に溢れ、品性豊かで、ヒューマンな眼をもつ人が立派な人としてイメージされているのがわかるくらいだ。おじさんは別のところで、「修身（当時の学校教科。今の倫理）で教えられたとおり、正直で、勤勉で、克己心があり、義務には忠実で、公徳は重んじ、人には親切だし、節倹は守るし……という人があったら、それはたしかに申し分のない人だろう」といいながら、しかし「君に考えてもらわなければならない問題は、それから先にある」と言う。

「肝心なことは、世間の眼よりも何よりも、君自身がまず、人間の立派さがどこにあるか、それを本当に君の魂で知ることだ」。そのためにもだいじなのは「いつでも自分が本当に感じたことや、真実心を動かされたことから出発して、その意味を考えてゆくことだ」。「しみじみと感じたり、心の底から思ったりしたことを、少しもゴマ化してはいけない」「どういう場合に、どういう事について、どんな感じを受けたか、それをよく考えて見るのだ。そうすると、ある時、ある所で、君がある感動を受けたという、繰りかえすことのない、ただ一度の経験の中に、その時だけにとどまらない意味のあることがわかって来る。それが、本当の君の思想というものだ」（傍点――引用者）。

こう読んでくると、おじさんの「立派な人」のイメージがわかってきます。自分の感動、体験を誠実にみつめ、その意味を考えぬいていく人であり、既成の知識によりかかって生きていく人ではなく、自分の思想を形成し、思想にもとづいて行動する人のイメージです。私はジャーナリストは知識人であってほしいと考えています。だが、その知識人とはテレビのクイズで満点をとるだけのような人のことではない。「ものの考え方」「自然や社会、人間についての見方（世界観）がしっかりしている人」のことです。また、ジャーナリストは文章家であってほしいが、キマリ文句を操って達者な文章を書いても、その人のことを文章家とは言いません。おじさんの言葉をかりれば、これらの人は立派なジャーナリストたり得ないのです。

そこで、体験にもとづいて、みずからの思想を形成していくことについて一冊の名著を紹介しましょう。

2 デカルト『方法序説』

デカルト
近世合理主義哲学の祖といわれるルネ・デカルト René Descartes（一五九六〜一六五〇年）の『方法序説』です。フランスの哲学者・数学者・自然科学者。前にのべたカントより一二〇年ほど前に生まれている。解析幾何学の発見など数学史上、画期的業績を残す。一六三三年夏までに、力学・天文学・化学・生物学・心理学にわたる諸問題を包括する『世界論』という論文を書きあげる。ところがこの年はローマの宗教裁判所で、ガリレオ・ガリレイが地動説で有罪判決をうけた年です。この論文もコペルニクスの地動説を承認したものだから、出版をあきらめる（同論文は死後出版された）。

しかしデカルトの自然学研究の水準の高さを知る友人たちは、その公表を求める。そこで屈折光学・気象学・幾何学の三つの試論をまとめ、その学問研究の方法を序文としてつけ加えた。これが『方法序説』で、自分の思索の過程を生活に即して語っているから、彼の思想的自伝ともなっている。一六三七年刊、四一歳のときです。原題は「理性をよく導き、もろもろの学問において真理を求めるための方法についての序説[1]」です。

三銃士の物語

デカルトの生きた時代を目に浮かべるために、アレキサンドル・デュマ『三銃士』（一八四八年）を思い出したらどうでしょう。やはり皆さんが読んだことのある『宝島』（一八八一年）を書いたスティーブンソンが「友を選ばばダルタニャン」と叫んだ、あの個性豊かで魅力的な銃士たちの物語です。デュマにはほかに『モンテクリスト伯』（一八四五年）という名作があり、デュマを愛読した文豪には、ハインリヒ・ハイネやサッカレー（『虚栄の市』）などがいる。

『三銃士』『二十年後』『ブラジュローヌ子爵』とつづくダルタニャン物語は、ルイ一三世（在位一六一〇～四三年）、ルイ一四世（在位一六四三～一七一五年）の時代が舞台です。ダルタニャンは一四世時代に実在した人物で、一六七七年に銃士隊長、伯爵になり、六年後に死ぬ。デュマは物語を実際よりは前の時代、一三世の時代からはじめ、一三世や王妃アンヌ、辣腕の宰相リシュリューを登場させ、ついで一四世治下の宰相マザラン、財務総監フーケ（失脚）、そのあとをつぎ、重商主義政策で知られるコルベールをも描く。
このころヨーロッパでは、ドイツの新旧両教徒諸侯間の対立にはじまってデンマーク、スウェーデン、フランスが入り乱れて戦った「三十年戦争」(一六一八～四八年)がつづき、イギリスでは近代民主主義への第一歩となった「権利請願」の議会採択(一六二八年)、クロムウェルが共和制を実現したピューリタン革命(一六四九年)、立憲君主制をもたらした名誉革命(一六八八年)が行なわれる。日本でいえば関ケ原の合戦(一六〇〇年)の時代です。

絶対王政時代

ところで、ルイ一三世は「絶対王政」確立への道をひらき、一四世はフランス絶対王政の頂点に立ったといわれている。では絶対王政、絶対主義国家とは何か。神格化された君主が、強大な官僚機構・常備軍・警察などをもって国民を支配する中央集権国家のことです。

生産力の発展は、中世封建社会の内部に手工業や商業を発展させ、それまでの現物経済=自然経済を商品経済に転換させていく。それに伴って都市が発達し、ブルジョアジー(市民階級)が形成されてくる。商品流通によって各農村の結びつきが強まり、かつて分散的であった農民一揆は、全国規模で農民蜂起になっていく。一六世紀のドイツ農民戦争などがそれです。宗教改革者、トマス・ミュンツァー(本書第1章第3節)は、万人が神の前に平等である神の国が聖書の教えと説き、農民戦争を指導する。

こうなると、封建社会の支配層も地方的な権力ではなく、中央集権的な権力でなければおさえきれなくなる。一方、大商人たちにとっては、各地の封建領主が関所を設け、通関税をとったり、商品や人の出入りを制限する体制は邪魔になり、統一国家（全国市場）を望むようになる。

そこで各地の中小貴族や大商人の支持をうける国王が、封建領主たちの独立性をうばい、中央集権の頂点に立つという事態が生まれる。「朕《ちん》（国王の自称。戦前の天皇の勅語を思い出してほしい）を離れて国家はない。国家、それは朕である」とは、「太陽王」と呼ばれたルイ一四世の言葉です。ダルタニャン物語を通して読むと、国王と武人との関係が変化していく（親密さ→臣従）ことに気づかれるでしょう。

絶対王政は領土を統一、国民的市場の形成、マニュファクチュア（工場制手工業）の保護育成、自国の保護貿易、重商主義政策の役割を果たす。絶対王政の典型はルイ一四世（フランス）のほか、フィリップ（フェリペ）二世（スペイン）、ヘンリー八世、エリザベス一世（イギリス）、フリードリヒ二世（ドイツ）、マリア・テレジア（オーストリア）、ピョートル一世、エカテリーナ二世（ロシア）などにみられる。それぞれの国の歴史的事情から、絶対主義体制の成立時期は異なり、日本は明治以降の国家体制がそれに当たるが、アジアでは日本以外に成立しなかった。

だからデカルトが思想を形成した時代は、スコラ哲学などを支柱とする中世封建思想と勃興しつつあるブルジョアジーの合理主義精神とのせめぎ合いの時代であり、ルネサンス以来の科学発展を背景にした時代であった、といえるでしょう。

良識の平等

『方法序説』は六部に分かれている。第一部の書き出し「良識はこの世で最も公平に配分されているものである」という一句は有名です。良識とは「よく判断し、真なるものを偽なるものから分かつところの能力」、つまり理性です。貴族や僧侶には理性があり、無智な農民などには理性がないなどという考え方とは無縁だ。『方法序説』が思想の分野での「人権宣言」だといわれたりするのはこのためです。ちなみに彼はこの論文を当時の学者たちのようにラテン語ではなく、一般人が読めるフランス語で書いた。ルネサンスの大作家、ダンテが『神曲』をトスカーナ方言（今日のイタリア語）で書いた（一四世紀）ことを連想させますね。(2)

　では、生まれつき平等に理性をもちながら、まちまちの意見が世上にあるのは、理性の多少によるのではない。「自分の考えをいろいろちがった途《みち》によって導き、また考えていることが同一でない」からだ。「よい精神をもつということだけでは十分ではな」く、「たいせつなことは精神をよく用いることだ」つまり精神の働かせ方、方法が重要だという。だが自分が書こうとしているのは、その方法を教えるのではなく、「ただいかなるしかたで私が自分の理性を導こうとつとめてきたかを示すだけのことなのである」ともいう。

　そして自分は幼いときから「文字の学問」は人生の認識に有用だと信じて、熱心に勉強してきた。歴史、雄弁、詩学、数学、道徳論、神学、哲学、法学、医学等々。勉強は決して無益ではなかったが、次第にそれら既成の学問が有益なものには思えなくなった、とそれぞれの分野について簡潔だがきびしい批判を加える。

　そこで成年に達するや「書物の学問」を全く捨て、「私自身のうちに見いだされうる学問、あるいはまた世間という大きな書物のうちに見いだされうる学問」（傍点——引用者）のほかは求めまい、と決心して旅に出る。あちこちの宮廷や軍隊を見、人に会い、いろんな事件の中で自分自身を試し、「いたるところで、自分の前に現われる事物について反省してはそれから何か利益を得ようとつとめた」「かくて私は、私の行動において明らかに見、……真なるものを偽なるものから分かつすべを学びたいという、極度の熱意をつねにもちつづけた」。

旅のデカルト

一六一八年、デカルトはオランダに行き、見習士官となる。二二歳。徴兵されたわけではない。各国の軍隊や宮廷を見学するのは当時の貴族子弟の一つの慣習です。彼は小貴族の出だから従者を連れていく。ダルタニャン物語でも銃士それぞれが従者をもち、みんな個性的で、物語の脇役として面白い。あるとき、主従で舟に乗ったら船頭が追いはぎをやろうとしたので、デカルトは剣を抜いておどかし、ことなきを得たという。また、街道で恋仇に打ってかかられると、相手の剣をうばったうえで、〝私が命を賭けたこの御婦人に、君は命を助けてもらったお礼をいうがよい〟というセリフつきで剣を返したというエピソードがある。

炉部屋の思索

折からはじまった三十年戦争に参加する形で、一六一九年、ドイツへ行く。第二部は、ウルム近郊の村の宿舎で「考えごと」にふけったことが語られる（「炉部屋の思索」として有名）。「自分の精神が達しうるあらゆる事物の認識にいたるための、真の方法を求めようとした」と言い、そのための方法上の規則を語る。

「第一は、私が明証的に真であると認めたうえでなくてはいかなるものをも真として受け入れないこと。いいかえれば、注意深く速断と偏見とを避けること。そして、私がそれを疑ういかなる理由ももたないほど、明晰《めいせき》にかつ判明に、私の精神に現われるもの以外の何ものをも、私の判断のうちにとり入れないこと」(明晰性、明証性の規則)

「第二、私が吟味する問題のおのおのを、できるかぎり多くの、しかもその問題を最もよく解くために必要なだけの数の、小部分に分かつこと」(分析、分割の規則)

「第三、私の思想を順序に従って導くこと。最も単純で最も認識しやすいものからはじめて、少しずつ、いわば階段を踏んで、最も複雑なものの認識にまでのぼってゆき、かつ自然のままでは前後の順序をもたぬものの間にさえも順序を想定して進むこと」(総合の規則)

「最後には、何ものも見落とすことがなかったと確信しうるほどに、完全な枚挙と、全体にわたる通覧とを、あらゆる場合に行なうこと」(枚挙の規則)

ここでちょっと脱線——。シャーロック・ホームズ(コナン・ドイル)みたいな名探偵の推理過程が連想されませんか。凡庸な刑事は速断と偏見で「見込み捜査」をやる。ホームズは現場で証拠(明証性)を発見し、諸証拠・要因を分析・総合して、犯罪の全体像に迫る。エルキュール・ポワロ(アガサ・クリスティ)は、『オリエント急行事件』では、灰色の細胞の塊=頭脳の中で疑わしき人物を枚挙する。たしかにみんな怪しい。それを証明・分析・総合して一人ずつ消去して真犯人に迫る。特殊・個別の知識から出発して、普遍・一般の知識にいたる推理を帰納推理という。普遍・一般から出発して特殊・個別にいたる推理を演繹推理という。論証・判断の過程は、帰納推理と演繹推理との組み合わせ、つみ重ねで成り立っている。ほかに類比推理（いわゆる類推）という推理もある。

暫定的道徳

以上のような学問の方法に実生活でも忠実でありたいが、現実には理論的未解決のまま、行動しなければならぬ場合が多い。そのため、とりあえず生活上の基準をたてておくほかない、といって彼は四つの「格率」（規則）を自分に課す。

「第一、生国の法律と習慣にしたがい、その宗教を信じ、中庸・穏健な意見をとること。

第二、行動の決断はきっぱりおこなって動揺せず、『森のなかに道を失った旅人』のごとくであること。

第三、運命や世界の秩序に哀訴せず、むしろ自己とその欲望にうちかつようにつとめること。

最後に、どこまでも自分の理性的思考の力を強めるようにすること」

この格率を課して、その後九年間の旅に出る（北ドイツ、オランダ、イタリア、ときにパリ）。一六二八年からオランダ（発展していて快適で、平和な）に住み、「孤独な隠れた生活」を送って思索を深める（一六四九年、スウェーデン女王クリスチナに招かれ、五〇年死去）。

「われ思う。ゆえにわれ在《あ》り」

第四部でこの国（オランダ）での最初の思索について語られる。先述のように実生活では、不確実とわかっている意見にも従わねばならない場合がある。しかし真理の探求ではまったく逆だ。「ほんのわずかの疑いでもかけうるものはすべて、絶対に偽なるものとして投げすて、そうしたうえで、まったく疑いえぬ何ものかが、私の信念のうちに残らぬかどうか、を見ることにすべきである」。

こうしてすべてを疑っていくが、「私がこのように、すべては偽である、と考えている間も、そう考えている私は、必然的に何ものかでなければならぬ」。「そして『私は考える、ゆえに私はある』Je pense, donc je suis.（ラテン語で Cogito ergo sum）というこの真理は、懐疑論者のどのような法外な想定によってもゆり動かしえぬほど、堅固な確実なものであることを、私は認めた」といい、この真理を自分の第一原理としてよい、と判断する。有名なところですね。

しかしデカルトの思考はそこにとどまらない。自分が疑っていること、したがって自分の存在は完全ではないこと（というのは、疑うよりは認識することのほうが、より大きな完全性だ……から）を反省し、自分は自分自身より完全な何ものかを考えることをどこから学んだのかを探求しなければならない、といって、それから「私より完全であるところのなんらかの存在者」（神）をめぐっての考察が展開される。だから第四部の以下は、こういう「懐疑の方法」による神と人間精神との存在の証明をめぐる考察です。

第五部は、以上のような考えでまとめたのだが、事情あって未発表としている論文（先述）の要約を示そうと、光学や生理学にもとづいた彼の自然学の概要がのべられる。

第六部では、未発表の弁明をしつつ、今後、自然の探究のためにさらに必要と思われる諸点をのべている。

デカルトは今日も生きている

デカルトの時代から今日をくらべると、科学の発達はいちじるしい。当時の科学学説の誤りは幾つも指摘され、克服され、発展してきている。だから当時の科学を基礎としたデカルトの理論にも誤りがあり、限界がある。フロイトにしてもカントにしても、これからさらに紹介するどんな思想家・作家にしても、時代制約はまぬがれないし、その所論すべてが正しいというわけにはいきません。研究書は多いから、専門的に勉強していくときには批判書をも読んでいく必要があります。

しかし今日ご紹介した、すべてのものは疑うに値するという「懐疑の方法」にはじまる彼の思考・学問の方法、「世間という大きな書物」を読んでいこうという彼の学問・生活の姿勢には、現代のわれわれも教えられるところが多いのではないでしょうか。そして彼が展開した哲学の枠組み(「没価値的な自然とそのなかに生きる主体的人間の自由との対立、つまり科学と倫理の二元性」)は、今日でも哲学上の大問題となっている。『デカルトなんかいらない?』(ギタ・ペシス－パステルナーク著)という訳本が出ましたが、いってみればデカルトは今日なお〝われわれの思想家〟たり得るか、という問いかけだ。こうした問いかけが行なわれていることが、今日もデカルトは〝生きている〟ことの証明です。

3　修身教科書と『国体の本義』

吉野さんの胸のうち

「ノート」の中でもう一つ考えてほしい箇所があります。おじさんつまり吉野さんが、修身の教科書通りに生きるだけでは立派な人だとはいえないと、いっているところです。なるほどそうだ、マニュアル通り生きたってとくに立派とはいえないんだな、だいいちそんな人はつまらないよ、と読んでもけっこうです。だが私としては、ここに書かれていないことまで皆さんに読みとってほしいのです。教科書通りではダメだという言葉の裏に、吉野さんの修身教科書・教育へのきびしい批判が存在していただろうということです。吉野さんはこの本で自分の意見のすべてを明確に表現しえているわけではない。きびしい思想弾圧、言論統制＝検閲が吹き荒れていた時代です(3)。修身は学校教育はもちろん、社会人の生活をも律すべき国民道徳の基本とされていたから、もし吉野さんが正面から批判していたら、この本は間違いなく発禁（発行禁止）処分とされただけでなく、吉野さんは罪に問われたかもしれない。この本は発禁にこそならなかったが、少年時代の私に〝ひそかに読む本〟（準禁書扱い）とされていた記憶があります。

教育勅語と『国体の本義』

「富国強兵」を目ざす明治政府は、一八七二（明治五）年、学校法規として「学制」を発布、義務教育制が出発した。学制はフランスなどを範とした。一八八〇（明治一三）年、修身が独立教科となり、学校教育、国民教育の基本とされる。一八八九（明治二二）年、大日本帝国憲法が制定されて天皇制絶対主義の法的機構が確立、翌九〇年、その精神的文柱としての目的で教育勅語が発布される。教育勅語が修身の基本理念とされたことはいうまでもない[4]。

「大日本帝国は、万世一系の天皇皇祖の神勅を奉じて永遠にこれを統治し給ふ。これ、我が万古不易《ふえき》の国体である。而してこの大義に基づき、一大家族国家として億兆一心聖旨を奉体して、克《よ》く忠孝の美徳を発揮する」（傍点——引用者）。これは『君たちは……』が刊行されたのと同じ年、一九三七年（昭和一二、日中戦争開始）に文部省が発行した『国体の本義』の冒頭です。当時の一大ベストセラー、といっても政府が学校、官庁をはじめ各家庭にまで押しつけたから。教育勅語の「我ガ皇祖皇宗国ヲ肇《はじ》ムルコト宏遠ニ」「億兆心ヲ一ニシテ」、「我ガ臣民（国民のこと）克《よ》ク忠ニ克ク孝ニ」などを思いうかべると、これが教育勅語の延長線上のものだということはすぐわかる。天皇絶対化・神格化の教育勅語の〝思想〟は、戦争のたびにいっそう神がかり的国粋主義的主張になっていく。「日本ヨイ国、キヨイ国、世界ニ（ただ）一ツノ神ノ国。日本ヨイ国、強イ国。世界ニカガヤクエライ国」（一九四一年、太平洋戦争の開始。国民学校二年生用修身教科書『ヨイコドモ』下。そして文部省『臣民の道』発行）というようになる。『国体の本義』はさらに、「我が国は……天皇を古今に亙る中心と仰ぐ君民一体の一大家族国家である」、だから、「国を家として忠は孝となり、家を国として孝は忠となる」、だから臣民の道は「天皇に絶対随順する道である。絶対随順は、我を捨て私を去り、ひたすら天皇に奉仕することである」とのべる。家庭内では子が父に従うように、国民は父である天皇に従わねばならぬ、しかも絶対的に……という論法です。引用の都合上、私は〝だから〟でつないだが、よく読むといっこうに〝だから〟でないことがわかるでしょう。「擬制」の論理だからです。擬制とは性質の全く違うものを、形が似ているというだけで、同一のものとこじつけることをいう。あるいは、詭弁《きべん》でもあります。

この擬制論理が「八紘一宇《はっこういちう》」すなわち八紘（世界）を掩《おお》い（従わせ）て宇《いえ》（一大家族）となす、という主張に展開する。天皇をいただく日本が父（東亜の盟主）、アジア諸国が子、しかもその子の間に序列がある、家庭内にきょうだいの序列があるように……。

家父長家族制度

明治政府は社会制度の改革に当たって、封建社会における武士階級の家庭秩序をモデルとした家父長家族制度に、近代私有財産制を部分的に導入し、いわば半封建的家族制度へと再編成した（明治民法。一八九八（明治三一）年）。家父長家族とは、家父長たる男性が家族内で絶対的な権威と権限をもち、土地等の財産を専有し、父から息子へ相続する制度です。家父長は戸主権、父権、夫権があるから、たとえば「親の許さぬ」結婚の悲劇が生じたりする。妻は夫に服従しなければならず、姦通、今日でいえば不倫をやったとき、妻は罪に問われ（姦通罪）たり、離婚されたりするが、夫は相手女性が未婚なら無罪、離婚にもならない。福沢諭吉は「日本国は女の地獄なり」といいました。(5)

家父長家族制は、小規模零細農業の土地の分散を防ぎ（長子単独相続制）、地主の小作人支配の基盤となった（擬制論理で）。貧困農民の家庭から娘たちが製糸、紡績工場に働きに出るが（『あゝ野麦峠』などの作品を想起してください）、その契約は雇主と家父長との間でかわされる。そして娘の労働は「家計補助」のためだからと、低賃金にされる（家計補助的、出稼ぎ的低賃金）。酷使のため病気になると家にもどされ、面倒を見るのは家族の義務である（民法における親族の扶養義務）。社会保障の考え方は不必要だ（先進国中、日本の社会保障が最低の遠因）。だから労働者全体の賃金（戦前から戦後の一時期まで女性労働者のほうが多数）も「肉体消磨的な徹夜業」を伴う「植民地＝インド以下的労働賃金」（山田盛太郎『日本資本主義分析』[6]）となり、日本資本主義は急速な蓄積を達成する——こういう制度の支柱として、また逆にそれを基礎として「擬制論理」がうちたてられる。地主―小作、工場長―労働者、軍隊内では〝中隊長はお父さま、小隊長はお母さま〟などという替え歌が伝えられる。

こういう近代日本の家族制度を解明した著作に、玉城肇『日本家族制度批判』（一九三四年）、『家族論』（一九三六年）、川島武宜『日本社会の家族的構成』（一九五〇年）、『イデオロギーとしての家族制度』（一九五七年）、福島正夫『日本資本主義と〝家〟制度』（一九六七年）などがあるが、いずれも名著あるいは好著というべき本です。

なぜ検閲は「風俗壊乱」を柱としたか

不倫はもとより、恋愛も不自由な時代でした。兄妹で街を歩いていて、お巡りさんに誰何《すいか》されることもあった。旅館の部屋に警察官が立ち入ってくることもあった（思想犯の取締まりだけではなく）。だから恋愛、性を描く出版物、映画もきびしく取締まられた（戦前の映画には、キス・シーンはない）。

『出版警察報』という雑誌があります。内務省警保局図書課が一九二八年から内部資料として発行開始、月刊で一九四四年分までが現存している（復刻版。不二出版）。図書課はのちに検閲課と改称する（一九四〇年）が、はじめから主要な任務は検閲である。『出版警察報』は、それまで不定期に刊行されていた出版物の動向分析と取締状況を月刊化し、検閲・言論取締機能を強化するものであった。発行後、だんだんページが厚くなって、『君たちは……』発行のころ、つまり一九三七年ごろは二〇〇〜三〇〇ページに及んでいる。概説あり、統計あり、一覧表あり、国内のほかに外来出版物ありで多岐にわたるが、内容は大きく分けて「安寧《あんねい》秩序紊乱《びんらん》」と「風俗壊乱」です。ものすごい分量の発禁や削除の具体例が掲載されているが、分量的には半々です。出版法や新聞紙法に取締の根拠があるが、これに治安維持法ほかがあり、戦前の言論取締法規は一ダース以上、勘定のし方では二ダースほどあった。

安寧秩序のほうは、第一に天皇（制）批判(7)、革命理論、ひいては政府の政策批判（戦争に反対する平和論も）を取締る。これはある意味でわかる。権力者、とくに独裁者は自分への批判は許さない。しかし風俗を乱しちゃいかんといって、恋愛や性を取締るのはなぜか。取締るならもっとほかのものがありそうなのに。

以下は私の仮説ですが、恋愛や性は家族制度↓社会秩序の基本にかかわるからではないか。結婚とは「家」と「家」との結びつき（今でも結婚式の会場に何々家、何々家の式場と看板を下げますね）であるのに、個人と個人が自由に結びつかれては家父長家族は成り立たない。「不義密通はお家の御法度《ごはっと》」という封建時代の道徳秩序は一九四五年まで維持された。さらにいえば、食と性は人間の基本行動だ。その基本の自由を規制することによって、支配者は民衆の自由への欲求・行動を規制した。逆にいえば、性の自由・解放は人間性の自由・解放であって、それは権力者の支配を脅かすことになる。日本における風俗取締り法規の基盤には、教育勅語に代表される国家主義道徳・思想があるが、その教育勅語にいたる国民教育思想として封建時代の道徳思想（忠孝仁義、男尊女卑）の儒教がとり入れられたことも指摘しておかねばなりません（一八七九年＝教学大旨→一八八二年＝幼学綱要→勅語）。

性規制における普遍と特殊

では、きびしい性規制は「特殊」日本的現象であったか。そうではない。「出版の歴史は絶えざる検閲とのたたかいの歴史であった」といわれるように、欧米諸国にも長い検閲の歴史がある。国王、政府、宗教的権威への批判はもとより、性表現に対する検閲もきびしかった。二十世紀初頭のある時期のアメリカにおいても、「約五〇トン以上の不道徳な書籍、かかる書籍印刷に使われた二八、四二五ポンドの鉛版、三、九八四、〇六三のわいせつな絵画、かかる絵画の印刷に使用した一六、九〇〇の原版、そのために三、六四六名が逮捕され、そのうち二、六八二名が有罪の宣告を受けて服罪」（カルヴァートン『文学と性的表現』。邦訳一九三一年）という状況であった。同書は主として英米文学における性的表現と規制の変遷をたどった本だが、その中にヴィクトリア朝時代（一八一九〜一九〇一年）のイギリスについてつぎのような一節がある。「私生児を生むことは社会制度に対しての危険であり、経済の混乱を来すものであり、節約と宗教的団結への傾向を破壊するものであった。女性の性的関係の自由さは、私的に所有されている一個の所有物としての価値を消滅さすことになるのであった」（傍点――引用者）。そしてつぎの注が加えられる。「一八五七年にはじめて離婚された妻の財産を保護する法案が通過した。しかるに『結婚せる婦人の財産に関する法案』が通過したのは一八八二年のことであった。……女が法律の前に『人間』として認められるようになったのは、実にこの時以来である」。こうしてみると件規制は、「特殊」日本的現象ではなく、「普遍」世界的現象であったことがわかる。特殊といえるのは、先進国でかなり性的自由が認められるようになっていた時期に、(8)いちじるしくきびしく徹底的であったところだ、といえよう。

4 エンゲルス『家族、私有財産および国家の起源』とベーベル『婦人論』

女性の世界史的敗北

人類社会は誕生以来、「男社会」であり、女性は男性の従属的存在であったか。――原始社会の人間は採集経済（狩猟、漁労、植物性食物の採集）で生きていた。やがて、牧畜、農業をおぼえ、労働用具は石器、土器から金属器へ進歩する。農業、牧畜、金属器の生産のはじまりは、社会的分業の発生を意味する。そのころの人間集団は血縁グループの氏族社会である。氏族社会では土地など生産手段は共有であり、労働作業もまた共同である。だからこの時代は原始共産（制）社会とよばれる。そこでは男女は平等であり、むしろ女性が優位とさえいえる（母系社会）。

労働用具や社会的分業の発達は生産力を向上させ、その日を食うだけの段階から、蓄え＝余剰生産物をもたらすようになる。農業生産は大家族を単位とする生産となり、村落共同体が形成される。大家族の家や土地、余剰生産物は私有化されるようになる（私有財産の発生）。

共同体間の戦争による捕虜や、天災などで没落した共同体内の人間は、奴隷とされる。その間、氏族や共同体の長など軍事指揮に当たり、宗教儀式を司どったりする人びとは勢力を増大させ、奴隷も私有財産に加え、自らの地位、財産を世襲制にしていく。奴隷主と奴隷、富者と貧者の階層が形成される。奴隷主階層は奴隷ほかを支配していくために、かつての共同体の公的機関を、軍隊、警察のような強制機関にかえていき、租税をとりたてる。官僚層が形成される。古代奴隷制（国家）のはじまりです。

そしてこの間、新しい富の発生、分業の発達のなかで男性労働が女性労働より優位に立つようになり、父権が確立、財産を父系で相続させていくために一夫一婦制になっていく（妻が複数の夫をもっていては、夫は財産を直系の子に相続させられない。母系社会→父系社会）。男女不平等が発生する。

こういう過程をフリードリヒ・エンゲルス Friedrich Engels（ドイツの社会主義者。一八二〇〜九五年）は、「女性の世界史的敗北」と言いました。その著『家族、私有財産および国家の起源』（一八八四年）[9]の中の言葉だ。名著です。タイトル通り人類社会発展の歴史と法則を解明した本です。同書ではさらに商品経済の発生・発展、階級の形成と国家の役割、いわば一方における支配と他方における不自由・不平等の発生過程が精緻に解明される。そして終わりのほうでいう。「生産者の自由で平等な協同関係を基礎にして生産を組織しかえる社会は、国家機関の全体を、そのときそれが当然におかれるべき場所へうつすであろう、――すなわち、糸車や青銅の斧とならべて、古代博物館へ」（大月書店国民文庫）。要するに国家という存在も、人類の歴史の上で博物館入りするときがくる、という。私も人間社会から核兵器、さらには軍隊というものが博物館入りする日を、必ず来させなければならないし、それは可能であると思っています。

エンゲルスは、かのカール・マルクスの生涯の友であり、偉大な思想家です。語らねばならぬことは多いが、それはマルクスのときにゆずり、ここではもう一冊、世界の女性に大きな影響を与えたオーギュスト・ベーベル August Bebel（一八四〇～一九一三年）の『婦人論』を紹介します。

秘密出版

ベーベルは一九世紀後半に活躍したドイツの社会主義者。貧しい家の出で学歴はないが、一生懸命勉強して社会主義の理論家になる。ドイツ社会民主党の創始者の一人。社会主義の思想と理論は、誕生以来、ときの支配者に敵視され、そのころのドイツにはその名も社会主義取締法（一八七八～九〇年）というのがあったくらいだ。一八七二年、彼はこれも有名な社会主義者W・リープクネヒトとともに投獄される。獄中で当時刊行されつつあったマルクスの『資本論』ほかを猛烈に勉強し、この『婦人論』を書く。早くイギリスに生まれた女性の解放思想はヨーロッパにひろがり、ドイツでも女性たちの運動が盛んになりつつあった。

彼は『婦人と社会主義』Die Frau und der Sozialismus という本を書き、一八七九年に出版する。ライプツィヒの出版社発行だが、奥付はチューリッヒの書店刊にし、「エンゲル〈統計学〉第五冊」という包み紙をつける。秘密出版だ。改訂第二版は「現在・過去・将来の婦人」と改題、やはり別のタイトルの包み紙で、版元をいつわって刊行。九〇年に取締法が撤廃され、同書も解禁となる。九五年増訂のうえ、タイトルを旧題にもどし、一九〇九年さらに改訂第二五版を出し、五十数版を重ねる（これが現在『婦人論』と訳されている）。ナチス時代にまた発禁になるが、その間、十数カ国語に翻訳され、日本でも訳本が出て、大きな影響を与え、今日まで読まれている。つぎに目次を紹介しましょう。

第一編　過去の婦人
第一章／原始社会における婦人の地位　第二章／母権と父権の戦い　第三章／キリスト教　第四章／中世の婦人　第五章／宗教革命　第六章／一八世紀
第二編　現代の婦人
第七章／性的生物としての婦人　第八章／現代の結婚　第九章／家族の破壊　第一〇章／衣食の道としての結婚　第一一章／結婚の機会　第一二章／売春――ブルジョア社会に必要な社会制度　第一三章／婦人の職業上の地位　第一四章／教養を高めるための婦人のたたかい　第一五章／婦人の法律上の地位
第三編　国家と社会
第一六章／階級国家と近代のプロレタリアート　第一七章／資本制工業の集積過程　第一八章／恐慌と競争　第一九章／農業の革命
第四編　社会の社会化
第二〇章／社会革命　第二一章／社会主義社会の根本法則　第二二章／社会主義と農業　第二三章／国家の止揚　第二四章／宗教の将来　第二五章／社会主義の教育制度　第二六章／社会主義社会の芸

術と著作　第二七章／人格の自由な発展　第二八章／将来の婦人　第二九章／国際関係　第三〇章／人口問題と社会主義　むすび　（大月書店版）

二重の従属

ごらんのように第一編は、女性の隷従は私有財産の発生とともに生じたことが分析されている。「元始女性は太陽であった」（平塚らいてう）[10]ことが示される。エンゲルスの見解と一致しているし、改訂版ではエンゲルスの『家族、私有財産および国家の起源』についてものべている。彼らはその当時発展しつつあった原始社会の研究の成果を大いに活用したのです。ルイス・モーガン（アメリカ民族学者）『古代社会』、ヨハン・バフォーフェン（スイス民俗学者）『母権、古代世界の宗教的・法律的性質の婦人統治の一研究』等々。

第二編の「現在の婦人」。今から一一〇年ほど前の本だが、内容はまだまだ現代的です。第一〇章は「衣食の道としての結婚」だが、現代日本女性の間でも「家つき、カーつき、ばばぬき」や三高（高身長、高学歴、高収入）などと語られているではないか。

第三編以降が、将来の婦人の記述で、目次をみておわかりのように、ベーベルはここで国家、資本主義の法律、戦争と恐慌というように現代国家と資本主義の分析を全面的に行なっている。それはベーベルが、現代の女性は二重の支配をうけているとみるからです。男性に従属させられているだけでなく、資本主義制度の支配のもとにおかれているところに、現代女性問題がある、という。いわゆる「男敵論」では全くない。これはちょっと考えればすぐわかる。カローシ（過労死）にいたるまで働かされている会社人間は、家事・育児の分担などといわれても、できっこない。だから仕事をしている妻は、夫より睡眠時間は短い。だからといって夫を責めてもどうにもならぬ。夫が会社奴隷から解放されねば問題は解決しない。女性の低賃金問題はもちろんのことです。こうしてベーベルは資本主義を止揚して、社会主義を展望するなかで、真の女性解放は達成される、と考える。

人格の自由な発展

第四編「社会の社会化」はなじめない言葉かもしれぬが、つぎの一節をみてください。「どの年の冬にも、わが国の都市には朝食をたべないで登校する何千人もの児童がいる。他の何十万人もの児童の栄養は不十分である。これらすべての児童にとっては、公共給食と衣服支給がおこなわれ」るべきである。つまり社会的に生産され社会的に蓄積された利潤や生産手段を資本家階級に私的に独占させないで、公共のものにかえねばならない。人間それぞれの悩み・苦しみを私的に解決させないで、公共で解決していく社会にしようという考えです。今日の母親・児童にとっての保育所、老人にとってのホーム・ヘルパー、老人ホームなどを連想してください。

そういう社会で展望されるのは「人格の自由な発展」（第二七章）である。支配・搾取から解放されて、ああよかったで終わるのではない。各人が自由にその個性を発揮し、能力を発展させて成長していく——。ソ連崩壊後、社会主義は破産したといわれる。実際は、破産したのはエセ社会主義であったスターリン型専制国家体制であって、本来の社会主義思想はこのように人間の自由をめざすことを基本とする思想・理論です。

歴史の歩みは早いか、遅いか

一九八五年、私はナイロビでひらかれた第三回世界婦人会議を見学しました。世界各地から集まった六〇〇〇人もの肌色、髪色が異なり、言語が異なる女性たちが熱心に討論している情景をベーベルがみたら、何と思うか、という感慨をおぼえました。いまでいえばベーベルから一一〇年、その前に書かれたジョン・スチュアート・ミル（イギリス経済学者）**『婦人の隷従**（今日ではその内容から解放と題されている）』（一八六九年）から一二〇年、さらにその前に書かれたメアリ・ウルストンクラフト**『女性の権利獲得』**（一七九二年）から約二〇〇年。一〇〇年、二〇〇年かかってやっとここまでと思うか、わずか一〇〇年、二〇〇年でよくぞここまでと思うか。長い眼でみれば人類は確実に進歩している。短い眼でみればいっこうに進歩しない（現にこの日本で、何度腐敗・汚職がくりかえされ、しかも規模が大きくなっていくのか）。私たちは人間の歴史をときに長い眼、ときに短い眼でみつめ、世の中が美しくなる日を少しでも早く来させるように努力したい。そしてジャーナリズムはそのためにあると考えるべきではないでしょうか。

【注】

(1) 原綴は Discours de la méthode pour bien conduire sa raison et chercher la vérité dans les sciences.

(2) 岩崎勝海「〝母国語〟がマスメディアになるまでの道（1）」（コマエスクール同人編『20 c.－21 c. マスコミ・ジャーナリズム論集』第一号、一九九三年一月）を参照のこと。

(3) 奥田史郎「言論の情景・1918年」（『20 c.－21 c. マスコミ・ジャーナリズム論集』第二号、一九九四年)、宮守正雄「出版編集者の航跡 畑中繁雄氏」(同第一号、一九九三年一月)を参照のこと。

(4) 国民思想の基本とされたものに、もう一つ『軍人勅諭』(軍人に賜はりたる勅諭。一八八二=明治一五年)がある。軍隊はもちろん学校でも暗記を強制された。数年前、台湾を訪れたとき、通訳の台湾人(元日本兵士)が、四百字七枚半の勅諭を間違いなく暗唱した。

(5) 本項と次項は布施晶子『結婚と家族』(岩波書店)と川島武宜氏(本文)による。

(6) 岩波『資本主義発達史講座』(一九三二~三三年)中の論文をまとめて刊行。野呂栄太郎『日本資本主義発達史』、平野義太郎『日本資本主義社会の機構』などとともに、名著。

(7) 天皇はもとより外国君主についても、「不敬」にわたるとして取締りはきびしかった。一九三四年一〇月、ユーゴスラヴィアのアレクサンドル一世の暗殺報道は記事差止めで、日本国民は全く知らなかった。発禁、記事差止め、削除等、処分方法は多様だが、一番軽いのは注意処分である。検閲や右翼がうるさいので、「天皇陛下」の誤植は戦前ジャーナリズムのタブーだった。だが出版警察報各号の注意処分には予想以上の誤植例が記載されている。昭和天皇死去のときの「天脳」はワープロ誤植だが、戦前は活版なので字画による誤植であった。「天皇陸下」が最も多い。二「階」家での殺人報道で、「陛下の兇行」の大見出しがある新聞紙上に躍った。天皇の殺人事件! この新聞は注意処分ではなく、発禁、背後関係調査。なお、言論統制と国家秩序の関係については、横山和雄「印刷業の自由と不自由」(『20 c.-21 c. マスコミ・ジャーナリズム論集』第一号、一九九三年一月)を参照のこと。

(8) 第一次大戦後、デモクラシーの風潮とともに、先進各国は性取締りを大幅に緩和した。『性的解放時代』(カルヴァートン。邦訳一九三〇年)。

(9) 原綴は Der Ursprung der Familie, des Privateigentums und des Staats.

(10) 平塚らいてう(一八八六~一九七一年)の言葉。明治、大正、昭和をつうじる婦人運動思想家。一九一一年、婦人文芸誌『青鞜』を創刊。これは創刊の辞の冒頭句である。

第3章

「網目の法則」とマルクス、エンゲルス

1　人間の志と職業

発想から発見まで

テキスト第三章「ニュートンの林檎と粉ミルク」に入ります。浦川君いじめ事件を通して北見君と仲よくなったコペル君の家へ、日曜日、北見君と水谷君が遊びにくる。活発な遊びののち、夜、コペル君とおじさんは二人を駅に送っていく。道すがら少年たちはおじさんに、ニュートンの万有引力の法則発見の話をしてもらう。

このくだりについて「解説」は、「読んだとき、目を洗われる思いがした」とのべている。なぜか。「人類史上の『大発見』といわれるものにたいするこの著の叙述のもうひとつの特色は、科学的な思考のプロセスをいわば心理的なプロセスに置きかえてゆく、その想像力の豊かさ」（傍点――引用者）である。林檎の落下をみて引力の法則の考えがひらめいたという話では、話が飛躍しすぎて結局はニュートンが天才だったからということに終わってしまう。けれども「十メートル（落下の高さ――引用者）を百メートルにしたら、一万メートルにしたらと、つぎつぎに想像をすすめてゆくというようにお『話』をいいかえてみると、『天才』のアイディアは、にわかに私達凡人にとっても身近な思考の仕方の問題へと相貌を変じます」（傍点――引用者）。

思考の仕方について考えてみよう。「林檎が突然に落ちたとき、まず、ある考えがひらめいたには相違なかろう」「しかし、肝心なのはそれからなんだ」とおじさんはいう。だが私は、その〝肝心の話〟の前に、考えのひらめきから出発したい。発想、着想の問題です。目前で林檎が落ちても多くの人には何の考えもひらめかない。当たり前のこととして、すぐほかのことに関心を移してしまう。しかし、ニュートンは「なぜか」と何らかの疑問を抱く。前にのべた、すべてのものは疑うに価するというデカルトの言葉を思い出してください。発想の出発点にはたいてい「なぜか」「なんだろう」が横たわっています。ジャーナリズムの世界で、スクープとか大ヒットした企画について、発想のきっかけをさくと、たいてい「何だ、そういうことだったのか」ということで、ほとんどのジャーナリストが「なぜか」と思わないで通り過ぎたことが多い。

つぎに「肝心なこと」は、抱いた疑問をあくまで追究していくこと。何百メートルを何万メートルまで伸ばして考え、なぜ林檎が落ち、月は落ちないかとまで考える。そのさい、ケプラーの天体軌道の研究やガリレイの落体の法則などが考察の基盤となる。つまり、私たちの考察には人類の遺産としての先人の仕事に学ぶことが必要条件です。ではニュートンの発見とは何かといえば、「地球上の物体に働く重力と、天休の間に働く引力と、この二つを結びつけて、それが同じ性質のものだということを実証したところにある」。つまり考察における「総合」の問題です。

おじさんはつづける。ニュートンが偉かったのは、重力と引力が同じものではないかと考えついただけではない。「その思いつきからはじまって、非常な苦心と努力とによって、実際にそれを確かめたというところにある」。つまり「証明」の努力です。

話に感動したコペル君は、幼いころ飲んでいた粉ミルクについて考えをめぐらす。オーストラリアでつくられて日本の赤ん坊の口に入るまで、「何千人だか、何万人だか知れない、たくさんの人」を経過しているではないか。電灯、時計、畳……みんな同じだ。だから分子のようにたくさんの人間のおのおのは、「みんな、見たことも会ったこともない大勢の人と、知らないうちに、網のようにつながっているのだ」。これを「人間分子の関係、網目の法則」と名づけ、おじさんに報告する。

これは〝資本論入門〟ではないか

おじさんのノートは「人間の結びつきについて――なお、本当の発見とはどんなものか」と題されている。おじさんはコペル君の着想を評価しつつ、君が気がついた「人間分子の関係」というのは、経済学者や社会学者が「生産関係」と呼んでいるものだ、と教える。人間は生きていくうえで、ごく未開のころから狩や漁をし、協同し、分業で働いてきた。この人間同士の関係を生産関係と呼ぶ。最初は少数のかたまりであった人間の共同生活は次第に広くなり、国がつくられ、さらに国と国との間に取引がはじまり、今や世界中が一つの網になった。人間が長い間、絶えず働いてきて、その結果「見ず知らずの他人同士の間に……切っても切れないような関係が出来てしまっている。誰一人、この関係から抜け出られる者はいない」。これが現代の生産関係だ。

このくだりについて「解説」はいう。「私は思わず唸りました。これはまさしく〝資本論入門〟ではないか」。『資本論』（第一巻―一八六七年、第二～三巻―一八八五～九四年）はカール・マルクス（Karl Marx 一八一八～八三年）の著作で、資本と労働の分析を軸とする経済学書だが、そこに展開される資本主義社会の研究は、現代における生産関係の全面的、徹底的な解明となっている。マルクスは第一巻を完成して亡くなり、第二巻、第三巻はマルクスの生涯の盟友、フリードリヒ・エンゲルス（Friedrich Engels 一八二〇〜九五年）が遺稿を編集、出版したものです。

では、おじさんはなぜマルクスやエンゲルスの名を教えなかったのか。『君たちは……』が刊行されるずっと以前から、日本ではマルクス、エンゲルスの思想は「国禁」の思想とされ、本を持っているだけでも逮捕されるという時代だったからだ。ジャーナリストを志す者にとって、言論・出版の自由（弾圧・統制）の歴史知識は欠かすことのできないものだが、その話はあとにゆずろう。

2　弁証法的唯物論の形成

マルクスの青春と志

マルクスは一八一八年五月五日、ドイツ南西部、トリールに生まれた。ライン川の支流モーゼル川沿いの古都、紀元一世紀、ローマ皇帝が居城を築いたところ。マルクス家はユダヤ教のラビ（律法学者）の家系だが、父はトリールの法律顧問、弁護士会長の自由主義的な知識人、プロテスタントに改宗した。少年マルクスに影響を与えた人に、後、マルクス夫人となるイェニーの父、ルートヴィヒ・フォン・ウェストファーレンがいる。一八一六年にプロイセン王国参事官としてトリールに着任。マルクス家と家族同士の交際をはじめ、少年マルクスにホメロスやシェイクスピアを読みきかせる。

マルクスは一八三五年にギムナジウム（高等中学校）を卒業するが、卒業試験の作文は「職業の選択にさいしての一青年の考察」というものだった。マルクスは人間と動物の違いから書きはじめる。人間は自由に行動する。その自由はとくに何においてあらわれるか。職業選択においてだ。だから、どんな職業を選ぶかは「自分のいちばんだいじな事柄を〝偶然〟にまかせようとしない青年の最大の義務である」。だが、すべての人が自分の天職と信じる職業を選べるとは限らない。境遇の問題があるからだ。その困難のなかで選ぶとき、虚栄心や一時の熱狂にとらわれてはならぬ。最高の指針は人類の幸福とみずからの完成である。どんな有名な学者、詩人になろうと、その人が自分だけのために働いたとしたら、決して偉大な人間になることはできない。「歴史は世の中全体のために働きながら、同時に自分自身をたかめていく人を、偉人としてみとめる。経験は最大多数の人たちに幸福をもたらした人を、最も幸福な人としてたたえる」。そうした道を歩んで犠牲となったとしても、「われわれが味わうのは、浅ましいちっぽけなよろこびではない。このときのわれわれの幸福は……数知れぬ人びとのものともなろう。またわれわれのなしたことは、静かにしかし永遠に活動しながら生きつづけるだろう。そしてわれわれの額は、高潔な人びとの熱い涙にぬらされることであろう」。

「完成」をめざす偉大な人のイメージと、おじさんがいう「りっぱな人」のイメージ（第二章）を重ねてみてください。私がこの作文を長めに紹介したのは、第一にマルクスがこの青春の決意を生涯、貫いた人であったからです。第二に、ジャーナリストという職業をなぜ選ぼうと思ったのか、みなさんにあらためて考えていただきたいからです。

マルクスはボン大学をへて、ベルリン大学を卒業する（一八四一年）。マルクスは法律を学ぶが、法律そのものより、法学の基本を考えるため哲学や歴史ととりくんだ。哲学は、カントにはじまり、フィヒテ（一七六二〜一八一四年。『ドイツ国民に告ぐ』等）をへて、ヘーゲル（一七七〇〜一八三一年。『精神現象学』『法哲学』等）に至るドイツ古典哲学です。

唯物論と観念論

ヘーゲルは〝偉大な観念論者〟といわれる。世界の哲学の歴史は観念論と唯物論の流れに二分される。われわれをとりまく自然、物質をわれわれの精神・意識から独立して客観的に存在する本源だと認める（唯物論）か、それとも観念を生みだす精神を本源とし、自然、物質はその本源から派生したものと考える（観念論）かの立場の違いです。どちらの立場をとるかときけば、皆さんすべてが前者、唯物論の立場をとるでしょう。だが、こうした考え方が世の人の常識になるには、長い時間がかかり、諸科学の発達を待たねばならなかった。人間の肉体と魂が別物と考えたり（魂が肉体に宿る）、神の創造からすべてを解釈する考え方、宗教が長く人びとをとらえたからだ。コペルニクスの学説が世の常識になるまでに何百年も要した。地球の歴史が四五億年、銀河系が二〇〇億年ほどのものであること、生命が無機的自然から進化したものであること（オパーリン『生命の起源』一九三六年）などが明らかにされるのは、現代に入ってからのことである。

ヘーゲルもまた観念論者として〝精神〟をすべての根底においたが、彼のいう〝精神〟は個人の意識ではなく、個々の人間を超越した〝世界精神〟〝絶対理念〟であった。自然も社会もこの〝世界精神〟がそれぞれの分野で自己をあらわした仮の姿であるというのが、ヘーゲルの考え方であった。このようにヘーゲルは、世界を個人の意識内に解消する観念論ではなく、自然や歴史を研究するさいには、それを個々の人間の意識から独立した客観的過程としてとらえる性格をもっていた。そこで前者を主観的観念論、ヘーゲルのような立場を客観的観念論と呼ぶ。

弁証法と形而上学

〝なんだ、ヘーゲルはそんな非科学的な考え方か、読むに価しない〟などと思うのは間違いです。それでは今日、三〇冊に及ぶぼう大な『ヘーゲル全集』（岩波書店）が再刊されていることの説明がつくまい。

ヘーゲル哲学には弁証法論理が貫かれている。弁証法とはものごとのとらえ方の基本にかかわる哲学用語・学説で、形而上学《けいじじょうがく》と対立する思考方法、研究方法だとされる。形而上学とは、ヘーゲルがそれまでの哲学の主流の方法を形而上学的と批判したことに由来する。ともに語源はギリシャ語、弁証法はディアレクティク（対話の意）、形而上学はメタフィジカ（メタ＝超越　フィジカ＝肉体上。漢語＝形より上）。弁証法は古代ギリシャでは意見をたたかわせ真理にいたる術と考えられていたが、ヘーゲル、マルクスをへて、今日では世界や人間の思考の最も一般的な法則を指すと考えられるようになっている。

エンゲルスは弁証法の特徴を、①世界と事物を「連関、連鎖」においてとらえる、②すべてを不断の「運動と変化、生成と消滅」においてとらえる、③「硬直した対立」をしりぞけるといっている（『空想から科学へ――社会主義の発展』一八八〇年。要約は不破哲三『社会主義入門』一九八三年による）。これに対して形而上学は事物を個別的、固定的、対立は不動のものとしてとらえる。こういうと、皆さんは再び〝それだけのことか〟と考えるかもしれない。しかし実際に自分の思考をふりかえると案外に難しいことに気づく。われわれが複雑な現象をとらえようとするとき、さまざまの要因を個別に認識し、固定させて研究しなければならぬ場合が少なくない。だが個別に認識を深めたところで、全体像をつかんだことにはならない。諸要因相互の「連関、連鎖」をとらえねばならない。諸要因は相互に作用しながら「運動と変化、生成と消滅」をとげる。その過程をとらえねばならぬが、過程の中で、当初、不動のものと思われていた対立が消えていくことも知らねばならない。エンゲルスは③について、生と死の対立を例示する。形而上学では生死の間に不動の境界線＝対立がある。しかしどんな生物でもその内部では一部の細胞が死滅していき、その一方新しい細胞が形成されるという二つの過程が進行している。そして「おそかれはやかれある時間ののちには、この身体の物質はまったく更新されて、他の物質原子によって置きかえられる。だから、どの生物体も、つねに同一のものであって、しかも別のものである」。これを生きつつ死に、死につつ生きるといってもいいだろう。だから硬直した形で対立をとらえてはならないのだ。

　エンゲルスは別の書（未完の手稿『自然の弁証法』一八七九年）で、弁証法の法則として、つぎの三つをあげている。「量から質への転化、またその逆の転化」「対立物の相互滲透（統一）」「否定の否定」。量から質への転化の法則などは、すでに高校で聞いていると思います。水は標準気圧のもとでは、〇《ゼロ》度で液体状態から固体状態（氷）に移行し、一〇〇度で気体状態（水蒸気）に変わる。弁証法は事物、現象において量的な変化が、ある段階にいたると質的な変化に転化する（あるいはその逆）ことに注目する。形而上学では水（液体）はあくまで水であり、氷（固体）、水蒸気（気体）とは別物である。

先にみたように対立したものの間に硬直した絶対的な境界はなく、相互に作用し、影響し、制約し合う(対立物の相互滲透)。古いものは新しいものにとって代わられていく。そのとき、否定された低い段階の特徴や性質が、高い段階でも反復されたり復帰したりするようにみえる場合がある。だが、古いもののそのものの復活ではけっしてなく、新しい質をともなっている。ものごとは直線的にではなく、いわば「らせん的」に発展する(否定の否定)。たとえばフランス大革命＝共和制ののち、皇帝制、王政復古、再び共和制という経過をたどるが、復古した王政はかつての絶対王政ではなく、新しい共和制もかつての共和制ではない。

カント、フィヒテ、ヘーゲルらドイツ古典哲学の巨匠は、その晩年の時期、あるいは青年の時期にフランス革命に遭遇し、思索に影響をうけた。ヘーゲル弁証法の背景に、フランス革命という巨大な時代転換があった。

フォイエルバッハ

若き日のマルクスもエンゲルスもヘーゲル学徒だった。ヘーゲルを学ぶ人たちは、中世的なキリスト教の宗教的立場とヘーゲル哲学を結びつける人びと(老ヘーゲル派、右派)、ヘーゲル哲学を発展させ、宗教とそれを利用して支配するプロイセン国家の批判に進む人びと(青年ヘーゲル派、左派)、中間派に分かれた。ヘーゲル左派のフォイエルバッハ(一八〇四〜七二年)は、神とは人間の欲求や願いを理念化した存在で、ヘーゲル哲学を含む一切の観念論は、かたちを変えた神学にすぎないと批判した(『キリスト教の本質』一八四一年)。唯物論の立場である。マルクス、エンゲルスはヘーゲル弁証法やフォイエルバッハ唯物論を精細に批判・検討して、みずからの哲学をきたえ上げていった。弁証法的唯物論の形成である（マルクス＝以下Mと略。M『ヘーゲル国法論批判』一八四三年。M『ヘーゲル法哲学批判序説』一八四四年。M『経済学・哲学手稿』一八四四年。エンゲルス＝Eと略。M・E『聖家族』『ドイツ・イデオロギー』一八四五〜四六年。Eの晩年の『フォイエルバッハ論』一八八六年等）。

マルクスとジャーナリストの道

当時のプロイセン政府は、宗教、政府を批判する学説を危険思想として弾圧し、フォイエルバッハらは大学から追放された。だから、マルクスには大学教授になる道など、はじめから閉ざされていた。そこでジャーナリストの道を選ぶ。一八四二年三月から『ライン新聞』に寄稿をはじめ、一〇月から編集長となる。『ライン新聞』はトリールが属するラインラント州の商工業中心地ケルンに本拠をもつ、急進的ブルジョアジーの反政府的新聞であった。偉大な学者・革命家として知られるマルクスはその社会活動をジャーナリストとして開始し、その後も折にふれ、時局論評の文章を各紙に寄稿している。エンゲルスも同様で、ぼう大な『マルクス・エンゲルス全集』の中にいくつもの新聞掲載論文が見出される。

マルクスが最初に書いた記事は「第六回ライン州議会の議事　出版の自由と州議会議事録の公表にかんする討論」というものだった。マルクスの最初の寄稿が、言論・出版の自由といわば情報公開に関するものであったことは興味深い。つづいて「第六回ライン州議会議事　木材盗伐取締法にかんする討論」を書く。村近くの森に入って枯木を拾ったり、野イチゴを集めたりする農民たちの長期にわたる慣習を禁じる森林所有者たちの法律である。日本でも明治初期、「犯罪」者が激増し、監獄が満員になった。その内容は「他人の芋を取りしとか、果物を奪いしとか」「枯木の枝を拾いし者」「川魚一尾を捕えし者」(山田顕義司法卿、明治一八年六月訓示)で、このままでは全国民の半分が犯罪人になると山田は警告した。近代資本主義体制に伴う土地所有権の再編・確立がその背景である。マルクスは農民の側に立って法律論を駆使し、舌鋒鋭く悪法を批判したが、後年、この論文をふりかえり、「はじめて私はいわゆる物質的利害関係に口出しせざるをえないという困った破目におちいり」、経済学の勉強の必要を感じ、研究をはじめたという趣旨をのべている(『経済学批判』序言、一八五九年)。

ものごとを論評するとき、その根源をつかまねば、批判もほんとうの批判とはならないと考えるマルクスは、新しい問題に直面するたびに関連諸科学に挑戦した。今日残されているマルクスのノートは、経済学、哲学、歴史はもちろんのこと、語学、工学、医学、数学、物理学等、人間知識のあらゆる分野にわたり、二万ページに及ぶという。

したがってマルクス、エンゲルスの弁証法的唯物論は、われわれをとりまく「現実」(社会、自然)ととりくみ、諸科学を検討・摂取する中から生まれ、ねり上げられていったものと考えねばならない。そしてねり上げた哲学からさらに深く「現実」を解明していくという発展の過程に注目しなければならない。最初に弁証法的唯物論というものの見方、考え方を確立し、あとはそれを現実にあてはめていっただけ、などと考えるわけにはいかない。

学者とジャーナリスト

学者は現実をどうとらえ、どう解明し体系づけていくかが仕事であり、ジャーナリストは現実をどうとらえ、どう伝えていくかが仕事です。現実をどうとらえるか、という点で共通している。だから傑出した学者は傑出したジャーナリストになりうる（その逆も可）。マルクスとスケールは違うにしても、吉野源三郎さんはすぐれたジャーナリストでありつつ、すぐれた哲学者でもあった。

ここでちょっと脱線――。編集者は原稿が「読め」ねばならない。原稿が「読め」るというのは、その内容を正しく理解し、長所も短所も認識でき、さらにねり上げていく方法もイメージできるという意味である。ではその分野での非専門家である編集者が、専門家である書き手の原稿の短所（ときには間違い）がどうして指摘できるのか。すべての論文・記事は論理と論証によってまとめられる。したがって編集者は、個々の現象についての知識はなくとも、書き手の論理の道すじから、論証の不十分さや誤りを、あるいは運用される論証から論理の不十分さや誤りを見出すことができる。だから原稿にみがきをかける、ゲラにみがきをかけることは編集者・校正者の重要な仕事となり、「読め」ることが、すぐれた編集者の条件となる。脱線ついでにいうと、原稿が自分流儀にあてはまらないと納得せず、自分の思い込みを書き手に押しつけ、勝手に朱筆を入れる編集者がいる。「読めない」編集者の典型です。

3　エンゲルス『イギリスにおける労働者階級の状態』

マンチェスター博物館での感動

一九九三年、私はスコットランド旅行の帰途、マンチェスターに寄った。今から百数十年前、エンゲルスが生活し、思想をはぐくみ、活動した街の雰囲気を肌で感じてみたいと思ったからだ。「科学と技術の博物館」に入った。ここは一八三〇年、イギリス最初、したがって世界最初の鉄道（マンチェスター、リバプール間）の駅舎と構内を博物館にしたものであった。赤褐色の古い煉瓦の建物や広いプラットフォームが残され、利用されている。紡績機械が年代別に配置され、運転してみせてくれる館もあれば、飛行機の歴史の館もあった。そこで「桜花」特攻機（太平洋戦争下のカミカゼ飛行機）に出会い、複雑な感懐をおぼえた。

市史の館に入った。時代順にめぐり一九世紀の部屋に入る。とたんに赤ん坊の泣声と咳音がきこえた。結核患者特有の力のない咳だ。部屋の一隅に半地下室とおぼしきコーナーがあり、窓からのぞけるようになっている。うす暗い部屋の中に、ぼろをまとい青ざめた若い母親が赤ちゃんを抱いて立っていた。傍らのベッドに男が横たわり、親族がのぞきこんでいる。一九世紀イギリス労働者家庭のジオラマと気づき見まわすと、入口付近に掲げられた何枚かの肖像写真のトップは、あの見慣れたエンゲルスの顔だった。これはエンゲルスの名著『イギリスにおける労働者階級の状態』の復元ではないか。

青春のエンゲルス

エンゲルスは一八二〇年一一月二八日、マルクスと同じライン州の繊維工業（紡績業、機業）の中心地、ウッパータールのバルメンに生まれた。父親はバルメンで一、二を争う紡績工場主、厳格なクリスチャン、イギリスにも進出、マンチェスターでエルメン・エンゲルス紡績会社を経営していた。だからエンゲルスはお金持の坊ちゃんとしてすごすことも可能であった。だが、エンゲルスの眼は、故郷の労働者生活の悲惨に注がれる。彼が最初に文芸誌に発表した「ウッパータールだより」では、驚くほどみじめな労働者生活が描かれている（一八歳のとき）。このころの労働者、職人の状況を目にうかべるために、ハウプトマンの名作『織工』（一八九二年）を読むといいでしょう。場所はちがうが（シュレジエン）、麻織工であった祖父の昔語りと史実研究をもとに書きあげた戯曲です。

バルメンの実業学校卒業、隣町エルバーフェルト高等学校中退で、エンゲルスはドイツ北部の商業都市ブレーメンの貿易商のもとに、見習い奉公をさせられる。このころからエンゲルスはヘーゲル哲学にとりくみはじめる。ヘーゲルのいるベルリンに行きたいと考え、近衛砲兵旅団の一年志願兵となり、同時にベルリン大学の聴講生となる。一八四二年、父親の指示でマンチェスターでの仕事につく。旅の途中、かねて『ライン新聞』紙上で注目していたマルクスを訪ねた。だが、このときマルクスは、エンゲルスを単なるラディカリスト（急進主義者）の一人と誤解し、そっけなくあしらったといわれる。

このころマンチェスターは、世界最先進工業国の最先進綿工業都市として急速に発展していた。一八〇一年の人口は九万五〇〇〇、三〇年が一四万、四四年に四四万。当時、イギリス人は世界一の富裕国民で、イギリスにいけば〝生活のたのしみ〟とは何であるかがわかる、といわれた。だが、それはジェントルマンの生活であって、その同じ地上におそるべき貧困の巣があるともいわれた。

エンゲルスは仕事をきっちりこなしながら、したがってブルジョアジーたちともつきあいながら、労働者街を訪れて調査し、当時のイギリス社会運動家、チャーチストたち（後述）、亡命中のドイツ人革命家たちと交わり、チャーチストの機関紙、あるいは『ライン新聞』に評論・通信を送る。イギリス資本主義の栄光と悲惨の実態を解明するため、経済学の勉強をはじめる（アダム・スミス『諸国民の富』一七七六年、マルサス『人口論』一七九八年、リカード『経済学および課税の原理』一八一七年等）。

パリのマルクス

一方、マルクスが働く『ライン新聞』はたびたび発禁処分をうける。発禁回避のため論調を変えようとする株主の主張に反対したマルクスは、一八四三年三月、退職。六月、前述のイェニーと結婚、弾圧のつづくプロイセンを離れてパリに移る。トリール一の美人と謳われ、気品と才気にみちたイェニー夫人の生涯もお伝えしたいと思うが、ここではその余裕はない。

移住先のパリはルイ・フィリップ王政のもとであった。大革命→ナポレオン戦争→百日天下ののち、王政が復活し、ルイ一八世、シャルル一〇世の治政となる。一八三〇年七月、シャルル一〇世は議会解散、出版の自由停止を行なう。憤慨したパリ民衆はバリケードを築き、政府軍を破り、ルイ・フィリップの登場となる（七月革命）。歴史の発展は一直線ではない。八九年の大革命＝共和制からまっすぐに今日の近代フランス社会ができ上がるのではなく、王政の復活やたびたびの民衆蜂起がある。ルイやシャルルの復古王政下では、旧い勢力＝僧侶階級が再び力をふるった。スタンダールの名作『赤と黒』（一八三〇年）はこの時代を描いたものだ。黒は聖職者の権威、赤は軍人の栄誉を象徴する。七月革命を描いた有名な絵にドラクロワ「民衆をみちびく自由の女神」がある。女神の横にパリ特有の浮浪少年（ガマン。イヴ・モンタンの持歌の一つは「ル・ガマン・ドゥ・パリ」）が描かれている。ヴィクトル・ユゴーの名作『レ・ミゼラブル』（一八六二年）にはフィリップ治政下、三二年六月の民衆蜂起が描かれ、そこに浮浪少年ガヴローシュが登場する。ジャンバルジャンの娘婿となるマリュウス青年は共和派だ。負傷したマリュウスをかついで下水道を逃げる描写は生々しい。ドラクロワの描いたショパンの肖像画もよく知られているが、ショパンは革命直後のパリに出た（三一年）。旅の途上、故国ポーランドにおけるロシア支配に対する革命が弾圧されたことを知る。エチュード『革命』はこの時の作品である。ベルリオーズの交響楽『幻想』は一八三〇年に完成した。彼もまたピストル片手にパリ市街を駆けた青年であった。

さて、ルイ・フィリップはブルボン家の分家の出だが、「平民」的な生活をする人として市民に人気があり、それを利用して銀行家たちが王位につけた人物である。だから出版・教育の保障、選挙権・被選挙権の拡大（九万から一六万余へ）がはかられたが、大多数の労働者、貧農、小市民は政治から除外され、貧困にあえいでいた。それにしてもプロイセンよりは自由であり、各種の社会主義思想が語られており、ドイツの亡命者たちがいた（八万五〇〇〇人）。

マルクスとエンゲルスの再会

一八四四年、マルクスはパリで『独仏年誌』を刊行する（一・二合併号。これだけで廃刊）。同誌に先述の『ヘーゲル法哲学批判序説』などとともに、エンゲルスの寄稿『国民経済学批判大綱』が掲載された。マルクスはこれを「天才的概括」と称賛、両者の手紙の交換がはじまる。同年八月、エンゲルスはイギリスからの帰途、マルクスを訪れる。相手の並々ならぬ学識、真理追究の熱意、人間解放のための変革への情熱を認識しあった二人は、生涯かわらぬ友情をかわす同志となり、さっそく共同著作にとりかかる。

四五年一月、マルクスはフランスのギゾー政府から即日退去処分をうけた。パリのドイツ人亡命者の弾圧をプロイセン政府が依頼したからだった。乱暴な話だと昔話のようにきかないでほしい。現代世界においてもこの種の事件は絶えない。たとえば一九七三年、金大中事件（韓国の元大統領候補の金氏が朴正熙政権により東京のホテルから拉致された）がおこされた。

マルクスはベルギーのブリュッセルに移る。なけなしの家財道具を売り払ったイェニー夫人が後を追う。バルメンに戻っていたエンゲルスも警察に追われる身となり、四五年四月、ブリュッセルに移住、マルクス家と往復し、討論し、研究し合うこととなる（四五～四七年）。七～八月には二人でイギリスを旅行するが、もちろん単なる観光旅行ではない。

そしてその前、同年二月、先のパリ再会で共同作業を開始した『聖家族――批判的批判の批判』（ヘーゲル左派の哲学批判）がフランクフルトで刊行され、五月にはエンゲルスの大著『イギリスにおける労働者階級の状態』がライプツィヒで刊行される。

産業革命とプロレタリアート

この本がエンゲルスのマンチェスターにおける生活と研究の一つの総括であることはいうまでもない。当時のイギリスは産業革命後の社会であった。産業革命とは、道具から機械へという労働手段の変革によって、手工業制工業（マニュファクチュア）から機械制大工業への発展がうながされ、資本主義が確立される技術的経済的変革のことである。イギリスでは一七六〇年、七〇年代から一九世紀初期、フランスでは一八三〇～七〇年ごろ、ドイツでは一八四八～七〇年ごろ、アメリカでは一八四〇～七〇年ごろ、ロシアでは一八八〇～一九〇〇年ごろ。日本は明治維新後、ロシアとほぼ同時期。技術的にはイギリスでのアークライトの水力紡績機（一七六九年）、ジェームズ・ワットの蒸気機関（一七八一年）、カートライトの動力織機（一七八五年）、フルトンの蒸気船（一八〇七年）、スティーヴンソンの蒸気機関車（一八一四年）などが有名である。

産業革命、資本主義の発展によって、一方に産業資本家、金融資本家が社会の支配階級となっていき、他方では多数の労働者階級（プロレタリアート）が形成される。新しい社会経済制度である資本主義には何の制限もない。寝るとき、食べるとき以外はすべて労働という長時間労働――現代日本でも〝働き蜂〟〝会社人間〟〝カローシ〟といわれる長時間労働があるが、悲惨さは比較にならない――、低賃金、そのために児童、女性が大量に動員される（安く使えるから）。四歳、五歳の子どもが炭坑で十数時間労働に服した。イギリスではないが、皆さんが子どものころに読んだエクトル・マロの『家なき子』（一八七八年）にも炭坑の少年労働が出てきますね。また『クリスマス・キャロル』でおなじみのチャールズ・ディケンズの諸作品にも貧民街や労働者の生活がリアルに描かれている。ギャスケル夫人の『メアリ・バートン――マンチェスター物語』（一八四八年）は、三〇年代の紡績労働者の物語である。

オーエン――空想的社会主義

当然、こうした貧困、悲惨を解決しようという運動や思想が生まれた。ストライキや集団交渉がおこなわれるが、政府、資本家は流血の弾圧を加える。運動家たちの組織は秘密結社たらざるを得ない。団結禁止法などという法律がつくられる。労働時間を制限する一〇時間労働法（一八四七年。それまでの制限はなんと一五時間）や工場法（一八〇二年に形ばかりの法律ができ、三三年の改正で一五時間の制限を加えた。五三年さらに改正）などは、労働者階級と資本家階級のせめぎ合いから生まれたものである。

労働者の運動のなかからチャーチスト運動が生まれた。世界最初の労働者階級による政治闘争といわれる。一八三二年、選挙法の改正が行なわれたが、労働者には選挙権が認められなかった。オコナーやオブライエンは、労働者の選挙権を要求する運動を組織し、三八年五月、労働者の要求をまとめ、国会に持ち込むべき文書を発表した。この文書が「人民憲章」(ピープルズ・チャーター)と名づけられ、ここからチャーチストの名称がはじまった。政治集会、議会への請願、デモ行進がおこなわれ、運動は三九、四二、四八年に大きな盛り上がりをみせる(当時の大ブリテン、アイルランド人口約二六〇〇万人のうち、選挙権をもつ者は九〇万)。

資本家の中にもヒューマニストはあらわれる。ロバート・オーエン(一七七一～一八五八年)は、労働者は怠け者だから貧乏するのであり、怠けさせぬために長時間労働をさせるという資本家たちに対し、労働者たちは貧乏だから苦痛をまぎらすために飲酒にふけり、犯罪にも走るのだと反論、環境・条件を改善することによって労働者の自覚を高め、悲惨から解放しようと説いた。そして自分の経営するスコットランドのニューラナーク工場(数千人の労働者)を理想工場としようとした(一八〇〇～二九年)。労働環境、条件の改善をはじめ、保育園や学校を付設した。近代教育の父といわれるヨハン・ペスタロッチ(一七四六～一八二七年。スイス人。『ゲルトルートはいかにその子を教えるか』ほか)の思想に共鳴したからであった。オーエンはまた、労働者住宅、低廉良質の商品の仕入れと売店、労働者年金制に意を用い、協同組合運動の父とも呼ばれる。一八二五年には、アメリカにニューハーモニー共同体集落をひらいた。近代日本にもそのような資本家がいる。今日、凸版印刷と並ぶ日本印刷業界の最大手、大日本印刷の創業者・佐久間貞一は、「日本のオーエン」と呼ばれた人である。*

オーエンの努力は最初は成功するが、けっきょく挫折した。他の資本家すべてが無制限に労働者を働かせ（一三〜一五時間）、低賃金で利益をあげている中で、時間短縮（一〇時間半）や環境改善などをやっていたら、経営が成り立つわけがない。理想的な工場をつくれば賛同者がふえて大勢を占めていくというふうに、社会の仕くみはなっていないからだ。一言でいえば、新しい環境をつくり上げられるのは善意の有力者（ブルジョアジーや貴族）であると考え、労働者階級自身が立ち上がる以外に本当に労働者が解放される道はないということに思いが及ばなかったところに挫折の原因がある。だから彼は「空想的社会主義者」と呼ばれる。空想的社会主義者としては、サン＝シモン（一七六〇〜一八二五年。フランス人）、フーリエ（一七七二〜一八三七年。フランス人）らの名が知られている。空想的だからといって彼らを嗤《わら》うわけにはいかない。彼らは時代の先覚者だったのであり、とくにオーエンの思想と実践は今日のわれわれの胸をうつ。

＊ 横山和雄「黎明期の印刷企業家――秀英舎舎長 佐久間貞一」（コマエスクール同人編『20 c.−21 c. マスコミ・ジャーナリズム論集』第三号、一九九五年）参照のこと。

『イギリスにおける労働者階級の状態』

本書の構成は、つぎのとおり。

序説／工業プロレタリアート／大都市／競争／アイルランド人の移住／諸結果／個々の労働部門――狭義の工場労働者／その他の労働部門／労働運動／鉱山プロレタリアート／農業プロレタリアート／

プロレタリアートにたいするブルジョアジーの態度／補遺（あるイギリスのストライキ）

産業革命と労働者の増大、その窮乏の概括（「序説」）。都市への人口集中がすすみ、貧民街が形成されて、不潔、貧困、浮浪者の累積、悪疫が流行する。ロンドン、ダブリン、エディンバラ、ノッティンガム、マンチェスター（「工業プロレタリアート」「大都市」）。資本相互の競争、すなわち無政府的生産は恐慌をもたらす。プロレタリアート同士も競争させられ、労働予備軍＝過剰人口と恐慌は低賃金とさらに新たな失業者を生む。イギリスへのアイルランド人の移住はこの傾向に拍車をかける。都市労働者の健康はそこなわれ、伝染病、肺結核、消化器疾患、栄養不良、佝僂《くる》病、高い死亡率、小児死亡率……労働者階級の健康状態にかんする報告によれば、「リバプールでは、一八四〇年に上流階級（紳士階級、自由職業家等々）の平均命数は三五歳で、商人および比較的恵まれた地位にある手工業者の平均命数は二二歳、労働者、日雇人夫および被雇用階級一般の平均命数はわずか一五歳であった」（高い幼児死亡率が平均寿命率をひき下げているのだが）。劣悪な教育機関、苦しい現実から逃れるための飲酒や知的・道徳的退廃、犯罪。しかし集中した人口から、労働者はみずからを階級として自覚しはじめる。その自覚にともない「大都市から、労働者の団結や、チャーチズムおよび社会主義が発生したのである」（「諸結果」）。

つぎに木綿工場労働者の労働状況から家庭生活までが詳細に検討・報告される。健康、労働災害、家庭崩壊等。トラック・システム（賃金を工場主の商品で支払う。現物給与制）、小屋制度（労働者を工場主所有の住宅に住まわせ家賃をとる）等の奴隷状況が告発される（「個々の労働部門」）。同様の追究は「その他の労働部門」（靴下編工、レース製造業、捺染工場、衣料生地製造業、金属製品、鉄工業、製造業、ガラス製造業等）、「鉱山」「農業」労働者の状態に対してもなされる。

こうした肉体的・精神的破壊に対して労働運動がおこる。一八二四年の団結権の獲得（団結禁止法の廃止）と労働組合の結成、マンチェスターにおける歴史的ゼネスト。こうして社会はブルジョアジーとプロレタリアートの二大陣営に分裂する。階級闘争は政治闘争となり、チャーチズムが発展した（「労働運動」）。「ブルジョアジーのプロレタリアートへの（敵対的）態度」は、マルサスの『人口論』や新救貧法にあらわれる――。

本書をひもとくとき、私たちは二重、三重の感動を禁じえない。まず、そこに報告されている現実の苛烈さであるが、同時に労働者の生活を文字に再現するエンゲルスのペンの克明さ、正確さである。一九世紀労働者生活研究の第一の文献とされるのも当然である。そして行間をつうじて青年エンゲルスの限りない人間愛、不正への怒りが伝わってくるのである。そうした情熱なくして、誰がこれだけ深く全面的な報告をなしうるであろうか。だが本書は単なる調査報告ではない。資本主義の生成・展開とその矛盾を分析、労働者階級の窮乏をもたらす構造を解明する社会科学の書であり、労働者階級がただしいたげられた階級であるにとどまらず、自らの解放、社会の変革をかちとり得る階級だという視点を提起する思想の書でもある。もちろん、この書にも間違いや不十分さはある。そのことは後年、エンゲルス自身が認めている。しかしそれは部分的な問題であって、本書は今日なお読みつがるべき世界の名著である。現代の私たちが当面する大気や水の汚染、風景や自然破壊の問題が、百数十年前の本書において、すでに告発されていることをみても、そのことは明らかであろう。

4 現代とマルクス、エンゲルス

マルクス主義と史的唯物論

以上みたようにマルクス、エンゲルスはドイツ哲学、イギリス経済学、仏・英の社会主義思想ととりくむなかで、みずからの思想・理論を築き上げた。『マルクス主義の三つの源泉と三つの構成部分』（レーニン。一九一三年）と呼ばれるゆえんである（ただし彼らの研究が三つの分野に限られなかったのは、前述のとおり）。彼らの思想・学説・理論はマルクス主義と呼ばれるが、マルクス主義における歴史についての見方を史的唯物論（唯物史観）という。ブリュッセル時代のマルクスとエンゲルスは（一八四五～四六年）、協力して『ドイツ・イデオロギー』を書く（未刊のままとされ、活字化されたのは一九三二年）。ここで弁証法的唯物論、史的唯物論がはじめて全面的に展開されたとされているが、後年、マルクスはその史的唯物論のポイントをより正確に簡潔に定式化した（『経済学批判』序言）。

「網目の法則」と生産関係

この定式のなかに、コペル君の「網目の法則」すなわち生産関係が解明されているので、引用しよう。

「人間は、彼らの生活の社会的生産において、一定の、必然的な、彼らの意志から独立した諸関係に、すなわち、彼らの物質的生産諸力の一定の発展段階に対応する生産諸関係にはいる。これらの生産諸関係の総体は、社会の経済的構造を形成する。これが実在的土台であり、その上に一つの法律的および政治的上部構造が立ち、そしてこの土台に一定の社会的諸意識形態が対応する。物質的生活の生産様式が、社会的、政治的および精神的生活過程一般を制約する。人間の意識が彼らの存在を規定するのではなく、逆に彼らの社会的存在が彼らの意識を規定するのである。社会の物質的生産諸力は、その発展のある段階で、それらがそれまでその内部で運動してきた既存の生産諸関係と、あるいはそれの法律的表現にすぎないが、所有諸関係と矛盾するようになる。これらの諸関係は、生産諸力の発展諸形態からその桎梏《しっこく》に一変する。そのときに社会革命の時期が始まる。経済的基礎の変化とともに、巨大な上部構造全体が、あるいは徐々に、あるいは急激に変革される。

このような諸変革の考察にあたっては、経済的生産諸条件における物質的な、自然科学的に正確に確認できる変革と、人間がこの衝突を意識し、それをたたかいぬく場面である法律的な、政治的な、宗教的な、芸術的または哲学的な諸形態、簡単にいえばイデオロギー諸形態とをつねに区別しなければならない」

「一つの社会構成は、それが十分包括しうる生産諸力がすべて発展しきるまでは、けっして没落するものではなく、新しい、さらに高度の生産諸関係は、その物質的存在条件が古い社会自体の胎内で孵化されおわるまでは、けっして古いものにとって代わることはない。それだから、人間はつねに、自分が解決しうる課題だけを自分に提起する。なぜならば、詳しく考察してみると、課題そのものは、その解決の物質的諸条件がすでに存在しているか、またはすくなくとも生まれつつある場合にだけ発生することが、つねに見られるであろうからだ。

大づかみにいって、アジア的、古代的、封建的および近代ブルジョア的生産様式を経済的社会構成のあいつぐ諸時期としてあげることができる。ブルジョア的生産諸関係は、社会的生産過程の最後の敵対的形態である。敵対的というのは、個人的敵対という意味ではなく、諸個人の社会的生産諸条件から生じてくる敵対という意味である。しかし、ブルジョア社会の胎内で発展しつつある生産諸力は、同時にこの敵対の解決のための物質的諸条件をもつくりだす。したがってこの社会構成でもって人間社会の前史は終わる」（改行――引用者）

現代に生きるマルクス、エンゲルス

一九九一年のソ連崩壊後、マルクス主義は死んだ、との議論が盛んである。だが、加藤周一氏はいう。

「……マルクスが強調したのは社会の経済的構造と、当該社会の政治・文化現象との密接な関連であり、その関連の全体が、社会的現実の統一的理解の内容にほかならないということである。そのことは今日も通用する、――というよりも、今では誰にとっても常識的なことではなかろうか。そのかぎりで、マルクス主義は死んだのではなく、常識になったのである」（「夕陽妄語」『朝日新聞』一九九一年一二月一六日）

ジャーナリストを目指す皆さんに、現代日本の社会体制を何と規定する？　と問えば、資本主義と答えるだろう。資本主義という言葉をはじめて社会科学の用語としたのはマルクスであった（一八六二年、『資本論』手稿）。このことが象徴するように、マルクス主義は死んではいない。死んだのは、あるいは死につつあるのはソ連型「マルクス主義」であって本来のマルクス主義ではない。マルクス主義の歴史

のなかで、なぜ国家主義的官僚主義的体制と思想・理論が生成・展開されてきたかを解明し、克服し、創造的発展をはかることがより生産的であろう。加藤氏はさらにいっている。

「資本主義社会は変わったが、マルクス以後今日の高度工業社会の、その第三世界との関係も含めての、諸現象の『全体化』の理論はまだあらわれていない」「もしあらためて今日の現実を全体として叙述する理論があらわれるとすれば、それはマルクス主義が単純化して描いた構造を緻密に再構成するという形でなされるのかもしれない」

5　マルクス、エンゲルス『共産党宣言』

マルクス、エンゲルスの共同研究と活動

先にお話ししたように、マルクスとエンゲルスは、ブリュッセルで共同研究、共同作業をはじめ、『聖家族』を出版（一八四五年）、ついで翌四六年五月までに、『ドイツ・イデオロギー』の主要部分の共同執筆を終えます。この本は、フォイエルバッハ、ブルーノ・バウエル、シュティルナーという当時の青年ヘーゲル派（左派）の哲学を批判しつつ、みずからの弁証法的唯物論、史的唯物論を基礎づけた著作だが、執筆後、ただちに出版されたわけではない。出版されたのは一九三二年、彼らの死からずいぶん後のことです。「われわれはすでに自分のために問題を解明するというおもな目的を達していたので、それだけに快く原稿を鼠どもがかじって批判するままにさせた」（『経済学批判』序言）といっている。

マルクスはついで『哲学の貧困』を出版する（一八四七年）。当時、フランスで影響力をもっていた無政府主義の理論家、プルードンの著作『貧困の哲学』における経済学と社会主義を批判したものだ。プルードンは資本主義社会における悪の根源が商品交換にあるとみて、これを「正義」の理想にもとづく無償の信用および交換銀行によってつくりかえようと主張した。先に『イギリスにおける労働者階級の状態』についてのべたように、資本主義の発展は、一方において、おどろくべき規模の貧困をもたらしていた。そこでさまざまの社会主義的思想・主張が生まれた。プルードンのようないわば空想的社会主義、オーギュスト・ブランキのように少数のインテリゲンチャ革命家の反乱による権力奪取、つまり一揆主義的革命思想などがそれである。マルクス、エンゲルスは、それら社会主義思想の諸潮流を仔細に点検し、その空想性・非科学性を批判し、ほんとうに貧困を克服するためには、貧困をもたらす社会経済構造を科学的に明らかにし（経済学）、社会制度を変革しなければならない（社会主義）が、それをなしうるのは労働者階級だということを実証したのだった。マルクス、エンゲルスの説いた社会主義が、「科学的社会主義」といわれるのは、それゆえである。

綱領作成の依頼

マルクスにしろ、エンゲルスにしろ、勉強の目的は社会変革にあるのだから、勉強のあい間にも、ドイツ、フランス、イギリス等の進歩的な人びととの連絡・交流を欠かさなかった。二人は一八四六年二月、ブリュッセルで「共産主義通信委員会」をつくった。彼らの主張は、各地の社会主義者の注目をひくようになった。ロンドンにおけるドイツ亡命者の団体「義人同盟」（正義者同盟とも訳される。一八三六年につくられ、パリにも組織をもつ）は、一八四七年一月、マルクスとエンゲルスに加入をすすめ、二人は加盟を決意。六月、義人同盟はロンドンで大会をひらき（エンゲルス参加）、組織の名称を「共産主義者同盟」と改めた。八月、マルクスは同盟ブリュッセル支部長となるとともに、エンゲルスらと「ドイツ人労働者協会」を創設した。九〜一〇月、エンゲルスは同盟パリ支部の依頼により、同盟の綱領草案として『共産主義の原則』を書いた。一一月、ロンドンで同盟第二回大会がひらかれ、マルクス、エンゲルスも出席、この大会で綱領策定が決議され、その起草が二人に託された。こうして誕生したのが、名著『共産党宣言』である（一八四八年一月）。

共産党宣言

「妖怪がヨーロッパをさまよっている――共産主義の妖怪である。古いヨーロッパのすべての権力が、この妖怪を退治しようとして神聖な同盟を結んでいる。教皇もツァーリも、メッテルニヒもギゾーも、フランスの急進派もドイツの官憲も」

『共産党宣言』の有名な冒頭の言葉である。教皇はローマ法王（ピウス九世）、ツァーリはロシア皇帝。メッテルニヒはオーストリアの宰相で「神聖同盟」の指導的政治家（神聖同盟とは、ナポレオン戦争後、ヨーロッパの自由主義運動を抑圧し保守体制を維持するために、ツァーリ、オーストリア皇帝、プロイセン国王のあいだで結ばれ（一八一五年）、のちヨーロッパのほとんどの君主が加盟した国家同盟）。ギゾーは歴史家で、ルイ・フィリップ王政期に首相、外相をつとめた政治家。フランス急進派は、当時選挙権をもたなかったが、のち政権につく共和主義的産業ブルジョアジーの党。要するに当時の支配階級を中心とする勢力が、共産主義を敵視している、というのである。

このことは、共産主義が「すでにヨーロッパのすべての権力からひとつの力として認められているということ」「共産主義者がその考え方、その目的、その意図を全世界のまえに公然と説明し、共産主義の妖怪ばなしに党みずからの宣言を対置すべきときがきているということ」を示しており、その目的のために以下の宣言を起草した、として四章から成る本文が展開される。

〈第一章　ブルジョアとプロレタリア〉

この章の書き出しもまた有名である――「これまでのすべての社会の歴史は階級闘争の歴史である」。奴隷主と奴隷、領主と農奴というように「抑圧する者と抑圧される者とは、つねにたがいに対立して、ときには隠れた、ときには公然たる闘争をたえまなくおこなってきた。そして、この闘争は、いつも社会全体の革命的改造に終わるか、あるいは、あいたたかう階級の共倒れに終わった」。エンゲルスは後年、冒頭の「すべての社会の歴史」について注をつけ、「文書で伝えられているすべての歴史」のことだとのべている（一八八八年英語版）。つまり奴隷制社会があらわれる以前の原始共同体では階級分裂はなかったという意味だ。

中世の農奴のなかから、初期の都市の城外市民（中世ドイツの都市境界外に住む小自由農民、主に手工業に従事）が生まれ、そこから「ブルジョアジーの最初の要素」が発展してきた。アメリカの発見、アフリカの周航がもたらす東インドや中国の市場、アメリカへの植民、交易の発展などは、商業、航海、工業を飛躍させた。それまでの封建的な、同職組合的な工業の経営方式では、増大する需要をみたせなくなる。そこでマニュファクチュア（工場制手工業）があらわれる。だが市場の拡大、需要の増大はマニュファクチュアでも間にあわない。蒸気と機械による近代的大工業と、「工業的百万長者、大工業軍の司令官たち、すなわち近代のブルジョアが現れた」。大工業は世界市場をつくりだし、資本を増大させたブルジョアジーは「近代の代議制国家において独占的な政治的支配をたたかいとった。近代の国家権力は、ブルジョア階級全体の共同事務を処理する委員会にすぎない」。

　こうして支配権をにぎったブルジョアジーは、封建的、家父長制的、牧歌的な諸関係をすべて破壊し、赤裸々な利害、無情な「現金勘定」の関係に置きかえた。ブルジョアジーは、生産用具を、生産関係を、社会的諸関係全体をたえず変革せずには生存できない。これがブルジョア時代の特徴である。自分の生産物の販路をたえずひろげていく必要に駆られて、ブルジョアジーは全地球を駆けまわる。あらゆる国々の生産と消費を世界的なものにしていく。農村を都市に従わせていく。こうして「自由競争に適合した社会・政治制度が、ブルジョア階級の経済的および政治的支配」がつくり上げられた。

　だが、「ブルジョア的な生産関係および交易関係、ブルジョア的な所有関係、このような巨人な生産手段と交易手段を魔法のように忽然《こつぜん》と出現させた近代のブルジョア社会は、自分で呼びだした地下の霊をもはや制御できなくなった、あの魔法使に似ている」。巨大になった生産力が、生産手段の私有を軸とするブルジョア的所有関係に適合せず、所有関係が生産力の障害となってくる。周期的な恐慌がそれである。

　それだけではない。ブルジョアジーは大量のプロレタリアートをつくりだした。ブルジョアジー、つまり資本が発展するにつれて、プロレタリアート、すなわち近代の労働者階級が発展する。生産手段をもたず、自分を切り売りしなければならないこれら労働者は、ほかの売り買いされるどの品物とも変わらないひとつの商品であり、同じように市場のあらゆる変動にさらされる。機械の使用がひろまり、分業がすすんで、プロレタリアの労働は独立性をなくして魅力のないものになり、労働者は機械の付属物となる。単純労働の賃金は生計維持のぎりぎりにおさえられる。それだけではなく、労働時間の増大、一定時間内に要求される仕事量の増大、機械の運転速度の加速化等々によって、労働の量もそれだけ増大する……。

ブルジョアジーに対するプロレタリアートの闘争は、彼らの誕生とともにはじまる。最初は個々の労働者が、ついでひとつの工場の労働者が、つぎには一地区のひとつの労働部門の労働者が、彼らを直接に搾取している個々のブルジョアとたたかう。だが、工業が発展するにつれてプロレタリアートの人数は増大し、工業地帯に集中して大きな集団となり、自分たちの力を自覚するようになる。労働者は同盟をつくり、永続的な結社さえつくる。個々の労働者と個々のブルジョアとのあいだの衝突は、ますます二つの階級の衝突という性格をおびる。

労働者はときに勝利することがあるが、それは一時の勝利にすぎない（しょっちゅう敗北する）。たたかいの成果は、その直接の成功か否かではなく、労働者の団結がひろがっていくことである。プロレタリアは階級に、それとともに政党に組織されてゆく。

こうしてプロレタリア運動は、大多数者の利益のための大多数者の自主的運動となる。プロレタリアートは公然たる革命をおこし、ブルジョアジーを強力によって打倒し、自分の支配をうちたてるにいたる。「ブルジョアジーはなによりもまず自分自身の墓掘人を生産する。ブルジョアジーの没落とプロレタリアートの勝利とは、ともに避けられない」。

〈第二章　プロレタリアと共産主義者〉

この章では、共産主義者の目的と課題をのべつつ、共産主義者への誤った非難にこたえている。共産主義者はプロレタリアート全体の利益を強調し、主張する。実践的には、すべての国の労働者諸党のうちで、もっとも断固たる、たえず推進していく部分であり、理論的には、プロレタリア運動の諸条件、その進路、一般的結果を理解している。「共産主義者の当面の目的」（傍点――引用者）は、「プロレタリアートを階級に結成すること、ブルジョアジーの支配を打倒すること、プロレタリアートの手に政治権力を獲得すること」である。

それは「階級対立にもとづく、一部の人間が他の人間を搾取することにもとづく生産物の生産および取得の……もっとも完成された表現」としてのブルジョア的所有を廃止するためである。あらゆる所有関係は、たえまない歴史的交替、たえまない歴史的変化をこうむってきた。たとえばフランス革命は、封建的所有を廃止して、ブルジョア的所有とおきかえた。共産主義者はブルジョア的所有の廃止をめざすが、それは所有一般を廃止することではない。「共産主義は、社会的生産物を取得する力をだれからも奪いはしない。ただ、この取得を手段として他人の労働を隷属させる力を奪うだけである」。ブルジョア的所有とは、賃労働を搾取する所有、社会の大多数が無所有であることを必要条件として前提するような所有のことである。

また自由、教養、法、家族、教育、女性、国民性などについて、共産主義へさまざまな非難がなされるが、共産主義者は、それらをブルジョア的なあり方から解放しようといっているにすぎない。

すでにみたように、「労働者革命の第一歩は、プロレタリアートを支配階級に高めること、民主主義をたたかいとることである」。プロレタリアートは、その政治的支配を利用して、ブルジョアジーから資本を奪い、すべての生産用具をプロレタリアートの手に集中し、生産力の量をできるだけ急速に増大させる。こうしたブルジョア的生産様式の変革の方策は、「国が異なるにしたがって異なるであろう」。

以上のような変革が発展するなかで「階級差異が消滅し、協同団体をつくった諸個人の手に全生産が集中されたとき、公的権力は政治的性格を失う。本来の意味の政治権力は、他の階級を抑圧するための一階級の組織された強力」だからである。プロレタリアートは、古い生産関係を廃止するが、それとともに「階級対立の、階級一般の存立条件を廃止し、それによってまた階級としての自分自身の支配を廃止する」。

こうして「階級と階級対立とをともなった古いブルジョア社会にかわって、各人の自由な発展が万人の自由な発展の条件であるようなひとつの協同社会が現れる」（傍点——引用者）。共産主義者の革命の窮極の目的はここにある。

〈第三章　社会主義的および共産主義的文献〉
この章では『宣言』までにあらわれたさまざまの社会主義思想が分類され、批判されている。一、反動的社会主義（a－封建的社会主義　b－小ブルジョア社会主義　c－ドイツ社会主義または「真正」社会主義）二、保守的社会主義またはブルジョア社会主義　三、批判的＝空想的社会主義および共産主義。

三の分野に前にのべたサン＝シモン、フーリエ、オーエンらの体系が位置づけられている。

〈第四章　さまざまな反政府党にたいする共産主義者の立場〉

この章では、共産主義者のいわば基本戦略がのべられる。「共産主義者は、労働者階級の直接当面する目的と利益を達成するためにたたかうが、しかし、彼らは、現在の運動のなかにあって、同時に運動の未来を代表する」。後段の意味は、現在の運動において、現実の発展の方向をつかみ、歴史の流れのなかで運動を理解し、指導するという意味である。

「ドイツでは、共産党は、ブルジョアジーが革命的に行動するときには、ブルジョアジーと共同して、絶対君主制、封建的土地所有および小市民層とたたかう」。しかし、共産党は、ブルジョアジーとプロレタリアートの敵対的な対立についての明瞭な意識を労働者のあいだにつくりだすことを怠らない。それはドイツのブルジョア革命は、プロレタリア革命の序幕となるからである。

要するに、共産主義者は、「どこでも、現存の社会状態および政治状態に反対するあらゆる革命運動を支持する」「どこでも、すべての国の民主的諸党のあいだに連合と了解をもたらすために努力する」。

このように共産主義者は、自分の見解や意図は高く掲げながら、民主的諸党派と協調し、連帯をはかる。

そして、『宣言』はつぎの言葉で結ばれる。「支配階級をして、共産主義革命のまえに戦慄させよ！　プロレタリアがこの革命で失うものは鉄鎖のみである。彼らが獲得するものは全世界である。万国のプロレタリア団結せよ！」。

世界に普及した『宣言』

この宣言が社会主義宣言ではなく共産党宣言となった理由について、エンゲルスはつぎのようにいっている（一八八八年英語版への序文）。一八四七年ごろ、社会主義者といえば、一方では、オーエン派、フーリエ派をさしていたが、どちらも死にたえつつあった。他方では、〝社会主義者〟たちは種々雑多な社会的やぶ医者だった。どちらも労働運動の外部にいて「教養ある」階級に支持を求めていた。これに対し、労働者階級のうちで、単なる政治革命では不十分として全面的な社会変革の必要を宣言していた人たちは、みな共産主義者と名のっていた。それは粗野な、荒けずりの本能的共産主義だった。マルクス、エンゲルスの考えは「労働者階級の解放は労働者自身の仕事でなければならない」というものだったから、「この二つの名前のどちらをとるべきかについて、ためらう余地はなかった。それればかりではない、それ以後も、われわれは決してこの名前を拒否したことはない」。

『共産党宣言』は各国語に翻訳されて普及した。原語であるドイツ語版のほかに、フランス語、ポーランド語、イタリア語、デンマーク語、スウェーデン語で一八四八年中に刊行された。五〇年には英語版、六三年にはロシア語版、八六年にはスペイン語版といった様子であった。日本では一九〇四（明治三七）年が最初である（堺利彦・幸徳秋水訳。第三章略）。国禁の書とされ、敗戦までは合法的に刊行できなかった。

「シベリアからカリフォルニアまで幾百万の労働者によって承認された」とエンゲルスがいっているように（前掲序文）、社会科学の文献で、これほどあらゆる国語で、くりかえし出版された例は、ほかにないであろう。一九七〇年なかばまでの各国語刊本は一五〇〇種をこえるという。

労働者階級の「知的発達」

なぜこの本が発行後一世紀半も経過した今日まで国境を越えて読みつがれ、社会運動や社会思想に影響を与えつづけてきたのだろうか。『宣言』は一つの政治文書である。しかし、それは勇敢な共産主義者が蜂起すれば、社会主義社会がうちたてられるといった扇動の書ではない。かっこよい社会モデルを描き上げ、それによってたちまち多数の賛同者があらわれ理想社会がつくられるといった空想の書でもない。世界史、人類史の基本法則を洞察し、その上に立って人間解放の道すじを考察した社会科学の書だからである。

もちろん『宣言』に書かれたすべてのことが正しく、今日まで通用するということはできない。その後の歴史の進行で、彼らの見透しが誤っていた箇所もいくつかある。そのことは彼ら自身も認めている。しかし、そこにのべられている一般諸原則、歴史の法則は、今日までその正しさを失っていない。そのことは『宣言』の内容と、今日の世界の状況とを照らし合わせれば明らかになるだろう。

『宣言』が今日なお読まれるさらなる理由は、本書が説得の書だということにもあるのでけなかろうか。マルクスもエンゲルスも、労働者階級の「知的発達」に期待する人であった。「彼（マルクス）は、共同の行動と相互の討論とからかならず生まれてくるにちがいない労働者階級の知的発達に、全幅の信頼をおいていた」（傍点——引用者。エンゲルス「一八八八年英語版への序文」）。「この国の経済進歩もフランスの労働者大衆の知的な発達も、社会の改造を可能にするほどの水準には達していなかった」（エンゲルス「一八九三年イタリア語版への序文」）。前後関係の説明を省いた引用だが、おおよそは推察していただけるであろう。マルクスもエンゲルスも労働者階級の理性と知的発達を信じたがゆえに、『宣言』

は説得の書となったのである。

「妖怪がヨーロッパをさまよっている」にはじまり、「失うものは鉄鎖のみ」に終わる『宣言』は名文のほまれが高い。その訴えの背後には、彼らの情熱のほとばしりがある。少年の日、人類の幸福とみずからの完成を最高の指針と書いたマルクスの思いや、「イギリスにおける労働者階級の状態」に寄せたエンゲルスの情熱が、『宣言』の中に脈うっていることが感じられるのである。『宣言』は人をうつ情熱の書でもある。

6　現代史とジャーナリスト

一八四八年の革命

一八四八年、『共産党宣言』の発表（一月）から間もなく、フランスで「二月革命」がおこった。イギリスではじまった商業恐慌（一八四五～四六年）はフランスに波及、フランスは四七年、二度の金融恐慌におそわれた。生産は後退し、失業者が街頭にあふれた。同時に民衆の重要な食糧、ジャガイモの不作がつづいた。パンの価格は四七～四八年に二倍にはね上がった。当時、労働者の生活費のうち、二分の一から四分の三を食糧費が占めていた。他方、政治家たちは、成年男子の三パーセントしか選挙権をもち得ない現状に不満を高め、〝戸外宴会〟というかたちで選挙権拡大運動をおこなっていた。

一八四八年二月二二日、パリで戸外宴会は中止させられたが、民衆蜂起がはじまった。民衆のバリケードと軍隊が対峙するなか、国民軍（大小の商工業者が主体）が民衆の側につき、帰趨がきまった。ルイ・フィリップ国王やギゾーは退陣、亡命、二五日、共和国が宣言された。このころのパリの情景は、『ボヴァリー夫人』で知られるギュスターブ・フロベールの『感情教育』に描かれている。ラマルティーヌを中心とする新政府には、ルイ・ブランのような社会主義者や労働者代表が加わった。労働者の生活権、団結権を保障し、労働時間短縮を議論する委員会を設け、国家作業場を設置、失業者救済を試みる。ブランキのような革命家たちも活動をはじめる。

二月革命は、自由と憲法を求めるヨーロッパ各地の運動をもえ上がらせた。三月一三日、ウィーンは学生・市民の議会請願デモから騒乱状態となり、宰相メッテルニヒが辞任に追いこまれ、亡命した。オーストリア・ハプスブルグ帝国支配下の諸民族運動がいっせいに火を噴いた。ハンガリー、チェコ、イタリア……。

そのころ、オーストリア帝国、プロイセン、バイエルン、ハノーヴァー、ザクセン王国のほか、大小の公侯国、自由市等三八の国家のゆるい連邦であったドイツも革命の波につつまれた。バーデン大侯国では、マンハイムで市民集会がひらかれ、国民の武装、出版の自由、ドイツ国民議会の開催が要求され、三月一日、出版の自由、国民軍の創設がゆるされた。南ドイツ諸国の自由主義的な連邦議会議員は、三月五日、ハイデルベルクに集合、国民議会の開設を決議、その結果、フランクフルトで予備議会をひらき（三〇日）、憲法制定議会の開催が決定された。バイエルンのルートウィヒ王は、三月に退位した。ハノーヴァー王国で憲法が約束された（三月一七日）。どの国でも大衆集会がひらかれ、デモとなり、軍隊と対立した。

プロイセン王国では、三月五日、ベルリンで労働者や外国人も加わった暴動がおこり、七日、国会召集、憲法発布の請願が決議され、全ドイツ同盟の統一も項目に加えられた。一六日、王室会議は検閲廃止、全ドイツ統一会議に努力することとした。一八日、市街戦がはじまった。自由主義的内閣が誕生し、制憲議会が招集された（五月二二日）。

これらの動きは、封建的絶対主義の専制支配を打ち破り、国民の民主主義的権利を獲得しようとするブルジョア民主主義革命であった。

新ライン新聞

フランスにおけるドイツ人亡命者、労働者は「ライン縦隊」を組織し、約五〇〇〇人がバーデンに行進したが、軍隊に阻止された。マルクスはこうした冒険主義に反対、ドイツ人は祖国に戻りそこでの革命運動に参加しようと訴え、『共産党宣言』と『ドイツ共産党の要求』を携さえ、四月、ケルン州に入り、『新ライン新聞』を発行した。この新聞は成功した。当時の有力紙『ケルン新聞』が約九〇〇〇部であったのに対し、この新聞は六〇〇〇部を発行し得た。題字の下には「民主主義の機関紙」と書かれていた。

しかし、一八四八年革命は、革命勢力の内部、ブルジョアジー、農民とプロレタリアートとの対立・矛盾のため、挫折し、退潮に向かう。フランスでは、四八年六月、カヴェニャック将軍による労働者の大弾圧がおこなわれた（六月事件）。一二月、ナポレオン一世の姪の子、ルイ・ナポレオン・ボナパルトがフランス第二共和国の大統領となった。五〇年には、共和政は有名無実となっていた。ルイ・ボナパルトは五一年一二月、任期切れの直前にクーデターを決行、議会解散、共和派議員、ジャーナリストを逮捕した。ヴィクトル・ユゴーらは抵抗するが、空しかった。五二年、ルイはナポレオン三世として帝位についた（第二帝政）。

ウィーンでも自由主義ブルジョアジーは戦列を離れ、四八年一〇月には民衆蜂起が弾圧された。四八年五月にはじまるフランクフルトのドイツ国民議会は、ドイツを君主国にするか共和国にするか、統一ドイツはオーストリアを中心とする大ドイツとするか、プロイセンを中心とする小ドイツとするか等の議論をおこない、四八年一二月には、「ドイツ国民の基本権」（いってみれば人権宣言のドイツ版）を議決するなどしたが、四九年になるとプロイセンは、フランクフルト議会の派遣議員を解任、バイエルン、ザクセン、ハノーヴァー、ヴュルテンベルクの四王国も議員をひきあげ、潰滅状態に追いこまれた。プロイセンでは、四八年一二月、制憲議会は解散させられ、欽定憲法草案を発表、五〇年一月、発布した。

こうして反革命は進行した。権力側は人民運動の指導者に逮捕状を発行、新聞を発禁、銃殺がつづいた。四九年、なおも抵抗しようとする人びとは反抗を試みるが、ロシア人革命家のバブーフ、「タンホイザー」（四四年）「ローエングリーン」（四八年）等々で知られる音楽家リヒャルト・ワグナーも参加したドレスデン蜂起は鎮圧された。

マルクスの『新ライン新聞』も発行不能となった。同紙第三〇一号が最終号となったが、マルクスはこれを赤刷りとしてドイツの読者と別れを告げた（四九年五月一九日）。マルクスはパリをへて、ロンドンへ亡命した。エンゲルスは憲法戦争最後の義勇軍に加わり（バーデン・プファルツ蜂起）、軍の副官としてたたかい、のちロンドンでマルクスに合流した。

マルクス、エンゲルスの現代史

ロンドンに亡命したマルクスとエンゲルスは、評論月刊誌『新ライン新聞 政治経済評論』を発行した（ハンブルク。一八五〇年三月〜一一月、六冊）。第一号にはマルクス「一八四八年六月の敗北」、エンゲルス「ドイツ帝国憲法戦争」が掲載された。前者は後年、エンゲルスによって単行本『フランスにおける階級闘争――一八四八年から一八五〇年まで』として出版された。第五・六合併号にはエンゲルス『ドイツ農民戦争』が掲載される。

『フランスにおける階級闘争』では、二月革命がどのようにしておこったか、ルイ・ボナパルトを権力につかせたものは何かが分析、論評されている。『ドイツ憲法戦争』はエンゲルスみずからが参加した戦争の総括であり、『ドイツ農民戦争』は一六世紀初めにおける宗教改革と農民戦争に関する史論である。カトリック的保守勢力、マルティン・ルターらの市民的改革派、トマス・ミュンツァーらの革命勢力の動向・衝突を描き、宗教改革という精神世界の運動がいかに諸階級の物質的利害を反映したものかを明らかにし、一六世紀の農民反乱と一八四八年革命が合わせて分析されている。

マルクスはアメリカの友人デーナから、『ニューヨーク・デーリー・トリビューン』に「ヨーロッパ通信」を週二回、寄稿するよう依頼され（五一年）、以後、六二年まで寄稿をつづけた。「イギリス通信」「クリミア戦争」「スペイン革命」「インド問題」「中国問題」「ヨーロッパの経済恐慌」等。この寄稿のなかには、マルクスの英語力が十分でなかった時、エンゲルスが代わって書いたものがあり、後年、『ドイツにおける革命と反革命』と題して発刊された評論は、エンゲルスの筆になるものであった。これまたアメリカの友人、ワイデマイアーの不定期雑誌『レヴォルツィオン』にマルクスは、『ルイ・ボナパルトのブリュメール一八日』を寄稿する。これは、先にのべたルイ・ボナパルトのクーデターまでを分析した歴史記述である。題名のブリュメール（霧月＝一一月）一八日とは、ナポレオン・ボナパルトが一七九九年、クーデターによって権力をにぎった日である。マルクスがこの書で「世界の歴史ですべての大事件や大人物は、いわば二度あらわれるものだ、とヘーゲルはどこかで言っている。だが彼は、一度目は悲劇として二度目は茶番劇としてだ、とつけ加えるのを忘れている」と書いたのは、有名である。

第一インタナショナル

一八六四年九月、ロンドンでイギリス、フランス、ドイツ、ポーランド等の労働者によって国際集会がひらかれ、国際労働者協会（今日では、第一インタナショナルと称されている）の創立が決議された。議長団に加わったマルクスは、この組織の創立宣言と暫定規約を書いた。第一インタナショナルは、労働者階級の最初の公然とした国際組織として、以降約八年間、世界の労働運動、社会主義運動に大きな影響を与えた。

一八七〇年、普仏戦争（プロイセンとフランス）がはじまったとき、戦争を批判し（第一声明）、ナポレオン三世が敗北、亡命してフランス共和国が成立したとき、プロイセンのアルサス・ロレーヌ地域の併合に反対した（第二声明）。ともにマルクスが執筆した。

プロイセン軍によってパリが包囲されたとき、民衆は自力でパリを守ろうとしただけではなく、一八七一年三月一八日、労働者が武装蜂起し、直接民主制、自己管理の原則によるコミューン制（市自治委員会）を実現した。パリ・コミューンである。史上最初の労働者権力として知られる。プロイセンと屈辱的な休戦協定を結んだ共和国政府軍は、このコミューン勢力を流血で圧殺した（五月二八日）。マルクスは最初はコミューンへの動きを支持しなかったが、やがてコミューンに社会主義をめざす将来の政治形態の萌芽をみいだし、支持にいたった。第一インターの第三声明がそれである。この文書は第一、第二声明とあわせて、『フランスの内乱』として出版された。先の『フランスにおける階級闘争』『ルイ・ボナパルトのブリュメール一八日』と並んでマルクスの「フランス三部作」といわれる。ついでにいえば、『鞍馬天狗』の作家として知られる大仏次郎には、パリ・コミューンの精細な描写にもとづくドキュメント『パリ燃ゆ』がある。

このようにマルクスとエンゲルスは革命家としてたたかいつつ、ジャーナリスト、現代史家として活躍したのだった。前記フランス三部作をはじめ彼らの現代史書を手にするとき、その歴史潮流把握のたしかさ、動と反動のダイナミズムに驚かざるを得ないだろう。すぐれたジャーナリストは、すぐれた現代史家である。

7　マルクス『資本論』

マルクスと経済学

亡命し、その生涯を終えることとなったロンドンの地で、マルクスは以上にのべた運動にかかわりつつ、経済学の勉強に精力を注いだ。労働者がどのように資本家に搾取され、階級として共通の利害のもとに置かれているかを解明することは、搾取制度を廃棄し、解放への道すじを明らかにすることに不可欠だからである。イギリス古典経済学の研究を重ねた『経済学・哲学手稿』（一八四四年）以来、マルクスの経済学研究は休むことなく、その成果は『ドイツ・イデオロギー』『哲学の貧困』『共産党宣言』の背景をなしていた。一八四七年、マルクスはブリュッセルのドイツ人労働者協会で講演、それは『新ライン新聞』に『賃労働と資本』として掲載された。

ロンドンのマルクスは、毎日午前九時から午後七時まで、ブリティッシュ・ミュジアムの図書室に出かけた。彼のつくったノートは数百冊に及ぶ。

エンゲルスの支援

『ニューヨーク・トリビューン』に通信を送ったりする以外、収入の道はなかったマルクス家の窮乏ぶりは言語に絶した。妻や子どもはつぎつぎに病気になり、ロンドンへきた最初の五年間に子どもを三人も亡くした。その葬式の費用にもこと欠く有様であったし、家賃を滞納して家財を差し押さえられた。エンゲルスは決意し、一八五〇年一一月、マンチェスターに移り、父の「エルメン・アンド・エンゲルス商会」に勤め、以後二〇年間、ここで働く。マルクスに仕送りをはじめ、絶えることがなかった。

エンゲルスのマルクスに対する支援は、物質面だけではもちろんなかった。彼らは毎月五～六通の手紙を交換していたが、そのなかで研究上の重要な示唆を与え合った。私たちは、このような高い知性の生涯にわたる友情の交流と協力の例を他にみることはできない。

『経済学批判』から『資本論』へ

一八五〇年代におけるマルクスの経済学研究の成果が『経済学批判』として出版された（一八五九年）。この本の草稿（五七～五八年）は『経済学批判要綱』として残されている。本章第4節で引用した史的唯物論の定式は、『経済学批判』の序言に掲げられたものだ。『経済学批判』は第一部「資本について」第一篇「資本一般」のうちの商品論、貨幣論を内容とし、マルクスの構想する経済学体系の第一冊であった。マルクスはつづけて数冊を発行する用意をもっていたが、第一冊そのものをもう一度書き直したいと考えた。そこであらためてとりくんで著述したのが『資本論』である。『資本論』は第一巻「資本の生産過程」、第二巻「資本の流通過程」、第三巻「資本主義的生産の総過程」から成り、さらに第四巻にあたるものとして『剰余価値学説史』がある。このうちマルクス自身が完成し得たのは第一巻だけで、第二巻、第三巻はエンゲルスが編集、出版したものである。

第一巻が完成したのは一八六七年、マルクス四九歳のときであった。第一巻の構成はつぎのとおり。第一篇＝商品と貨幣　第二篇＝貨幣の資本への転化　第三篇＝絶対的剰余価値の生産　第四篇＝相対的剰余価値の生産　第五篇＝絶対的および相対的剰余価値の生産　第六篇＝労賃　第七篇＝資本の蓄積過程。それぞれの篇は、章、節、項に細分されて論じられている。

ぼう大な『資本論』の内容を短く要約するのはむつかしいので、ここではその論述の基礎となった剰余価値論を『賃金・価格・利潤』によって説明しよう。これは第一インターの中央評議会で一八六五年にマルクスが行なった講演を、娘エリナが公刊したものである（一八九七年）。『資本論』第一巻の刊行二年前のことであり、『資本論』の内容の一部が、わかりやすいかたちで要約されている（以下は北田寛二『「賃労働と資本」「賃金・価格・利潤」の学習』新日本出版社による)。

剰余価値とは何か

現代社会、つまり資本主義社会は、人間生活にとって必要なもののほとんどが商品として売買されている。その商品の売買は貨幣によって行なわれ、商品の価格は貨幣によってあらわされる。その商品の価格は、何によってきまるか。需要、供給の関係によってか。需要がふえれば価格は上昇し、供給が需要を上まわれば、価格は低落する。しかしこの関係は、価格の上下作用を説明できても、価格それ自体は説明できない。どうして背広は数万円で、鉛筆は一〇〇円なのか。それは商品価格が商品の「価値」によってきまるからだ。

しかし背広と鉛筆は自然的性質（それぞれの商品の種類が人間の欲望をみたす性質）を全く異にしており、どちらがどちらの何倍であるとか、量的にくらべるわけにはいかない。異なった商品を量的にくらべることができるのは、その商品をつくるのに投じられた人間の労働の量である。その労働は単なる労働ではなく、「社会的労働」である。家庭菜園も日曜大工も労働であるが、それは商品をつくり出すための労働ではない。社会的な欲望をみたすための社会的分業による労働が、商品をつくるのである。

その労働の量は何によってはかられるか。労働時間によってである。しかしこの場合、不器用なひとが、他人の倍の時間をかけても、その商品の価値が倍になるわけではない。一定の商品の生産にその社会で平均してどれだけの労働が必要かということ、すなわち社会的必要労働が商品の価値の実体となるからだ。

商品の価値の大きさは、その商品の生産についやされた社会的必要労働の量によってきまるといっても、直接にその商品を生産する労働量だけできまるのではない。商品の生産のための仕事場、機械、道具、原料、補助材料など（生産手段）が必要である。これらの生産手段をつくるための〝過去の労働——死んだ労働〟が必要である。したがって商品の価値は、直接についやされた生産者の〝生きた労働〟と、生産手段の生産のためについやされた〝死んだ労働〟をあわせたものになる。

それでは商品はどのようにして利潤を生むのか。売り手が価値以上の価格をつけて売るからだろうか。商品の価格は需給関係で上下に変動する。しかし価格の上下は、少し長期にわたれば相殺されて、商品の価格は価値に一致する。では利潤はどこから生まれるか。

資本家は労働者に賃金を支払う。その賃金は、労働者の労働力に対するものである。「労働者が売るものは、直接彼の労働ではなく、彼の労働力であって、彼は労働力の一時的な処分権を資本家にゆずりわたすのである」。労働力とは、人間がものを生産するためにつかう肉体的・精神的な力の総体である。この労働力が使われる過程が労働である。

では労働力の価値とは何か。それは他の商品と同じように、それを生産するのに必要な労働の量によって決定される。人間が成長し、生きていくためには一定の生活必需品を消費しなければならない。だから、労働力の価値とは、労働力をもつ人間が生活していけるだけの生活必需品の価値ということになる。しかし、人間は死に、労働力は失われていく。社会的生産が維持されるためには、たえず新しい労働力が必要である。労働力が再生産されていくためには、労働者本人だけでなく、一定数の子ども、すなわち「労働市場で彼にとってかわり、労働者種族を永続させるべき一定数の子ども」を育てるための生活必需品が必要になる。だから労働力の価値は、「労働力を生産し、発達させ、維持し、永続させるのに必要な生活必需品の価値によって決定される」のである。

ひとりの労働者の家族をふくめての一日の生活必需品の平均量を生産するのに、四時間の平均労働(社会的必要労働)が必要で、その四時間の平均労働が一万円という金額であらわされると仮定しよう。そのひとが四時間労働すれば、一万円の価値をその商品につけ加えることになる。資本家はその四時間分の価値の商品を一万円で売るだけでは、何のもうけも残らない。資本家は労働者の労働力を買い、その価値＝一万円を支払うことによって、ほかの商品の買い手と同じように買い入れた商品＝労働力を手に入れたわけだから、資本家はまる一日その労働力を使用する。一日の労働時間を八時間とすれば、労働者は自分の労働力の価値どおりの四時間を働き、なおもう四時間働くのである。

労働力の価値にあたる分を超過したこの四時間を、マルクスは剰余労働時間と名づけた。剰余労働時間で生みだされる価値が剰余価値である。資本家は労働者に、労働力の価値どおりの四時間分＝一万円の賃金を支払い、八時間労働分＝二万円の価値を手にすることになる。これが資本の利潤の源泉である。

「綱目の法則」と『資本論』

『資本論』はこうした価値論・剰余価値論を土台として、資本の蓄積や再生産、流通のメカニズムを解明し、資本主義社会の構造と動態を分析し、そしてその発展法則(発展と没落)を追究している。住民の大多数のプロレタリア化、大ブルジョアジーの独占化、資本の有機的構成の高度化(技術的発展、設備投資の増大)、周期的経済恐慌の深刻化……。『資本論』をひもとくとき、本テキストにおけるコペル君の「網目の法則」＝生産関係＝ひととひととの関係が、壮大かつ緻密に分析、展開されているのをみることができよう。

現代資本主義社会は、マルクスの時代にくらべて、オートメーションの進展、情報産業、サービス産業の発展等、大きな変貌をとげている。そのことから『資本論』はもう古く、現代にあてはまらない、との説をなす人も少なくない。しかし現代世界が資本主義社会として存在し、その諸矛盾が私たちの眼前で展開されているのをみるとき、『資本論』の骨太にして精細な指摘が、今日なお生きていることを痛感せざるを得ないのである。

『空想から科学へ』

『資本論』第一巻が刊行されて後、エンゲルスはエルメン・エンゲルス商会をやめ、実践と理論活動に専念できるようになった。一八六九年七月である。エンゲルスがその永年の〝苦役〟と別れた日のことについての、マルクスの娘エリナの回想は感動的である。エンゲルスは翌七〇年九月、マンチェスターをひきはらい、マルクスの家の近くに住むことにした。

エンゲルスは一八七二年から七三年にかけ、『フォルクス・シュタート』誌に『住宅問題』を連載した。これは産業革命が進行した当時のドイツにおいて、ぼう大な労働者と家族が都市に集中すると同時に、都市の発達に伴い既存の労働者住宅がとりこわされていくという状況下での論戦の書である。エンゲルスはまた、一八七三年ごろより、弁証法的唯物論の立場から自然科学の理論的概括をめざした研究をはじめる。研究は一八八三年まで断続的に執筆され、生前、著書としては完成しなかったが、後年、

『自然の弁証法』として刊行された。

一八七八年には『反デューリング論』が出版された。これはドイツ社会主義労働党機関紙に連載された論文である。七五年ごろ、ベルリン大学のデューリングが、科学的社会主義の理論に批判を浴びせ、しかも社会主義労働党内でも声望を高めるという事態がおこった。同書は序説、第一篇＝哲学、第二篇＝経済学、第三篇＝社会主義から成っているが、エンゲルスは各項目においてデューリングを批判し、科学的社会主義の見地を対置した。このなかの三つの章（序説第一章、第三篇の第一、二章）を抜き出したのが、『空想から科学への社会主義の発展』である（一八八〇年刊）。科学的社会主義の入門書として、各国語に翻訳され広く普及している。

マルクスの死と『資本論』第二、三巻

一八八一年一二月、マルクス夫人、イェニーが亡くなった。エンゲルスは一八四三年以来、アイルランド女性、メアリ・バーンズと生活をともにしたが、彼女は六三年に亡くなった。六四年から、メアリの妹リディアを伴侶としたが、七八年に亡くなった。イェニーの死の一年三カ月後、一八八三年三月一四日、マルクスがその生涯を終えた。エンゲルスの葬送の辞は有名である。

マルクスの死後、科学的社会主義の理論と運動の責任は、エンゲルスの一身にかかった。彼はまず『資本論』の完成をめざした。マルクスは生前、第一巻のドイツ語第三版を刊行しようとしたが、実現できなかった。エンゲルスは、マルクスのメモにもとづいて、第三版を編集刊行した（一八八三年）。つぎにマルクスの残したぼう大な草稿ととりくんだ。未完成の原稿を読みこみ、脈絡をつけ、最小限の補

足をおこない、完結した著作に仕上げることは困難な作業であった。第二巻は一八八五年、第三巻は一八九四年に刊行された。その間、外国語版や重版に序文を付した。

こうした努力を重ねながら、独自の研究を刊行した。本書第2章で紹介した『家族、私有財産および国家の起源』は一八八四年に発行された。一八八八年には『フォイエルバッハ論』(ルートヴィヒ・フォイエルバッハとドイツ古典哲学の終結)を刊行した。その一方、国際社会主義運動の理論的指導者の役割を果たした。エンゲルスのもとに各国社会主義活動家が助言を求めにあらわれた。ついでにいえば〝一二カ国語を話し、書き、二〇カ国語を読む〟といわれたほど、エンゲルスは外国語に通じていた。一八八九年、フランス革命一〇〇年を記念して二〇カ国三九一名の社会主義者がパリに集まり、社会主義諸党の国際組織がつくられた(第二インタナショナル)。これにはエンゲルスの指導的役割があった。『資本論』第三巻発刊の翌年、一八九五年八月五日、エンゲルスはこの世を去った。

8　人間らしい人間関係とは

すでにみたように、マルクス、エンゲルスは資本主義的生産関係を解明し、その変革の未来を宣言した――「各人の自由な発展が万人の自由な発展の条件であるようなひとつの協同社会」。

ここでテキストに戻ります。第三章のおじさんのノート「人間の結びつきについて」。終わりのほうでこう言っている。「僕たちは、出来るだけ学問を修めて、今までの人類の経験から教わらなければならない」。そのように「骨を折る以上は、人類が今日まで進歩して来て、まだ解くことが出来ないでいる問題のために、骨を折らなくてはうそだ」。

「人間同志、地球を包んでしまうような網目をつくりあげたとはいえ、そのつながりは、まだまだ本当に人間らしい関係になっているとはいえない」「人間同志の争いが、いまだに絶えない」「国と国の間でも、利害が衝突すれば、戦争をしても争うことになる」。これが「人類が今まで進歩して来て、まだ解決の出来ないでいる問題の一つ」だ。

そこで「では、本当に人間らしい関係とは、どういう関係だろう」と問い、「人間が人間同志、お互いに、好意をつくし、それを喜びとしているほど美しいことは、ほかにありはしない。そして、それが本当に人間らしい人間関係」ではないだろうか、と結んでいる。

第4章

貧困と社会の発展

1　日本の貧しさをみつめた人びと

貧しき友

テキスト第四章「貧しき友」に入ります。一二月、寒くなり、学期末試験が近づいたころ、浦川君の欠席がつづいた。心配になったコペル君は小石川の下町に浦川君の家を訪ねる。浦川君は病気ではなかった。お父さんが金に困って、郷里の山形に工面しにいき、留守の間、浦川君はお母さんと家業の豆腐屋の仕事をしなければならなかったのだ。コペル君は水谷君のお邸《やしき》や、女中、ばあやのいる自分の家とは違う浦川君の貧しい生活ぶりに接し、また学校では不器用な浦川君が慣れた手つきで油揚げを揚げるのをみる。その後もう一度訪問し、店のモーターを運転させてもらう。

訪問の様子を聞いたおじさんのノートは、「人間であるからには――貧乏ということについて」。「君が、浦川君のうちの貧乏だということに対して、微塵《みじん》も侮《あなど》る心持をもっていないということは、僕には、どんなにうれしいか知れない」「人間の本当の値打は……その人の着物や住居や食物にあるわけじゃあない。……高潔な心をもち、立派な見識を持っている人なら、たとえ貧乏していたってやっぱり尊敬すべき偉い人だ」「僕たちも、人間であるからには、たとえ貧しくともそのために自分をつまらない人間と考えたりしないように」。こんなことをいうのも「今の世の中で、大多数を占めている人々は貧乏な人々だからだ。そして大多数の人々が人間らしい暮しが出来ないでいるということが、僕たちの時代で、何よりも大きな問題となっているからだ」。

世の中には浦川君のうちよりももっと貧乏な人が驚くほどたくさんいる。「浦川君のうちでは、貧しいといっても、息子を中学校にあげている」じゃないか。――事実、戦前においては小学校卒業のみがふつうで、中学校卒業以上は高学歴とされた。たとえば一九三五（昭和一〇）年の中学校進学率は、一八・五％であった（文部省『わが国の教育水準』一九六四年）。高等学校、大学へ進学する人はもっと少なかった。人口の大部分を占める貧乏な人々は、何もかも足らない勝ちの暮しで、病気の手当さえも十分には出来ない。これは間違っている。「人間であるからには、すべての人が人間らしく生きてゆけなくては嘘だ。そういう世の中でなくては嘘だ」「この世の中に貧困というものがあるために、どれほど痛ましい出来事が生まれて来ているか。どんなに多くの人々が不幸に沈んでいるか」。

そこで「君のような恵まれた立場にいる人が、どんなことをしなければならないか、どういう心掛けで生きてゆくのが本当か」。「君がぐんぐんと才能を延ばしていって、世の中のために本当に役に立つ人になってくれること」を願う。

君が「網目の法則」で発見したように、「苦しい境遇の中で働いている人々と、割合に楽な境遇にいる僕たちとは」「切っても切れない網目で、お互いにつなぎあわされて生きている」。世の中の人が生きてゆくために必要なものは、みんな人間の労働の産物だ。それらはすべて「あの人々（貧しい人々）が額に汗を出して作り出したものだ」。君や僕はその生産物を消費して生きている。「自分が消費するものよりも、もっと多くのものを生産して世の中に送り出している人」と、消費ばかりしている人間と、どっちが大切な人間か。「生み出してゆく人は、それを受取る人々より、はるかに肝心な人」だ。「生み出す働きこそ、人間を人間らしくしてくれる」。浦川君はまだ年がいかないけれど、ものを生み出す人の側に、もう立派にはいっている。

最後に君に考えてもらいたいこと。君はいま、たしかに消費ばかりしていて、生産していない。しかし「自分では気がつかないうちに、ほかの点で、ある大きなものを、日々生み出しているのだ。それは、いったい、なんだろう」。答は君が、自分自身で見つけてほしい。「お互いに人間であるからには、誰でも、一生のうちに必ずこの答を見つけなくてはならないと、僕は考えている」。

——ごらんのとおり、おじさん＝吉野さんは、まずコペル君が貧乏な人に対する差別意識をもたないことを評価したうえで、当時の日本人口の圧倒的部分が貧困の中で生きていることに目を向けさせ、貧乏の問題は現代において「何よりも大きな」問題だと言いきる。ついでこの世の中が貧乏な多数の人々の生産労働によって支えられていることを指摘し、消費中心の比較的恵まれた立場にいる君は、何をしなければならないか、と問いかける。最後の問いかけには、答が書かれていない。しかし文中で「世の中のために本当に役に立つ人」になってほしいとのべ、貧乏が現代最大の課題とされているところからみて、現代社会から貧乏を一掃するために生きぬいていく人がイメージされていることは明らかであろう。そして生産していないコペル君が、「日々生み出している」「ある大きなもの」ということによって、人間の思考、思想、知識人のなすべき役割を暗示していると、いえよう。文中三ヵ所で傍点が付されて「人間であるからには」という言葉がくりかえされている。貧乏問題と取り組む基本姿勢が、人間性、ヒューマニズムの問題であることが、ここに示されている。

『日本の下層社会』

丸山さんが「解説」で指摘しているように、明治、大正、昭和（戦前）の日本は、貧困が社会をおおっていた。「貧しい浦川君よりはまた一段と貧しくみじめな『階級』が東京市内にも厳然と存在」し、「農村地方となればなおさら」だった。街を歩くと、貧乏が目に入ってきた。今日のみなさんがテレビなどで見聞するフィリピンほか東南アジア諸国、アフリカ、中南米諸国の貧民街の様子は、四〇～五〇年以前の日本でもみられる状景であった。

「僅《わず》かに外観を見れば、荒物《あらもの》屋・質屋・古道具屋・米屋・焼芋屋・紙屑《かみくず》屋・残飯《ざんぱん》屋・枡酒《ますざけ》屋・古下駄《ふるげた》屋・青物屋・損料貸《そんりょうかし》・土方請負《どかたうけおい》・水油《みずあぶら》出売《でうり》・煮豆腐・ムキミ屋・納豆売・豆腐屋・酒小売・塩物屋・煮染《にしめ》屋・醤油屋・乾物《かんぶつ》屋を見るに過ぎずといえども、ひとたび足を路地に入れば、見る限り襤褸《ぼろ》を以て満ち余輩の心目《しんもく》を傷《いた》ましめ、かの馬車を駆《か》りて傲然《ごうぜん》たる者、美飾靚装《せいそう》して他に誇る者と相比し、人間の階級かくまで相違するものあるかを嘆ぜしむ」。これはルポルタージュ、横山源之助『日本の下層社会』（一八九九〔明治三二〕年）の「第一編　東京貧民の状態」「第一　都会の半面」の一節、東京の三大貧窟（貧民街。四谷鮫ヶ橋《よつやさめがはし》、下谷万年町《したやまんねんちょう》、芝新網《しばしんあみ》）の状景である。紙屑屋、残飯屋、古下駄屋など今日目にすることのない店があり、当時の零細な庶民のくらしぶりが想像できるが、これは表通りのことである。裏へ入ると、みんなボロをまとい、見る者の胸がいたむ。その人びとの仕事はというと、「人足・日傭《ひよう》取《とり》最も多く、次いで車夫・車力・土方、続いて屑拾《くずひろい》・人相見《にんそうみ》・らおのすげかえ・下駄の歯入《はいれ》・小撒《ま》き・蛙取・井掘《いどほり》・便所探し・棒ふりとり・溝小便所掃除・古下駄買・按摩《あんま》・大道講釈・かっぽれ・らょぼくれ・かどつけ・盲乞食《めくらこじき》・盲人の手引等」である。稼業名をみるだけで、貧しさぶりが推測できる。

その家庭をみると「九尺二間《くしやくにけん》の陋屋《ろうおく》、広きは六畳、大抵《たいてい》四畳の一小廓に、夫婦・子供、同居者を加えて五、六人の人数住めり。これを一の家庭とし言えば一の家庭に相違なけれど、僅かに四畳六畳の間に二、三の家庭を含む。婆あり、血気盛りの若者あり、三十を出でたる女あり、寄留者多きはけだし貧民窟の一現象なるべし」。現代日本の住宅事情は、「ウサギ小屋」といわれるけれど、これは何と表現すればいいのか。『日本の下層社会』(以下『下層社会』と略)第一編は、ついで貧民の代表的職業として日稼人足、人力車夫、くずひろい、芸人社会について叙述、貧民の一日の生計費用、内職、飲食、家賃、融通機関、家庭、教育、木賃宿の詳細を報告する。第二編は「職人社会」の分析、第三編は「手工業の現状」で、桐生・足利の織物工場、阪神地域のマッチ工場、生糸社会の趨勢の三章から成る。織物工場の女工＝女子労働者の劣悪な労働条件(食事は「朝と晩は汁あれども昼飯には菜《さい》なく」労働時間は「朝未明より夜の十時までは通例なるが如し」。賃金は「桐生・足利に一定の賃銀なし。ただ時の景気に由るのみ」)が指摘され、マッチ工場では幼年労働が報告される(「職工の過半は十歳より十四、五歳の児童なり、中には八歳なるもあり、甚だしきは六、七歳なるも見ること多し」)。第四編は「機械工場の労働者」で綿糸紡績工場と鉄工場が分析され、第五編「小作人生活事情」で農村における小作人の生活のみじめさが報告される。付録として「日本の社会運動」がある。

横山と一葉

現実をリアルにとらえて報告し、歴史的考察と統計調査を加えて、下層社会の構造を総合的に把握した本書は、『職工事情』(農商務省発行。一九〇三〔明治三六〕年)とともに、日本労働事情調査の古典の双璧といわれる。日清戦争（一八九四～九五年）後の日本資本主義の発展、好況→恐慌に伴う社会問題の深刻化、労働運動、小作人運動の高揚が本書の背景である。

著者・横山源之助（一八七一～一九一五年）はジャーナリスト、富山県出身。一八九四（明治二七）年、毎日新聞社に入社、社会探訪記者としてルポルタージュを次々と発表した。彼の活動を島田三郎社長や佐久間貞一が支援した。佐久間は大日本印刷等の創立者として知られる実業家であったが、労働問題への関心が深く、わが国労働組合の誕生・発展に寄与したユニークな人物である。[*] 横山源之助の『毎日』在職期間は短く、『下層社会』を書き終えた一八九九年には、郷里にもどっている。一九〇〇年以後、前記『職工事情』のもととなった農商務省の調査に加わったり、片山潜（日本における社会主義運動、労働運動の創始者の一人）らと交遊をもち、四五歳で没した。

貧民を描いたルポルタージュとしては、本書の前に松原岩五郎『最暗黒の東京』や桜田文吾『貧天地饑寒窟探検記』などがあるが、文学作品としては樋口一葉の名作『にごりえ』『大つごもり』『たけくらべ』（いずれも一八九〇年代の作）に社会下層の人びとの生きざまが描かれている。横山と一葉は親交があった。明治末期の農村と農民の現実を描いた名作として、長塚節『土』（一九一二年）がある。

＊　横山和雄「黎明期の印刷企業家」（本書第3章、七一ページの注）参照のこと。

『女工哀史』

「木管を一本床の上へおとしたといってバケツに水を入れたのを持って立たせられ、なまけたと言っては庭箒《にわぼうき》を差しのべてこれまた一時間以上も直立させられた。そうして漸次彼女の手が下って行くのを見て、はたと主任は鞭打ったのであった。またワインダーでは懲罰女工に一番行李大の籠《かご》を持たせ、仕事が仕舞《しま》っても帰さなかった」

細井和喜蔵『女工哀史』(一九二五〔大正一四〕年)の「第六　工場における女工の虐使」のうち懲罰制度のくだりである。『女工哀史』は紡績工であった著者・細井が、自らの体験と綿密な調査によって書き上げた、紡績女工労働者の奴隷労働に等しい実態を明らかにした記録である。「第一　その梗概」(紡績産業と労働者の歴史のあらまし)「第二　工場組織と従業員の階級」につづいて、「第三　女工の募集の裏表」で会社側の美辞麗句、詐欺同様の労働力集めの様相(ときには、暴力を伴う女工の争奪)を描き、「第四　雇傭契約制度」では、前借金で女子労働者をしばり、労働時間、賃金等の労働条件から解雇まですべて会社の意のままとされることが明らかにされる。「第五　労働条件」――「およそ紡績工場くらい長時間労働を強《し》いる処《ところ》はない。大体において十二時間制が原則となっている」。休憩時間は「ほとんどどこの工場に行っても九時、十二時、三時であり、前後十五分なか二十分合計一時間だ。そして三十分のあいだに昼夜とも食事を摂《と》る」。「一般女工にはほとんど休憩がないも同様である。何故かなればよし運転はとめるにしても、台の掃除とか次の段取りとかで十五分や二十分はたちまち潰《つぶ》れてしまうからだ」。通勤女工などは「持って来た弁当を、仕事に追われるものだから台の間にひっかけておいてその間に食べたり」する。賃金は低賃金。一九二一(大正一〇)年の平均賃金(日給)は、男工一円四九銭二厘、女工は一円一四銭二厘。

「第六　工場における女工の虐使」では先に引用した懲罰制度や罰金制度が報告される。たとえば織布部では木綿を一等品から四等品に分け、二等品は織賃二割引、三等品は織賃半減、四等品は織賃没収である。実際は機械の故障や原料の粗悪、前工程の欠陥によるものが八〇%だが、容赦なく罰金が科せられたのである。

籠の鳥

「第七　彼女を縛る二重の桎梏《しっこく》」。労働者は「十二時間労働なれば十二時間だけ相手の工場へ我が体を売っ」てしばられるが、それ以上の時間は自由のはずである。ところが寄宿女工は「寄宿舎に帰ってまたもやさまざまな規約の許《もと》に桎梏されねばならぬ」――悪名高い寄宿舎制度である。「日給のための『賃金奴隷』と前借のための『満期づとめ』――労働時間終了後における寄宿舎の桎梏、これ正に公娼以上幾重もの奴隷制度でなく何であろう」。彼女たちは高い塀（その上には竹槍やガラス破片が植えられている）に囲まれた工場内宿舎にとじこめられ、外出は「成績の良好な者に限り一カ月に　遍位《いっぺんくら》い」許された。女工はうたう、「籠《かご》の鳥より　監獄よりも　寄宿ずまいは　なお辛い」。舎監や世話婦に常時監視され、『女性改造』や『婦人公論』を読んでいると、没収された。手紙も開封され、没収されることもあった。「第八　労働者の住居および食物」。「女工寄宿舎――それは一言にして『豚小屋』で尽きる」。初期には縁《へり》なしの琉球畳の一畳につき一人が住まわされた。昼夜使用されるところでは、朝帰った者がそのまま夜業者の寝間にもぐり込み、夜帰った者はまたそこで眠るから、床があげられるときはない。だから一畳につき二人ということになる。その後多少改良されて、一人に一畳ないし二畳くらいになった。「工場の食物は不味《まず》いという以上（に）まずい」しかも「不潔」である。「お副食《かず》はすべて盛り切りだが、極めてその量がすけなく（少なく）、普通家庭の三分の一しかない」。たとえば自分（細井）の大阪紡績時代の献立は、「朝　菜汁、香々《こうこう》。昼と夜中　空豆、香々。夕　焼豆腐、香々」。

以下、「第九　工場設備および作業状態」「第十　いわゆる福利増進施設」「第十一　病人、死者の惨虐」「第十二　通勤工」「第十三　工場管理、監督、風儀」「第十四　紡織工の教育問題」「第十五　娯楽の問題」「第十六　女工の心理」と、企業の労働者管理の実態とそれがもたらす女工の心身への影響などが克明に描かれる。

女工と結核

「第十七　生理ならびに病理的諸現象」。ここではおそるべき健康破壊の様相が報告される。女工死亡率は「寄宿女工が千人いれば毎年その内十三人が死ぬるという割合」である。しかし実際には病気になってから解雇または退職して帰郷後死んだ者も加えなければならぬ。石原博士（後出）の算定ではこうした死亡者が女工一〇〇〇人につき一〇人である。すなわち女工死亡率は一〇〇〇人につき二三人であって、一般の妙齢女子（一二歳から三五歳まで）の死亡率とくらべると三倍の高さである。「肺結核を持って村娘は戻った。娘はどうしたのか知らんと案じているところへ、さながら幽霊のように蒼白《あおじろ》くかつ痩《や》せ衰《おとろ》えてヒョッコリ立ち帰って来る。彼女が出発する時には顔色も赧《あか》らかな健康そうな娘だったが、僅か三年の間に見る影もなく変り果てた」（「第三」より引用）。これら女子労働者の死因のうち最も多いのが結核だった。戦前から戦後初期にかけて、結核は日本の国民病といわれるほど罹患率は高かったが、紡績工場の劣悪な環境と苛酷な労働条件がこの病気を蔓延させたのであった。前出・石原博士とは東京帝大衛生学教室で、工場衛生の調査に従事した石原修のことである。石原の『衛生学上より見たる女工の現状――付録・女工と結核』（一九一四年）は、「謀殺故殺は刑法上の責任がございますのに、人間を斯くして殺したのに何の制裁もない」と実態を告発した名著である。

『哀史』はさらに「第十八　紡織工の思想」において、労働組合の必要を論じ、「第十九　結び」で女工問題こそ、社会、労働、人道上あらゆる解放問題の中心に置かれるべき重大問題だと述べる。そして細井はその解放の方向を「働かざるものは食うべからず、着るべからず」という国民皆労働と工場国有に求めている。

無名戦士の墓

『哀史』は発刊されるや、たちまちベストセラーとなり、今日まで版を重ねている。それは本書における女子労働者の実態が与える衝撃・迫力、記録資料としての価値の高さによるのであろうが、同時にその背景をなす著者・細井の女工に向けられる限りない人間愛がひとの胸をうつからであろう。『下層社会』にも『哀史』にもほとばしるようなヒューマニズムが底を流れている。情熱だけではひとを感動させることはできず、深い現実認識と説得的な論理が必要とされるが、情熱なくしては認識と論理の深さはもたらされないのである。

細井和喜蔵（一八九七年生まれ）は一三歳から機屋で働き、のち紡績工となる。関西で労働運動に参加したため、就職困難となり、上京して東京モスリン亀戸工場に入る。労働組合「友愛会」の活動に参加して解雇され、以後、外部から労働運動を指導しつつ、著作活動を行い、『哀史』発刊直後、二九歳で病没した（一九二五年）。彼の友人たちは『哀史』の印税で東京青山墓地に、「解放運動無名戦士の墓」

を建て、細井の遺骨を収め、以降、労働運動、農民運動、解放運動に献身した人びとが合葬されるようになり、毎年三月一八日に盛大な墓前祭がおこなわれている。

『綴方教室』

一九二二（大正一一）年の日本共産党の創立が象徴するように、大正から昭和前半の時代に、革命運動、さまざまの社会運動が、支配層の苛烈な弾圧のもと果敢に展開されるようになった。その流れのなかに『種蒔く人』誌創刊（一九二一年）にはじまるプロレタリア文学運動がある。小林多喜二『蟹工船』（一九二九年）や徳永直『太陽のない街』（同年）等は、プロレタリア文学運動が生んだ名作である。労働者、農民の生活とたたかいを描くことを中心とするこれら作品群には、当然のことながら貧乏が描写されている。プロレタリア文学ではなく抒情的な作品だが、林芙美子『放浪記』（一九三〇年）の背景は貧乏であるし、尾崎一雄『暢気眼鏡』（一九三六年）はユーモラスな貧乏小説である。

一九一〇〜二〇年代の大正期に、「大正デモクラシー」と呼ばれる近代民主主義的な運動（議会政治、普通選挙権の要求等）や主張が展開された。これは政治のみならず、社会、学問、芸術等の分野を通ずる潮流であった。教育の分野でも、欧米の教育理論や実践が盛んに紹介され、導入され、自由主義教育運動が活発化した。夏目漱石の弟子・鈴木三重吉や詩人・北原白秋らは、芸術を教育にとり入れ、子どもを自由にし、成長に役立たせようとする芸術自由教育運動をはじめた。鈴木三重吉は一九一八（大正七）年、児童文学雑誌『赤い鳥』を創刊した（〜二九年、三一〜三六年）。北原ほか島崎藤村や芥川龍之介らが協力した。鈴木に師事する東京の下町の二人の教師がまとめた作文指導記録『綴方教室』が一九三七年に刊行されたところ、同書に引例された豊田正子（一九二二～二〇一〇年）の作文二十数編（『赤い鳥』入選作をふくむ）が大評判となり、教育書が一般書として読まれるようになった。今では『綴方教室』は豊田正子の著作として刊行されている。

一方、先述の社会主義運動の発展に伴い、無産者（プロレタリア）教育運動が勃興し、「新興教育運動」と称された（一九三〇年の日本教育労働者組合、新興教育研究所の設立。三四年、当局の弾圧によって壊滅）。この運動の流れのなかから「生活綴方」運動が生まれた。子どもたちに自分たちの生活をありのままに書き綴らせ、自立のための言語能力を高めつつ、その作品をクラス内で討議することによってみずからの生活への認識を深めさせようという運動である。豊田正子を指導した教師たちは、生活綴方運動とはかかわらなかったが、豊田の作品は生活綴方そのものであった。

豊田の作品『綴方教室』『続綴方教室』（三九年）、『粘土のお面』（四一年）が描いた時期は、満州事変（一九三一年）から日中戦争（一九三七年～）にかけてのころである。正子は東京・下町のブリキ職人の長女である。小学五年のころから、放課後、深夜までセルロイド人形の彩色工場で働きはじめる。卒業後はレース工場女工として働く。父の一日の手間賃は一円五〇～七〇銭（日雇労働者は一円三一～四三銭）そしてしょっちゅう仕事にあぶれていた。長屋の家賃が八円で、米一升は四〇銭ぐらい、ひと月の米代が二〇～三〇円かかる時代だから金銭的に余裕があろうはずがない。小学校時代の作文には、父親に仕事がなく、職業紹介所で米の引換券をもらってくる話や、弁当をもっていけなくて学校で給食をうける話が書かれている。文字どおり〝食うに困る〟生活ぶりである。

レース女工時代の作文――「でも本当に（仕事先が給料を）くれないのよ。ねえ、母ちゃん、どうしようと私は心配になってきた。『本当なのかい、そら困ったなア』と、母ちゃんはつっ立ったまま考えこんでいる。私は、まさか、今夜のお米までないとは思っていなかった……『まったく、しようないな』と母ちゃんはひとり言をいって、こんどはやさしく『正《まさ》こうや、ほんとにくれないんなら、しようがねえ、お前のあれを貸してもらうよ』と言う。『あれって、なあに』と言いながらふり向くと、母ちゃんは壁の釘から私の浴衣《ゆかた》をはずしている。……私はまたかと思うと、なさけなくなって黙っていた。母ちゃんは、困ると直ぐにいろんな物を質屋へ持っていく。困るから仕方がないと思っても、あまり度々なので嫌になってしまう」。

こんな溜息の出るほど貧乏な日常を書きながらも、一家の明るく生きる様子が描かれていて多くの読者の共感を得て、ベストセラーになった。もっともこれらの本は、指導教師の著書として発行されたから、ベストセラーになろうが、豊田一家の暮らしのたしにはならなかった（正子の名で刊行された『粘土のお面』までも）。

2　河上肇『貧乏物語』

『貧乏物語』

以上に紹介したのは、日本の貧乏を対象にしたルポルタージュや手記であるが、社会科学として貧困を正面の課題としたのは、河上肇『貧乏物語』（一九一七年）である。当時、京都帝国大学教授であった河上が一九一六（大正五）年九月から同年一二月まで『大阪朝日新聞』に継続して掲載したのち、単行本として発行されたのが本書である。新聞掲載時から反響を呼び、同書はベストセラーになり、戦後は岩波文庫に収められ（四七年）、一九九五年五月現在、六九刷であるから、ロングセラーである。

本書は「いかに多数の人が貧乏しているか」（上編）、「何ゆえに多数の人が貧乏しているか」（中編）、「いかにして貧乏を根治しうべきか」（下編）から構成されている。「驚くべきは現時の文明国における多数人の貧乏である、……英米独仏その他の諸邦、国は著《いちじる》しく富めるも、民ははなはだしく貧し。げに驚くべきはこれら文明国における多数人の貧乏である」。

――有名な書き出しである。ついで「いうところの貧乏とはなんぞや」と設問し、「一人前の生活必要費の最下限」を基準に、「貧乏線」という線を引く。「この生活必要費の最下限に達するまでの所得をさえ有しおらざる者あるいはその線上にある者を貧乏人とする」。この定義に従ってイギリスにおける貧困調査を紹介し、「げに英国は世界一の富国といふけれども、その英国には貧乏人がかくのごとくたくさんいる」とのべる。これはイギリスに限らない、アメリカ、ドイツ、フランスも同様である。これらの国が「世界の富国」といわれるのは、きわめてわずかな人々の手に巨万の富が集中されているからだとして、富の偏在を指摘する。また一九〇六年にイギリスで制定された小学児童への給食制度「食事公給条例」や養老年金条例を紹介し、先進国が「貧乏神退治の大戦争」にのり出していることを報告、「今日の社会が貧乏という大病に冒されつつある」ことを明らかにする。

中編では人類の発展における道具の使用、機械の発明による生産力の飛躍的増加にふれ、「経済のはるかに進んでいる文明諸国のことなれば、金持ちに比べてこそ貧乏人といわれている者でも、必ずや相応の暮らしをしているに相違あるまいと思うのに……肉体の健康を維持するに必要な所得さえ得あたわぬ貧乏人が非常に多いというのは、実に不思議千万なことである」。それは「物を造り出す力そのものは非常に増えているけれども、その力がおさえられて」「われわれ一般の者の日常の生活に必要ないわゆる生活必要品なるものの生産が、著しく不足している」からである。なぜ、そうなるのか。「天下の生産力が奢侈《しゃし》ぜいたく品の産出のために奪い去られつつあるがためである。多数貧民の需要に供すべき生活の必要品は、少し余分に造ると、じきに相場が下がってもうけが減るから、事業家はわざとその生産力をおさえているのである」「これが今日文明諸国において多数の人々の貧乏に苦しみつつある経済組織上の主要原因である」「生活必要品にたいする需要よりも、奢侈ぜいたく品に対する需要のほうが、いつでもはるかに強大優勢である」。だから「(一) 現時の経済組織にして維持せらるる限り、(二) またた社会にはなはだしき貧富の懸隔を存する限り、(三) しかしてまた、富者がその余裕あるに任せて、みだりに各種の奢侈ぜいたく品を購買し需要する限り、貧乏を根絶することは到底望みがない」。

下編では、この三条件に対応して、貧乏根絶の三方策が考察される。

(一)「世の富者が……自ら進んでいっさいの奢侈ぜいたくを廃止する」(二)「貧富の懸隔のはなはだしきを匡正《きょうせい》し、社会一般人の所得をして著しき等差なからしむる」(三)「各種の生産事業を私人の金もうけ仕事に一任しおくことなく、たとえば軍備または教育のごとく、国家自らこれを担当するに至るならば、現時の経済組織はこれがため著しく改造せらるる」。

河上は(三)の検討から論をすすめる。今の世の中は金のある者にはまことに便利だが、金のない者には不便しごくのしくみになっていると、経済組織に問題があることを指摘する。ところが「わが経済学は、現代経済組織の都合よき一面をのみ観察することによりてこれを謳歌し、その組織の下における利己心の活動をば最も自由に放置することが、やがて社会公共の利益を増進するゆえんの最善の手段であるという主張」で創始されたものだ、として正統経済学の祖、アダム・スミス批判に筆をすゝめる。スミスによって経済学は科学として成立したことを認めつつも、「利己心の束縛なき活動」によって個人と社会の共通の利益が得られると唱えた正統経済学の思想が多数人の貧困をもたらしたのは明らかだ、とのべる。それでは経済組織改造が貧乏退治の根本策中の最根本となるかというと、そうは考えられない。いくら制度や組織を変えてみたところで、社会を組織する一般の人々の思想、精神が変わらなければ、その制度なりしくみの根本が変えられるものではないからだ。「境遇は末で人は本である」。

とはいえ、社会の制度組織が個人の精神思想の上に及ぼす影響を無視するのではない、としてカール・マルクスの『経済学批判』序文の有名な定式（本書第3章第4節参照）を紹介する。そして「それゆえ私は、社会問題を解決するがためには、社会組織の改造に着眼すると同時に、また社会を組織すべき個人の精神の改造に重きを置き、両端を改めて理想郷に入らんとする者である」。しかし「社会いっさいの問題は皆人の問題」であって、「社会のすべての人々がその心がけを一変しうるならば、社会組織は全然今日のままにしておいても、問題はすぐにも解決されてしまうのである」とのべる。

（二）については、穏健無難の方策であるが、これを徹底すれば、多くは（三）に帰入するから、としてとくに論じられない。

こうして河上は「社会組織の改造」より「人心の改造がいっそう根本的の仕事」と位置づけ、「富者の奢侈廃止」を第一策として採用する。そしていう。「百四十年前自己利益《セルフ・インタレスト》是認の教義をもって創設され、一たび倫理学の領域外に脱出せしわが経済学は、今やまさにかくのごとくにして自己犠牲《セルフ・サクリファイス》の精神を高調することにより、その全体をささげて再び倫理学の王土内に帰入すべき時なることを。もしそれ利己といい利他というもひっきょうは一のみ」。

最後に河上は、眼前の第一次世界大戦に言及し、これは経済上の利害の衝突によって生じたものであり、貧乏線以下の多数の国民を放置して戦争に突入したと指摘し、世界平和をのべて巻を結ぶ。

絶版、そして再刊

多大の反響を呼び、著者自身も自信をもって世に送った著作であったが、発刊から二年後の一九一九（大正八）年、河上は第三〇版をもって絶版とした。自己の思想的発展のなかで、みずからの著作に不満を抱くようになったためであった。それは岩波文庫版の解説で、大内兵衛が「東洋的マルサス主義」と評しているように、貧乏克服の根本策を人心の改造におき、生産の構造を重視しないという理論的欠陥をもっていたからであった（マルサス主義とは、河上もその著作で批判しているイギリスの経済学者、トマス・ロバート・マルサスの所説のこと。マルサスは『人口論』〔一七九八年〕において、人口は幾何級数的に増加するのに対し、生活資料は算術級数的にしか増加しない。両者のバランスは貧困によってとられる。この「人口の原理」は自然の法則だと説いた。過剰人口は貧困による過度の労働、栄養不足、疾病などによって減少し、家族扶養の困難から結婚がさしひかえられ、子どもを生まないから減少するというこの理論は、資本制社会が生みだす貧困と退廃の問題を、自然法則と理解し、合理化するものとして批判された）。

しかし、先述のように『貧乏物語』は後世の人によって再刊され、今日も読みつがれている。それは

「経済学の科学的理論水準がはるかに高まり、貧困問題についての実証的研究がめざましく発展したこんにちでもなお、日本をふくむ人類社会が未だに解決しえない貧乏という基本的社会問題について、もっとも迫力のある問題提起の書として」「みずみずしい生命力を保っている」からであり、「河上肇という思想家の、波瀾万丈の生涯の代表作」（塩田庄兵衛『河上肇』）となっているからであろう。

教壇から実践へ

河上肇は山口県・岩国出身、一八七九（明治一二）年生まれ、一八九八（明治三一）年、東京帝国大学法科大学に入学。在学中の一九〇一年、足尾鉱毒事件に対する鉱毒地救済婦人会主催の演説会に参加した。足尾鉱毒事件とは、栃木県・足尾銅山（政商・古河市兵衛経営）から排出される有毒物が、明治初年から長期にわたって、渡良瀬《わたらせ》川流域の農民の生活と健康に、大きな被害を与えつづけた事件である。被害農民は起ち上がり、栃木選出の代議士・田中正造が農民のために献身した。日本最初の公害事件である。河上は演説会でのカンパに応じ、着ていた外套、羽織、襟巻をその場で寄付、翌日、衣類を救済婦人会に届け、新聞記事になった。ヒューマニスチックな心情をもち、正しいと信じたことは即時に実行に移さねばおかぬ河上の人となりは、この行動に示されている。卒業後、千山万水楼主人というペンネームで、「社会主義評論」を『読売新聞』に連載（一九〇五年一〇月～一二月）し、反響を呼んだが、連載の最後に実名を明かし、擱筆する理由を『無我の愛』という新興宗教運動（主宰・伊藤証信）に参加するためとのべて、世間を驚かせた。後年、『貧乏物語』で「自己犠牲の精神」「利他」を説いたように、学生時代バイブルを読んだりした河上には、絶対的非利己主義の思想がはぐくまれていた。だが無我愛運動に参加してすぐにその矛盾・限界を知り、数カ月で運動から離れる。以後、河上は経済学の研究を深め、一九一三年から二年間、欧米に留学、京大教授となり、『貧乏物語』執筆にいたる。

みずからの理論的欠陥に気づき同書を絶版にした河上は、マルクス主義に急速に接近する。一九一九年、『資本論』を中心とする科学的社会主義研究の個人雑誌『社会問題研究』を発刊する（一九三〇年まで。各号二〜五万部）。一九二七年、大山郁夫とともに『マルクス主義講座』の監修者となる。大山は兵庫県出身の政治学者、大阪朝日の論説委員や早稲田大学教授をつとめた徹底的民主主義者、「西の河上、東の大山」といわれたほど、二人は当代の人気教授であった。大山はこのころ、無産政党の労働農民党の委員長になっていた。

先述のように一九二二年、日本共産党が誕生した。だが、天皇制廃止をはじめ日本の民主主義的社会主義的変革を目指す組織を、天皇制政府が認めるはずはなかった。共産党は政府や支配階級に対しては、非公然、非合法の結社たらざるを得なかった。一九二三年、最初の弾圧、二六年再建。この間、労働者や農民＝無産大衆の利益を代表する合法政党として、無産政党が誕生するが、労農党はその最左翼であった。一九二八年三月一五日、共産党への大弾圧（全国で一六〇〇人余が検挙）がおこなわれ、四月一〇日、労農党、日本労働組合評議会、日本無産青年同盟が解散させられた。その直前の二月、日本最初の普通選挙がおこなわれたが、このとき、河上は労農党から立候補した山本宣治（京都）、大山郁夫（香川）の応援のため、演壇に立った。選挙応援演説といっても今日の状況から想像するわけにはいかない。演壇に警官が陣どり、「弁士中止」などと演説をさえぎり、ときとして弁士を検束し、抗議する聴衆をも検束するという有様であった。大山や山本の選挙も苛烈な弾圧にさらされた。大山の応援にかけつけた長谷川如是閑（文明評論家、ジャーナリスト）が、「これで大山が当選すれば、黙ってつっ立ている琴平神社の石灯籠でも当選するだろう」とのべた。

共産党弾圧の武器となったのは、最初は治安警察法、ついで悪名高い治安維持法（一九二五年制定）であった。治安維持法を実施するのが特別高等警察（特高）であり、これまた悪名高い政治秘密警察である。特高は検挙した被疑者に残虐な拷問を加えた。裁判によらないで虐殺された者は、一九四五年の敗戦までに八〇人以上、被逮捕者は数十万人、「思想犯」として送検された者は七万五〇〇〇人以上となっている。治維法は「国体ヲ変革」すること、つまり天皇制を廃止し民主政治にすること、「私有財産ヲ否認」すること、つまり社会主義をめざすこと（ただし、科学的社会主義の思想・理論には私有財産の否定など存在しない――念のため）を犯罪行為とする法律であった。一九二八年、量刑を「一年以下ノ懲役又ハ禁固」から「死刑又ハ無期懲役」に、また処罰対象を大幅に拡大する改悪がおこなわれた。このとき代議士となっていた山本宣治は議会で改悪に反対、そのため二九年、右翼の殺し屋に暗殺された。山本は同志社大学講師、『山本宣治全集』もあるすぐれた生物学者でありつつ、中国への侵略に反対した平和運動家であった。その山本の告別式も、当局の弾圧下でおこなわれるという有様であった。

選挙応援演説中に不穏当な発言があった、『マルクス主義講座』の広告文中に不穏当な言葉があった、教え子の中から治安をみだす不穏分子が出た（一九二五年一二月～二六年一月の京都学生社会科学連合会事件）などの言いがかりによって、河上は京大を追われた（一九二八年）。河上は二九年（この年も、四月一六日、共産党大弾圧があった）、大山に協力、新労農党設立に尽力した。

たどりつき　ふりかえりみれば

その後、河上は再び貧乏をタイトルにした著作を刊行する。『第二貧乏物語』。『改造』誌に連載ののち、単行本となった（一九三〇年）。ここでは河上はマルクス主義経済学者として終始している。まず弁証法的唯物論の解説からはじめ、貧困を生み出す資本主義的生産様式を解明し、資本主義の社会主義への移行は歴史的必然であることを論証する。文中、日本の労働者の貧困ぶりや上海の苦力の悲惨をなまなましく伝え、読者をぐいぐいとひきつけて論を運ぶ。河上は読者の立場に立ってみずからの文章を推こうする人だった。だから名文家として知られた。私は敗戦直後、先輩からこの『第二貧乏物語』を貸してもらい、一読、魅了された。ノートをとりつつ読みすすむうち、この箇所もあの箇所もと書きうつしているうち、とうとう一冊分をまるごと筆写してしまった。『第二貧乏物語』もベストセラーになり、印税は一万二〇〇〇円（一カ月の生活費が一〇〇円程度の時代）にのぼったが、河上はすべて運動へのカンパとして提供した。河上はまた『資本論入門』を書き上げた（一九三二年刊。だがたちまち発禁）。

一九三二年、共産主義インタナショナル（コミンテルン）は「日本における情勢と日本共産党の任務にかんするテーゼ」（三二年テーゼ）を決定した。これは満州事変（一九三一年、日本軍部が開始した中国東北部への侵略戦争）が第二次世界大戦の危機に道をひらくこと、対外侵略が国民の僅かの自由・権利の圧殺と国民生活の圧迫と不可分であることを指摘、日本共産党の当面の任務は、社会主義革命への強行的転化の傾向をもつブルジョア民主主義革命を遂行することと規定し、当面のスローガンとして「帝国主義戦争と警察的天皇制反対、米と土地と自由のため、労働者、農民の政府のための人民革命」を掲げた。満州事変→日中戦争→太平洋戦争という戦争拡大の過程を見とおした点において、労働者、農民の要求を高く掲げた点において（寄生地主制の廃止、七時間労働制等々、その多くが戦後実現した）、重要な意義をもつ政治文書であった。テーゼのドイツ語版を入手した河上は、訳出して〝地下〟の共産党に提供した。河上は党の指定する隠れ家を転々とする生活に入った。

一九三二年八月、河上は共産党中央委員会が彼を党員に推薦したという連絡を受けた。河上はその感慨を一首の歌に託した。「たどりつきふりかへりみればやまかは（山川）を　こ（越）えてはこえてきつるものかな」。当時は共産党員になることは、死を覚悟せねばならぬような情勢であった。河上の弟子・岩田義道は、一九三二年、西神田署で虐殺された。一九三三年、作家・小林多喜二は築地署で虐殺された。河上は当時五四歳。世間的には大学者として名声をはせ、いわば功なり名をとげた立場にあったが、あえて生命がけの道に踏み出そうというのである。この歌を一片の感慨として読みとばすことはできない。

一九三三年一月、河上は特高に検挙され、起訴、懲役五年の刑を受けた。当時、当局は捕えた共産主義者に対し、思想的変節＝転向を強要した。屈服した党指導者・佐野学、鍋山貞親は天皇制を認め、中国との戦争は進歩的意義を有するとのべ、朝鮮、台湾のみならず支那（中国）本土を含んだ社会主義国家を目ざすという文書を、司法当局を通じて発表した。当局は河上にも転向を迫った。河上は「獄中独語」という短い文章を書いた。河上はそこで今後実際運動から身をひくことを表明したが、同時に「マルクス主義を信奉する学者の一人として止まる」ことをも表明した。三七年六月の出獄に際し、河上は獄中日記の最後に「河上肇万歳、マルクス主義万歳」としるした。出獄後の河上は『自叙伝』を書きつづけつつ、毛沢東の『持久戦論』やエドガー・スノーの『中国の赤い星』を読むなど、時局への関心を失わなかった。

一九四五年の敗戦は河上にとってもちろん「解放」の日であったが、このころすでに病床に伏していた。四六年一月、「われもし十年若かりせば菲才《ひさい》われもまた　筆を提げ身を挺《てい》して　同志諸君の驥尾《きび》に附し　澎湃《ほうはい》たる人民革命の　滔天《とうてん》の波を攀《よ》じて　共に風雪を叱咤せんに」という詩を発表したが、これが最後の作品となった。四六年一月三〇日没。享年六七歳。

3　名著の背景

インド以下的低賃金

『日本の下層社会』や『女工哀史』には労働者や女工の低賃金が報告されている。米一升が八〜九銭のころの紡績女工の平均賃金は一日八銭二厘であった（一八九〇年ごろ）。日本女工の最高賃金はイギリス女工の最低賃金の一〇分の一、イタリア女工の最低賃金の五分の一ほどであった。一八九八（明治三一）年当時、日本の紡績職工の一カ月分の平均賃金は、男工が六円八三銭、女工が四円五銭であるのにくらべて、イギリスの植民地インドでは、男工が中心であるとはいえ、八円前後から最高九円一八銭であった。このような日本の賃金の低さを、「インド以下的低賃金」と規定したのは山田盛太郎『日本資本主義分析』であった。

このような低賃金を可能にした事情について、つぎのような指摘がある（酒匂常明。元農商務省官僚、大日本精糖社長）。「斯《か》かる安い労働者は何処から得られましょうか。皆農村から来るものであります。（中略）己れの小作して居る、或は所有して居る所の田畑を耕作して、尚《な》お労力余り有ると言う所の分子が即ち此の都会、或は製造地に来まして職工労働者となる。（中略）一家の維持、或は両親・兄弟の賄《まかない》と言うものは、農村で既に出来て行くのである。唯、其の家族の一分子が工業の労働に従事するのでありますから、其《そ》の人一人が生活し得る収入を取れば宜しいのであります。之が即ち労銀の安い所以である。是は実に我国の発展上商工業と言う関係に於て、此《こ》の農業の非常に必要なる原動力であると言うことが分かる」（社会政策学会編『関税問題と社会政策』。中村政則「労働者と農民」『日本の歴史』第二九巻より再引用）。

戦前から戦後の一九六〇（昭和三五）年ごろまで、日本の有業人口のうち、農漁業民や都市自営業のほうが、労働者より多かった。労働者が過半を占めるのは、六〇年以後のことである。明治から大正にかけて、農民が人口の多数部分であった。労働者の数が自小作・小作農民より多くなるのは一九一四（大正三）～一九二〇（大正九）年の時期である。その労働者のうち多数部分は製糸、紡績、織物工場の女工であり、鉱山、炭鉱の坑夫がこれに次いでいた。

女工のほとんどは貧農の娘たちであった。収穫の過半を当てねばならぬ高額高率の小作料にあえぐ農家は、女工となった娘の契約金や賃金によって家計を補充したが、女工の賃金は一家を養うだけの高さを必要とせず、家計補助となれば足りるという理由から、低くおさえられた。前記『日本資本主義分析』は「賃銀の補充によって高き小作料が可能とせられ、又逆に補充の意味で賃銀が低められるような関係」と定式化している。つまり低賃金と高率小作料との相互規定関係を明らかにし、資本主義と半封建的土地所有（寄生地主制）との結合を、日本資本主義の構造的特質として指摘したのである。

明治期の貿易において最も大きな比重を占めたのは生糸である。日清戦争後には綿紡績業が発展し、製糸業と綿紡績業は日本にとって戦略的輸出産業となった。一八九八（明治三一）〜一九〇〇年において、生糸・羽二重の輸出合計は約六五〇〇万円、軍艦・兵器・機械・鉄・石油・汽船の輸入合計は約七五〇〇万円であった。すなわち生糸が軍艦になったのであった。明治以降の軍備増強は女工の紡ぎ出す生糸によって支えられた。そして国家予算の大きな部分が軍事費に注がれるようになった。日本国家の歳出のうち、陸海軍費は、日清戦争前の一八九三年には二七％であったが、戦争直後の九六年には四三％にのぼった。その後、比重を低下させるが、一九二二（大正一〇）年、国際軍縮会議調印の年には、四九％という状況になっていた。満州事変の年、一九三一年は三一％。歳出中の軍事費は日中戦争開始の年、三七年に六二％、太平洋戦争開始の年、四一年には七六・六％にのぼり、敗戦時には国家予算の一〇〇％近くが軍事費に注がれた。日本は軍事的資本主義国家であった。『日本資本主義分析』は、このような日本資本主義の軍事的特質をも解明した。

同書は三編で構成されている。第一編「生産旋回＝編成替え——マニュファクチュア・家内工業の諸形態」。第二編「旋回基軸——軍事機構＝鍵鑰《キイ》産業の構成」。第三編「基柢——半封建的土地所有制＝半農奴制的零細農耕」。第一編では明治維新を起点にして綿織業・製糸業の生産様式がどのようにして資本主義的生産へ転化したかが分析される。第二編ではそうした生産様式の基軸が軍事機構およびその土台としてのキイ産業、すなわち鉄道、鉱山、工作機械、軍事工業の創出におかれたこと、つまり重工業の発展過程が分析される。第三編では、これら産業体制の基礎として農村における土地所有制度と農業経営が役立っているという視点が展開される。先に女工の低賃金と高率小作料においてみたような関係である。こうして山田は、日本資本主義を「軍事的半農奴制的」基本構造をもつと特徴づける。山田の分析は、その後太平洋戦争に至るまで戦争の道をひた走り、敗戦後、農地改革をはじめとする民主化を行わねばならなくなる日本資本主義の性格を、的確に分析したものとして高く評価された。

日本資本主義発達史講座

同書は一九三二～三三年に刊行された『日本資本主義発達史講座』（岩波書店）に山田が発表した諸論文を再統一したものである。同講座は、日本資本主義の歴史と現状を解明するために編まれ、当時のマルクス主義理論家が結集しての共同労作であった。講座の企画を推進した野呂栄太郎（当時、日本共産党中央委員。一九三四年、警察に捕われて獄死）には、『日本資本主義発達史』（一九三〇年）という名著がある。また講座の編集に携わった平野義太郎（当時、東大助教授。戦後、日本平和委員会会長等）は、同講座に発表した三つの論文を統一して、『日本資本主義社会の機構』を刊行した（一九三四年）。これまた名著である。

4 生存権の思想と社会保障・福祉

ついこの間まで、みんな貧乏だった

テキスト第四章「貧しき友」で、浦川君の家庭を見聞したコペル君に、おじさんは貧乏の問題を提起している。だが、前述したように、子どもを中学校に進学させた浦川君の家は、貧乏のどん底というわけではない。当時の日本には、もっと貧乏な民衆がたくさんいた。

私の小学校時代は、神戸市の隣町・御影町（現在は神戸市灘区）であった。高級住宅地とされ、したがって級友のほとんどは中産階層の子弟であった。しかし、その中に貧困家庭の子どももいた。在日朝鮮人のB君がそうであった。少し離れた地域の長屋《ながや》に住むT君もそうだった。私の母は〝わけへだて〟のきらいな人だったから、私がそれらの子どもと行き来しても、〝あんな家の子と遊んじゃいけない〟などとは、一言もいわなかった。それらの子たちの家を訪ねた記憶をたどると、まずよみがえるのは、饐《す》えた匂いである。一歩なかに入ると、他のどの級友の家庭でも経験したことのない、独特の臭気が鼻をついた。おそらくそれは、かびの臭いや腐敗臭などが入りまじった匂いなのであろう。貧乏の匂いである。狭い部屋は薄暗く、寝具が重ねられ、友だちはその隙間で生活しているようだった。後年読むことになった『日本の下層社会』さながらの生活が、そこにあった。一方、大金持の子もいた。その家は阪急御影駅のそばに、お城のようにそびえていた。案内された豪華な応接間はほかに幾つかあり、〝奉

公人〟は何十人もいる、ときいた。テキストの水谷君の家以上の豪勢さだ。

私の父は、当時三井物産船舶部の管理職であったが、ぜいたくな暮らしの記憶はないし、月末になると、きまって母がたんす（いつもお金をしまっている）の前で金勘定をし、支払いのお金が足りないと青い顔をしていたのをおぼえている。〝税関のエライ人〟ときいていた家庭のお母さんが、私の母に月謝（毎月の授業料）を借りにきたこともおぼえている。当時の中産階層の人びとも、お金に困っていたのである。

ある日、家の外が騒々しくなった。表にとび出ると、和服の前をはだけた下駄ばきの男が、必死の形相で走り去った。そのあとを数人の男が追っていた。「食い逃げ」だった。駅前のうどん屋かどこかで一杯のうどんか何かを食べ、隙をみて代金を払わずにとび出したのだ。懐中に一文の持ち合わせもないが、空腹に耐えかねて何かを食べ、逃げ出したのである。逃げおおせる確率などほとんどない、こんな犯行をおかさざるを得ないほど、お金がなく飢えた人が珍しくなかったのである（今日、「食い逃げ」という言葉は、政治家などの行為に比喩的に使われることはあっても、実態は死語に近い）。今から六、七〇年前のことにすぎない。

では民衆は、近代資本主義社会になってお金に困り、食うに困るようになったのだろうか。そうではない。古代から現代まで、民衆はつねに食うに困る存在であった。

『『太陽王』の『大御代《グラン・シエクル》』における貧農たちは、だいたい屋根裏つきの一部屋だけの家に住み、ほとんど家具を持たず、麦藁《むぎわら》の上に起き伏し、衣服といえば現に身につけているすりきれて垢《あか》だらけのもの以外には、これまたほとんど持ち合わせがなく、粗末な木靴に冬でも素足をつっこんでいた。食物はライ麦のパンなどはよい方で、たしかに草の根を食べていたし、酒を飲めるのはごくまれで、たいてい水で用をすまし、肉も年に二、三度というありさまだったらしい」（『世界の歴史』⑧「絶対君主と人民」。中央公論社）。

これはルイ一四世（在位一六四三〜一七一五年。フランス）のころの農民の姿である。ルイ一四世はヴェルサイユ宮殿を築いた。私たちがヨーロッパ観光旅行に出かけると、ヴェルサイユはじめ各地の宮殿が必ず観光先になっている。贅をこらした壮大な建物に、華やかな宮廷生活をしのんだりするのだが、同時に建設に動員された幾万、幾十万の民衆の犠牲と労苦をも想像せずにはおれない（ヴェルサイユ建設時には、「毎晩荷車いっぱいの死者が運び出された」〔前同〕）。観光コースにはあまり含まれないが、博物館の展示などで、そうした民衆の貧しい生活ぶりをしのぶことができる。オスロの民俗博物館の敷地内には、ノルウェー各地から集められた一七〇余の木造家屋がある。中世から近世までの農家が多い。大きなものもあるが、概して狭く、暗く、粗末な「ウサギ小屋」である。貧しさが胸をつく。人類の歴史において、貧乏の歴史は長いのである。

資本主義制度のはじまりと社会保障の萌芽

封建社会後期に、資本主義的経済制度が生まれた。一定の資本（蓄積された貨幣、生産手段）をもとに、ひとを雇い、働かせ、その製品すべてを手中に収め、販売する資本家の誕生である。だから、資本主義経済制度の確立・発展のためには、①資本のほかに、②雇われて働く大量の労働力＝賃金労働者の存在が必要条件である。

封建社会末期＝絶対王政時代に、社会の有力層となった大商人や高利貸は、絶対王政と結びつき、国債制度、租税制度、保護貿易、黒人奴隷貿易、植民地からの利益などで、莫大な貨幣財産を蓄積した。一方、農村においては、農民からの土地取上げが進行した。典型的に進行したのはイギリスにおいてであり、慣習的に共同使用が認められていた入会地や共同耕作地を、大封建領主や蓄財を重ねた農民富裕層が、柵や生け垣で囲い、私有地に変えていった。「囲い込み」（エンクロージャー）という（今日でも、その跡を眼にすることができる）。羊毛生産が儲かるようになったため、農民を暴力的に追い立て、耕地を牧羊地にしたのである（一五世紀末から、一七世紀半ばまで。第一次）。人文主義者、トマス・モアはその著『ユートピア』（一五一六年）において、「羊が人間を食い殺している」と非難した。（囲い込みは、その後、農業経営の効率化、農業資本家の発展によって、さらに進行した。一八世紀後半から一九世紀前半。第二次）。生活・生産手段としての土地を奪われた農民は、無数の浮浪人、乞食、盗賊などになるよりほかなかった。一方における富の蓄積、他方における雇われて働く以外生活のあてのない大量の労働力のひろがり――この過程は資本の本源的蓄積（あるいは原始的蓄積）と呼ばれる。

浮浪人たちは、各地で騒動や暴動をおこした。その彼らに絶対王政は「血の立法」（一五世紀、ヘンリー七世治下）で対処した。浮浪人を犯罪者として扱い、額や胸、背に焼き印を押し、耳を切り、笞打ち刑、さらには死刑に処した。ヘンリー八世のころには、死刑は七万二〇〇〇人に達した。

しかし、大衆的窮乏による社会不安は、処罰の強化だけで対処できるものではない。そこでエリザベス女王の時期に、「救貧法」が制定された（一六〇一年）。すなわち、国家の制度として、救貧税を財源とし、労働能力をもつ貧民、その子ども、孤児には労働を義務づけ、労働能力のないものには市民の権利をきびしく制限しつつ、治安判事のもとで保護・救済するというものである。だから救貧法は、救済というより、労働能力のある貧民を強制的に就労させるという性格をもっていたが、国家が法律にもとづき、税を財源として一部の救済を行なうという点で、従来の教会や慈善団体による救済とは異なっていた。国家による最初の社会保障制度であり、今日の社会保障制度の萌芽とみなすことができる。

資本主義的貧困と労働者階級のたたかい

資本の本源的蓄積と市民革命によって、いちはやく近代国家＝資本主義社会をつくり出したイギリスは、一八世紀後半から一九世紀初頭にかけて、産業革命を達成した（本書第3章第3節中の「産業革命とプロレタリアート」の項参照）。資本主義社会は産業資本主義段階に入る。大工場で多数の労働者が働くようになるが、これら労働者および就労できない人びとの労働・生活状態は、「エンゲルス『イギリスにおける労働者階級の状態』」の項（同第3章第3節）でみたとおりである。貧困、失業、疾病、労働災害がひろがった。これら貧困民衆は、奴隷制社会における奴隷主や封建社会における領主への、人格的身分的従属からは解放されたが、生産、生活手段（土地や農具）から切り離され、どんな悪条件であろうと資本家に雇われ、賃金を得る以外生きる途がないという人びとであった。これらの人びとの貧困は、それまでの貧困に対し、資本主義的貧困として特徴づけられる。

奴隷制社会で奴隷一揆、封建社会で農民一揆というように、それぞれの時代で、人民は生存・生活のためにたたかってきたが、近代労働者階級も団結してたたかいに起ち上がるようになる。これに対し、資本家階級と政府は運動を弾圧する。イギリスでは「団結禁止法」が制定された（一七九九年）。だが労働者階級はたたかいつづけ、団結禁止法を撤廃させ（一八二四年）、職業別組合（クラフト・ユニオン）を発展させ、一八七一年、世界最初の「労働組合法」制定を実現する。無制限の労働時間は、一五時間→一〇時間と制限されていき、一方的な賃下げや解雇に対してはストライキなどで対抗する。

そして労働者階級は、資本家階級と直接に対決しながら、労働者相互の扶助制度として、失業、疾病、災害、葬儀、老齢退職などの手当、年金支給の共済制度をつくり出した。今日の社会保障の萌芽である。

ドイツでは一八五〇年代から産業革命が進行し、そのなかで労働運動、社会主義運動が成長した。労働者階級は、一八七五年、ドイツ社会主義労働者党（一八九〇年に社会民主党と改称）を誕生させた。みずからが首相をつとめるプロイセン権力によってドイツ国家統一（一八七一年）を達成し、初代宰相となったビスマルク（一八一五〜九八年）は、社会主義者取締法を制定（一八七八年）、労働・社会主義運動を弾圧した。だが、弾圧のみで労働者階級のたたかいをおさえこむわけにはいかない。そこで社会主義政党と労働組合から労働者をひき離す目的をもって疾病保険（一八八二年）、災害保険（一八八四年）、老齢・障害保険（一八八九年）を制定、実施した。いわゆる「ムチ」（階級闘争弾圧）と「アメ」（階級闘争緩和）の政策である。この老齢・障害保険は、社会保険による世界最初の年金制度である。

イギリスでは救貧法（先述）ののち、一八三四年の新救貧法、労働者自身の共済活動の時期をへて、一九〇八年、無拠出老齢年金法、一九一一年、イギリス最初の社会保険として国民保険法（健康保険と失業保険）が成立する。その背景には、労働者の政党（後の労働党＝一九〇六年）の結成や、「ストライキの洪水」（一九一一〜一三年）という状況があった。

時代が思想を生み、思想が時代を進める

ここで、以上のような経過を歴史と思想という視点から考えてみたい。

人類の歴史において、支配と被支配という階級社会が登場して以来、被支配者としての民衆の歴史は、一面において支配者への隷属の歴史であったが、他面においてみずからの生活を守り、その権利を求めるたたかいと思想の歴史であった。中世社会における都市の発展は、都市市民（ブルジョア）に富と力を蓄えさせ、国王・領主の支配に対する一定の「都市の自由」を確立し、そのうえにルネサンスの花を咲かせ、思想、科学、芸術を発展させた。ルター、カルヴァン、ミュンツァーらの宗教改革思想は、農民戦争と結びつき、中世社会をゆるがし、時代変革の原動力となった（第1章「コペルニクス」の項）。

イギリスでは一六世紀のはじめに宗教改革がすすめられたが、推進力となったのは、ピューリタン（清教徒）たちであった。ピューリタンの思想的なよりどころは、カルヴァンであった。一七世紀はじめ、国王の宗教弾圧や乱暴な税金のかけかたに議会（ブルジョア階級の代表を中心とする）は反発し、一六二八年六月、「権利請願」という名の要求書を提出、国王に認めさせた。一一カ条から成る「権利請願」には、議会の承認なしに税金ほか財政的負担を課さないとか、正規の裁判なしに逮捕投獄しないなどの権利が謳われていた。その後、国王と議会の対立はいっそう深まり、武力衝突となり、オリヴァ・クロムウェルが率いる議会軍が勝利した。一六四九年一月、国王死刑、三月、君主制・貴族制廃止、五月、共和制宣言となる（ピューリタン革命）。だが、クロムウェルらは、徹底した民主的改革を要求する平等派（レベラーズ）の人たちと対立、これを弾圧した。一六六〇年、君主制が復活。国王が絶対主義王政復活を企てたとき、ブルジョア階級はこの国王を海外追放、オランダから新しい国王を迎え、二回

目のブルジョア革命をおこなった(一六八八年。名誉革命)。このとき、イギリスの人権宣言ともいうべき「権利章典」(一六八九年)がうちだされた。

このような民衆の権利確立＝近代民主主義の成立の背景に、トマス・ホッブズ(一五八八～一六七九年)やジョン・ロック(一六三二～一七〇四年)の思想的影響がある。ホッブズはその著『リヴァイアサン』(一六五一年)のなかで社会契約論の立場から国家論を展開した。国家のない状態(自然状態)では、人びとは争いあって「万人が万人に対する闘い」という状態になるが、すべての人は自然の権利として生きる権利をもっており、この権利を守るためにお互いの契約による絶対主義をもつ国家をつくるという趣旨である。国家が契約によってつくられるというのは歴史的事実にはそぐわないけれども、ポイントは生きる権利＝生存権をすべての人がもつ、という考え方にある。ロックもまた自然権という考え方を主張した。生命・自由・財産を内容とする自然権を守るために、社会契約によって国家がつくられる、というのである。彼の主著『統治論』は一六七九年冬～翌年にかけて書いたものをもとに、一六八九年に出版された。ホッブズやロックの思想は、基本的人権(生存権を含む)、人民主権、抵抗権(あるいは革命権。主権者は人民であるから、国王や政府が裏切ったら、抵抗しとりかえる権利がある)という近代民主主義の原理の出発点である。

ホッブズやロックの思想は、海を越えてアメリカやフランスに伝えられ、アメリカ独立革命(一七七六年)、フランス革命(一七八九年)の思想的背景となった。時代＝歴史は思想を生みだすが、優れた思想は時代＝歴史を動かし、前進させるのである。革命にさいし、さまざまの著作物が刊行されるが、なかでもアメリカ革命時のトマス・ペイン『コモン・センス』(一七七六年)は一〇万部、フランス革命時のシェイエス『第三身分とは何か』(一七八九年。いずれも小冊子であるが名著)は三万部に達した、という。当時の人口と比較すると、驚くべきベスト・セラーである。思想が人を動かし、社会を前進させるのである。

「われらは、つぎの真理が自明であると信ずる。すなわち、すべての人間は平等につくられ、造物主によって一定のゆずりわたすことのできない権利をあたえられていること、これらの権利のうちには生命、自由、および幸福の追求がふくまれていること」――トマス・ジェファソン(アメリカ第三代大統領)の起草にかかる「アメリカ独立宣言」の初めの言葉である(芝田進午編著『人間の権利』大月書店国民文庫より)。宣言はつづけて「これらの権利を保障するために」政府が組織されるのであって、その正当な権力は統治されるものの同意に由来すること、どんな政府もこれらの目的をそこなうようになれば、いつでも変更ないし廃止し、人民の「安全と幸福をもっともよくもたらすとみとめられる原理にもとづいて新しい政府を設立」するのは、「人民の権利であること」が謳われる。ここにロックらの理論の影響を読みとることができる。

「第一条　人は、自由かつ権利において平等なものとして出生し、かつ生存する。社会的差別は、共同の利益の上にのみ設けることができる。

第二条　あらゆる政治的団結の目的は、人の消滅することのない自然権を保全することである。これらの権利は、自由・所有権・安全および圧制への抵抗である。

第三条　あらゆる主権の原理は、本質的に国民に存する。いずれの団体、いずれの個人も、国民から明示的に発するものでない権威を行い得ない」(『人権宣言集』岩波文庫)

――フランス革命における「人および市民の権利宣言」＝「人権宣言」の冒頭である。

これらの宣言のうちに、今日の日本国憲法にうけつがれる近代民主主義の諸原理をみいだすことは容易だが、同時に、人間として生きていく権利、そのために必要な諸条件を国家（政府）に要求していく権利、すなわち生存権↓社会保障・福祉の思想を内包していることもみのがしてはなるまい。

生存権思想発展と社会保障

「今日のオーストリア人の生活は、社会保障や社会福祉の幅広い制度に守られている。その制度は主として一五〇年にも及ぶ工場労働者やその利益代表者たちの、労働条件や生活条件の改善と保障を求める戦いから生まれたものである」「現代のオーストリアの福祉水準は、世界の福祉国家の中でも最高位に位置している」（「国民全員のための社会保障」『オーストリア　事実と数字』連邦報道庁。一九九七年。傍点――引用者）。後段の「最高位」にはいささか宣伝臭を感じるが、それでもオーストリアの社会保障・福祉水準が高位にあることには疑いがない。それにしても、その制度が労働者の戦いのおかげとのべているのは面白い。日本の政府刊行物は、口が曲がってもこんなことはいわない。

一五〇年前というのは、メッテルニヒを亡命させたウィーン革命（一八四八年）を指すのであろう。ウィーン革命は同年のフランス革命と連動して勃発した。その二月革命によって成立したフランス共和国憲法は、前文第八項において、つぎのようにのべる。

「共和国は、友愛的援助により、貧困な市民に対し、その資源の限界の中で労働を獲得させることにより、または、労働し得ない人々が家族がないときこれに援助を与えることにより、これらの者の生存を確保しなければならない」。そして第一三条で「憲法は、市民に労働および労務の自由を保障する。……社会は、捨児、病弱者および資産のない老者に救済を与える。ただしその家庭が救済し得ない場合にかぎる」と規定した。

だが、フランスにしてもオーストリアにしても、生存権思想や社会保障的政策がそのまま順調に進展していったわけではない。ウィーン革命は半年ほどで圧殺されたし、フランスではルイ・ナポレオンがクーデターを起こし（一八五一年）、翌年、皇帝となった（第二帝政）。歴史のすすみ方は一直線ではない。

ベートーヴェン『田園交響曲』作曲の地として知られるウィーン北部、ハイリゲンシュタットの地下鉄終点駅前に、長さ一キロメートル、ワイン・レッドと黄色に塗られた五階建の集合住宅がある。夜、はじめてみたときは、中世の城壁かと思えたほどの威容である。建物上部に、カール・マルクス・ホーフの金文字が飾られている。第一次大戦後、ウィーンが社会民主党市政になり、「赤いウィーン」と呼ばれた時期の労働者のための集合住宅である（一九二七年完成）。入ってみると、七〇年ほど前の建築物であるから、居室はいささか手狭まであるが、前庭も中庭も広く（スポーツができる）、保育所（二つ）、共同洗濯所、集会所、図書室、郵便局などが設置されている。第一次大戦後の住宅難対策とあわせて、新しい労働者の生活文化の創造がめざされていたことが理解できる。同じ時期にフリードリヒ・エンゲルス・プラッツ、ラッサーラー・ホーフなど、社会主義・労働運動指導者の名を冠した同規模の集合住宅が建設された。このことから、労働者の生活保障・福祉をも要求したマルクスやエンゲルスらの思想が、これら建築物として具体化され、今日まで生きつづけていることが実感される。

前述した『イギリスにおける労働者階級の状態』において、エンゲルスは「労働者階級の貧困の原因は、……資本主義制度そのものに求められねばならない」、政治的・社会的支配権をもつブルジョアジーは「……社会の各成員の生命を保護し、たとえだれひとり餓死しないように配慮する義務をもってい る」とのべた。一八四八年に、マルクスとエンゲルスが共同で執筆した『ドイツにおける共産党の要求』の中には、「国家は、すべての労働者の生活を保障し、労働不能者を扶養する」との要求が掲げられた。

一八七五年、ドイツ社会主義労働党が結成され、綱領を採択した（ゴータ〔地名〕綱領）。同党は九〇年、社会民主党となり、綱領を採択した（九一年、エルフルト〔地名〕綱領）。前者には、「すべての労働者扶助金庫および共済金庫の完全な自主管理」、後者には「公立国民学校における無料の授業と学用品および食事の無料支給」「助産をふくむ医療の無料化と医薬の無料支給。埋葬の無料支給」等々が掲げられた（マルクスは『ゴータ綱領草案批判』を書き、エンゲルスは『エルフルト綱領草案の批判』を書いたが、それらは草案における欠陥を指摘したものであり、労働者の要求に反対したわけではない）。同じころのフランス社会主義労働党綱領には、「毎年、労働統計委員会によって地域物価に応じて決定される法定最低賃金」「児童の扶養は国家と市町村とに代表される社会の負担とする」「老年者と労働災害障害者との社会による看護」「災害事故にたいする雇主の補償責任制」ほか、税に関する要求が掲げられていた。さらに同党の農業綱領には、「土地をもたない農村労働者（日雇労働者と農場僕婢）のために、……大土地所有者への特別課税を財源とする養老年金と傷病年金」が掲げられている。

マルクスやエンゲルスの思想・理論をうけついだウラジミール・イリッチ・レーニン（一八七〇〜一

九二四年）も、社会保険・保障の思想・理論を発展させた。帝政ロシア政府の社会保険法案（災害と疾病。一九一二年）を批判した論文は、レーニンの「労働者保険綱領」と呼ばれた。一九一七年一一月のロシア革命後、レーニンらの政権は、革命後四日目に、八時間労働制を直ちに実施する法令、無料の教育の実施の方向を定めた法令を公布した。六日目に「社会保険に関する政府通達」を発した。翌一二月、通達にもとづき失業保険を新設、ついで新しい疾病保険を制定した。いずれも企業主負担である。一九一八年、「勤労者社会保障規則」が公布された。「社会保障」という用語が、世界で初めて使用されるようになった。

「社会主義国」として成立したソ連邦は、その後、さまざまの要因（とくにスターリンの政策）によって、社会主義の思想・理念から逸脱し、とうてい「社会主義国」といえない方向をたどり、一九九一年の崩壊にいたるが、その創設期の理想・理念と諸政策の意義まで否定しさることはできない。八時間労働制は世界における労働時間短縮の流れを大きく前進させたし、その社会保険・保障政策は、資本主義諸国のそれに大きな影響を与えた。

歴史の弁証法

ここで少し注意しておきたいのは、歴史の発展の仕方についてである。先にのべたビスマルクの社会保険創設は、社会主義・労働運動の高揚に対する懐柔・妥協政策であったが、それがひとたび制度化されると、それらは労働者の権利として自覚されるようになり、懐柔の枠を乗り越えて新しい要求を生み出し、枠そのものをゆるがしていくという過程である。社会秩序安定のための慈善・恩恵としてはじまった孤児院や託児施設が、労働者の保育所要求として発展していくようなものである。私たちはここに歴史の弁証法をみておかねばならない（第3章「弁証法と形而上学」の項）。

生存権、社会保障の国際的確認

第一次大戦後のヴェルサイユ平和条約（一九一九年六月）第一三篇は「労働」である。その前文に「世界の平和および協調が危くされるほどの大きな社会不安を起こすような不正、困苦および窮乏を多数の人民にもたらす労働条件が存在」し、これらの労働条件を「労働時間の規制」「失業の防止、妥当な生活賃金の支給、雇用から生ずる疾病・疾患・負傷に対する労働者の保護、児童・年少者・婦人の保護、老年および障害に対する給付」等によって、「改善することが急務」とのべられた。生存権思想の国際的確認である。戦争・平和の問題と人権についての国際的言及でもある（人権が無視される体制は戦争につながる）。

ロシア革命の影響もうけ、右のような目的達成のため、国際連盟の付属機関としてＩＬＯ（国際労働機関）が創設された。ＩＬＯはその後、労働立法と社会保障に関する国際条約と勧告を採択、労働条件、労働保護、社会保障についての国際的基準を各国に普及する活動をはじめ、第二次大戦後の今日まで、その活動はつづけられている。

第一次大戦後に成立したドイツ共和国（帝制廃止）の憲法（一九一九年）は、その規定の画期的な民主的性格によって、「ワイマール〔地名〕憲法」の名で知られているが、第一五一条「（一）経済生活の秩序は、すべての者に人間たるに値する生活を保障する目的をもつ正義の原則に適合しなければならない。

この限界内で個人の経済的自由は確保されなければならない」や、ほかの条項で生存権を謳い上げている。ワイマール憲法はその後、ヒトラーによって扼殺《やくさつ》されるが、その思想的影響が世界に及んだことは、現行の各国憲法の規定のなかにみいだすことができる。

ファシズムと民主主義のたたかいのなかで

第一次大戦後、世界は恐慌に見舞われ（一九二九年）、失業は増大、窮乏がひろがるが、労働者階級を中心とする生活のたたかいもひろがる。いくつかの国では労働者政党が進出し、革新的な政策を実施する。前記カール・マルクス・ホーフもこの時期の産物である。高揚する労働者階級のたたかいに対し、資本家階級を中心とする体制を守るため、イタリア・ファシズム（一九二二年、ムソリーニ政権）、ドイツ・ナチズム（一九三三年、ヒトラー政権）があらわれる。

暴力支配と侵略主義に貫かれるこれら全体主義の潮流に、労働者階級の統一戦線の思想と運動が対峙する。フランス共産党は「賃金を守るために、労働時間短縮のために、失業手当のために、真の社会保障のために、またファシズムと帝国主義戦争に反対し、われらの階級を解放するために、あいともにバリケードの同じ側でたたかおう」と呼びかけた（一九三三年）。共産党や社会党ほかの革新勢力の間で、「人民連合綱領」が作成（三五年）されるが、そのなかに各種の生活保障の要求が掲げられている（ついでにいえば、マスコミ関連では、「マイクの前の平等」「出版〈新聞〉トラストの禁止」などが興味深い）。フランス統一労働総同盟は「経済の救済と社会保障の計画」を作成した（三五年）。一九三六年に成立した人民戦線内閣は、賃金の引上げ、一五日間の有給休暇、週四〇時間制など、綱領の一部を実行した。今日のヨーロッパにおける長期の夏期休暇の慣習は、人民戦線時代に由来する。

コミンテルン（共産主義インターナショナル、第三インターナショナルともいう）の指導で結成され、戦闘的な国際労働組合運動をめざすプロフィンテルン（赤色労働組合インターナショナル。一九二一〜三八年）は、この間、国際失業反対闘争や社会保障に関する運動を展開した（ただし、これらの運動が誤りなくすすめられたわけではない。社会民主主義者を敵視し、社会保障の問題などは社会改良主義者のなすべきことと軽視するような、極左的なセクト主義もあらわれた。労働運動や社会主義運動のなかに、支配階級にとり込まれていく右翼的潮流や、このような極左偏向が発生するが、本稿ではそれらの局面にふれていく余裕はなく、大まかな流れをたどっていくほかない）。

世界大恐慌の発生地となったアメリカでも民衆のたたかいはひろがった。労働者のストライキをはじめ、飢餓行進《ハンガー・マーチ》、恩給よこせ行進《ボーナス・マーチ》（退役軍人）などが社会をゆるがした。一九三三年に大統領となったフランクリン・ルーズヴェルトは、「ケインズ理論」にもとづく一連の恐慌対策として、ニュー・ディール政策を実施した。ジョン・メイナード・ケインズ（一八八三〜一九四六年）は、イギリスの経済学者、代表的著作『雇用・利子・貨幣の一般理論』（一九三六年）は名著といわれる。彼は、当時の政府や経済学者の、資本主義経済の自動調節機能に期待する自由放任政策を批判、政府による積極的財政支出政策を唱えた。『一般理論』は経済学に大きな影響を与え、「ケインズ革命」と呼ばれた。

ニュー・ディールは一言でいえば、購買力の拡大により景気回復をはかる政策である。一九三五年、雇用促進局開設（四月）、全国労働関係法制定（七月）につづいて、八月、社会保障法を成立させた。これは資本主義国で「社会保障」という名称をもつ最初の法律となった。老齢年金、失業保険、公的扶助、社会福祉が中心で、医療保険は含まれていなかった（アメリカにはいまだに全国民を対象とする医療保険はない。非営利団体、民間の保険会社にまかされている）。

理念のたたかい

フランスにつづくスペイン人民戦線政府の成立（一九三六年）、ファシスト軍人・フランコの反乱によるその敗北（三九年）などの激動をへて、ナチス・ドイツのポーランド侵略開始（三九年）から、第二次世界大戦がはじまった。第二次大戦には、帝国主義戦争という側面もあったが、基本的にはファシズムと民主主義の戦争という性格をもった。

一九四一年一月、ルーズヴェルト米大統領は、議会への教書のなかで、四つの自由として、言論、思想の自由、信仰の自由、脅威からの自由とならべて、欠乏からの自由を訴えた。同年八月、ルーズヴェルトはチャーチル英首相と大西洋の艦上で会談、ナチズム打倒と戦後世界の再建方針のための「大西洋憲章」を発表した。（一）領土不拡大、（二）領土の変更は住民の意思による、（三）民族自決権、（四）世界の通商、資源に対する機会均等、（五）労働条件・経済生活の改善、社会保障のための国際協力、（六）恐怖と欠乏からの全人類の解放、（七）公海航行の自由、（八）武力行使の放棄、軍備縮小、安全保障制度の確立という八カ条である。これをうけてソ連と中国が加わってファシズム打倒の連合国宣言となり、さらにこれをうけて二二カ国の反ファシズム連合が結成された。これが戦後の国際連合の原点である。

以上のように、生存権、社会保障が国際的に謳われたが、前記ＩＬＯは『社会保障への途』（事務局の研究報告シリーズの一つ。四二年二月）を公刊した。戦後世界の社会保障の展開に役割を果たした文書である。同年一一月、イギリスでは『ベヴァリッジ報告』が政府へ答申された。これは四一年　月に政府が発足させた「戦後再建問題委員会」がつくった、社会保険および関連サービスにかかわる各省関係官委員会の報告である。失業問題の権威でケインズ理論家のウィリアム・ベヴァリッジが委員長をつとめた。社会保障の理念と原則をのべ、原則を制度として計画したこの報告は、国民に歓迎された。ナチ占領下の諸国でも、縮冊版が流布されたという。四三年三月、チャーチル首相は「戦争と将来の社会政策に関して」という有名な放送をおこなったが、このなかで初めて「ゆりかごから墓場まで」という言葉が用いられた。

ＩＬＯは、一九四四年四～五月に、アメリカのフィラデルフィアで第二六回総会を開催、戦後のＩＬＯがめざすべき「目的と加盟国の政策の基調」を謳った宣言を採択した。「フィラデルフィア宣言」として有名である。

敗戦後の大学生であった私は、前記ルーズヴェルトの議会教書や大西洋憲章を知って、日本は負けるべくして負けたのだと悟った。「欲しがりません。勝つまでは」という無慈悲な発想や、「八紘一宇」などという空疎にして侵略主義的なスローガンと対比せざるを得なかった。理念のたたかいにおいて、すでに敗れていたのである。

第二次大戦後、社会保障・福祉は本格的に発展した

一九四五年、戦後世界の国際平和と秩序をめざす組織として「国際連合」＝国連が発足した。国連第

三回総会は、『世界人権宣言』を満場一致で議決した（一九四八年一二月一〇日）。全文三〇条の宣言は、アメリカ独立宣言、フランス人権宣言以来、つみ重ねられ、確認されてきたすべての人の基本的権利についての到達点を示している。生存、自由、平等の権利を大前提として、社会保障をうける権利（第二二条）、労働の権利（第二三条）、休息および余暇をうる権利（第二四条）、（一）衣食住、医療、社会サービス等、健康・福祉のための生活水準の享有、失業・障害等や老齢など生活能力喪失の場合の保障、（二）母子への特別の保護と援助、嫡出か否かを問わぬ児童への同一の社会的保護をうける権利（第二五条）、ほか、平等な普通選挙権、教育をうける権利、文化・芸術・科学の進歩の恩恵をうける権利等々、かつての人権宣言より進んだ諸権利が掲げられている。

宣言は法的拘束力をもたない。そこで『国際人権規約』が国連第二一回総会で採択された（一九六六年一二月）。同規約は「経済的、社会的および文化的権利に関する規約」（A規約。七六年一月発効）、「市民的および政治的権利に関する国際規約」（B規約。七六年三月発効）より成っている。規約を批准した各国は、その実施状況を国連へ報告することが義務づけられ、国連機関はこれを審理し、必要な勧告をおこなうこととなった。ほかに、人権差別撤廃条約（一九六五年）、女性差別撤廃条約（一九七九年）、子どもの権利条約（一九八九年）等々、人権にかかわる国際条約がつみ重ねられてきている。

ＩＬＯはその第三五回総会で「社会保障の最低基準に関する条約」を採択した（一九五二年）。しかしここで設定された基準は低く、その後、この基準を上まわる内容をもつ一連の条約、勧告がつづけられる。

労働運動の側では、大戦下の四五年二月、ロンドンで世界労組会議がひらかれ（四二カ国の労働組合組織、二〇四人の代表者)、「戦後の復興と労働組合の当面の要求」について討議されたが、その闘争綱領において「社会保障がすべての社会の根本的礎石であること」が確認された。戦後の一九五三年、世界労連(世界労働組合連盟。一九四五年〜。別に国際自由労連がある)の提唱により、ウィーンで国際社会保障会議(五九カ国、二六六人の代表)がひらかれ、『社会保障綱領』を採択した。これは『社会保障憲章』へと発展した(一九六一年。モスクワ、世界労組大会で採択)。世界労連は、やがて中ソ対立やソ連路線の押しつけなどで影響力を弱め、九一年のソ連崩壊後は影の薄い存在になったが、五〇年代から六〇年代初めにかけて、世界の社会保障発展に役割を果たしたことは、忘れられてはならないだろう。

こうして、世界の社会保障は、第二次大戦後、本格的発展を開始した。保障・福祉の制度は一進一退をくりかえしながらも(たとえば、敗政赤字による「福祉切りすて」)、総体的にはその内容を前進させているのが現状であろう。

問われる日本保守政治の人権姿勢

残念なことに、人権をめぐる国際潮流に、日本の歴代政府の対応はつねに立ち遅れている。前記『国際人権規約』では、条約提案に必要な三〇カ国には参加せず、批准も遅れ、六〇番目の批准国であった。女性差別撤廃条約では、一九八五年のナイロビ第三回世界女性会議の直前に、駆け込み批准という有様であった。子どもの権利条約の批准は一五八番目である。人種差別撤廃条約は、国連総会採択(一九六五年)から二〇年後の一九九五年、一四六番目の批准である。じれったいほどのろくさい。そして「国連総会を中心に作られた人権条約は、九三年九月現在二五を数える。……日本の批准数は先進国では最少、人権先進国といわれる北欧諸国の約三分の一にすぎない」。そのうえ、「採択時の反対、棄権回数が最多」である。「世界の経済大国日本は、各国に率先して人権基準を引き上げる立場にある。その日本が人権条約に頼って国内政策を進めるのは、本末転倒としかいえない」（河辺一郎『国連と日本』岩波新書）。これが日本保守政治の人権姿勢の実態である。

日本における社会保障の足どり

遅れて資本主義世界に登場した日本は、戦争による利得（日清、日露戦争）、植民地領有（台湾、朝鮮などアジア唯一の植民地領有国）、労働者の低賃金、長時間労働、無権利（本章第1節「女工哀史」の項）、農民へのきびしい収奪（高額の小作料）等によって、急激に資本主義を発展させた。そのもとで貧困がひろがった。しかし絶対主義的天皇制の軍事的・警察的体制は、民衆を無権利状態におき、労働運動・農民運動などの社会運動を弾圧したから、社会保障制度の成立は、主要諸国にくらべて遅く、内容も劣悪であった。

明治維新ののち、民衆の貧困や農民一揆という状況に対して、恤救《じゅっきゅう》規則がつくられた（一八七四〈明治七〉年）。イギリスの救貧法に該当するものである。日清戦争後、ようやく誕生した労働組合も、きびしい弾圧下で活動せざるを得なかった。そのため労働組合の共済活動といった労働者の自主的な相互扶助組織は発展させられず、民間企業や官業当局の「恩恵」的労務管理として、〝上から〟共済組合がつくられるのにとどまった。協同組合運動も取締・弾圧の対象であった。

第一次大戦後、大正デモクラシーと呼ばれる時期となり、知識人による民主主義思想（当時は民本主義と称した。吉野作造ら）の普及、労働・農民運動が活発化した。支配層はムチとアメの政策によってこれに対処した。悪法・治安維持法と普通選挙（次章において詳述）がその代表であるが、その前には、過激社会運動取締法案とだき合わせで健康保険法案を提出した（一九二二〔大正一一〕年）。健保法は日本最初の社会保険であるが、中小零細企業の労働者や臨時工には適用されない、不十分なものであった。

ＩＬＯ第一回総会（一九一九〔大正八〕年）の失業に関する条約を批准したが（二二年）、失業保険は成立させなかった。一九二五年、失業救済事業をはじめただけである。

失業者が巷にあふれる昭和恐慌の時期に、明治以来の恤救規則に代え、救護法を制定した（一九二九年）。だが、その内容は対象を労働能力をもたぬ貧困者に限り、被救護者には選挙権も被選挙権も認めないというものであった。

日中戦争下（一九三七年〜）の三八年、国民健康保険法が施行された。これは兵力となるべき青少年の体力低下（窮乏生活のため）に驚いた軍部の圧力で制定されたものである。太平洋戦争開始の年（一九四一〔昭和一六〕年）に労働者年金保険法が制定されたが、これは前者よりいっそう明らかに戦争目的の強いものであった。すなわち、高率の保険料を課し、それを戦費に当てようとしたのであった。四四年、労働者年金は厚生年金と改称された。

社会保障といえる制度は、戦後から

一九四五年の敗戦によって、「嵐のような民主化」の時代がはじまった。四七年、日本国憲法が成立した。その第一三条は「生命、自由および幸福追求の権利」であり、第二五条は「すべて国民は、健康で文化的な最低限度の生活を営む権利を有する。国は、すべての生活部面について、社会福祉、社会保障及び公衆衛生の向上及び増進に努めなければならない」と規定した。国民の生存権、国家の国民生活保障の義務の確認である。

ＧＨＱ（連合国軍総司令部）は、憲法制定に先だって「公的扶助」に関する覚書を発した（四六年二月）。無差別平等、国家責任、公私分離、最低生活の保障、救済費用の無制限などの原則が示されていた。これをうけて生活保護法（旧）が制定された（四六年九月）。また四七年、労働者災害保障保険（労災保険）、失業保険が制定された。

社会保障制度調査会が設置され（四六年）、翌年「社会保障制度要綱」を答申、その内容はベヴァリッジ報告をしのぐといわれた。来日したアメリカ社会保障調査団は「社会保障への勧告」（ワンデル〔団長〕勧告書と呼ばれる）を公表した（四八年）。同勧告にもとづき社会保障制度審議会が発足（四九年）、翌年「社会保障制度に関する勧告」を答申した。

こうして新しい生活保護法（現行）が成立（五〇年）、それ以前の児童福祉法（四七年）、身体障害者福祉法（四九年）とあわせて、「福祉三法」の時代といわれるようになった。しかし、その掲げる理念の高さにくらべ、政府施策は不十分きわまり、たとえば朝日訴訟（一九五七年、長期療養患者・朝日茂が、動物園の動物の食費以下の水準しか保障しない当時の生活保護費は、憲法第二五条違反として国を相手に提訴した裁判。国民の生存権をめぐる最初の行政訴訟。「人間裁判」とも呼ばれる）が長期にわたってたたかわれねばならなかったように、社会保障・福祉制度の確立、その内容の改善のためには、国民の長期にわたる（今日もつづけられている）たたかいが必要であった。

5 「道徳の花園、学問の畑」をめざして
――中江兆民『三酔人経綸問答』

大国と小国

前述したように、世界最初の社会保険としての年金制度はドイツ（一八八九年）であるが、ついでイタリア（一八九八年）、オーストリア（一九〇六年）。スウェーデン（一九一三年）で実施された。スウェーデンの公的年金は、労働者だけに限らない、世界最初の「国民年金」であった。社会扶助としての無拠出制年金は、一八九一年、デンマークで成立、つづいてニュージーランド（一八九八年）、オーストラリア（一九〇一～〇八年）、フランス（一九〇五年）、イギリス（一九〇八年）で実施された。注目すべきは、スウェーデン（八五〇万人。一九九九年現在、以下同様）、デンマーク（五一〇万人）、ニュージーランド（三三〇万人）などの小国が、大国に伍し、あるいは先んじて社会保障との取組みを開始していることである。以後、これら小国は社会保障・福祉制度を充実させていく。ニュージーランドの社会保障制度は、第二次大戦後におけるイギリスの制度確立の見本とされた、といわれる（第二次大戦後、世界唯一の無軍備国家〈国家警察隊の機関銃以上の重火器はもたない〉となったコスタリカも人口三一〇万の小国であるが、国家予算の二三％ほどを教育費に投じ、社会保障・福祉に力を注いでいる。一九九九年現在）。婦人参政権では、これら小国は大国に先んじて実現した。全国婦人参政権の確立は、ニュージーラン

ド＝一八九三年、オーストラリア＝一九〇四年、フィンランド＝一九〇六年、ノルウェー＝一九一三年、ソ連＝一九一八年、スウェーデン＝一九一九年であり、ドイツ、アメリカ、イギリス、フランス、イタリアがこのあとにつづくのである。

他の政治的諸権利や市民的自由とあわせてとらえられねばならぬのは当然だが、婦人参政権や社会保障・福祉の体制は、当該国の民主主義理念の達成度のメルクマールと考えられる。二〇世紀におけるこれら小国の民主主義達成は、先進民主主義国とされる諸大国をしのぐといっていいのではないか。

小国主義

敗戦直後、河上肇（本章第2節参照）は、「（私は）軍国主義、侵略主義一点張りの大国の一員たるよりも、こうした小国寡民の一員たることを、寧《むし》ろ望ましいとする人間なので、これから先きの日本が、どうなるか知らないが、ともかく軍国主義が一朝にして崩壊し去る今日に際会して、特殊の喜びを感じざるを得ないのである」（四五年九月一日、「小国寡民」『自叙伝』五）とのべた。

戦前日本は軍事大国であった。国民はそれを誇るように洗脳された。「ニホン　ヨイクニ　ツヨイクニ」と小学校から教え込まれ、日本は「七大強国」の一つと記憶させられ、子どもたちは軍艦や戦闘機、戦車の図鑑に夢中になった。敗戦によって帝国軍隊は消滅、日本は無軍備小国となった。だが、日本国憲法は高らかに謳った。

「……われらは、平和を維持し、専制と隷従、圧迫と偏狭を地上から永遠に除去しようと努めてゐる国際社会において、名誉ある地位を占めたいと思ふ。われらは、全世界の国民が、ひとしく恐怖と欠乏から免かれ、平和のうちに生存する権利を有することを宣言する」（前文。傍点――引用者）。そして第二章「戦争の放棄」を設けた。すなわち、強大な軍事力のもとに、他国、他民族を支配する大国主義の道ではなく、平和国家たることによって、国際社会における「名誉ある地位」を得る道を選ぶと宣言したのである。いわば軍事小国主義宣言である。

これはまさに画期的宣言であるが、人類史上でも日本思想史上でも初めてではない。近代日本では、自由民権運動家、中江兆民《ちょうみん》（一八四七～一九〇一年）や植木枝盛《えもり》（一八五七～一八九二）の思想、その思想をうけつぐ自由主義者の主張のなかにみいだすことができる（田中彰『小国主義』岩波新書）。

中江や植木の思想・業績については、次項であらためてふれたいが、ここでは中江兆民『三酔人経綸問答』（一八八七〔明治二〇〕年）についてだけ、のべておきたい。

道徳の花園　学問の畑

題名どおり同書は、洋学紳士、豪傑君、南海先生の三人が、酒をくみ交わしながら、日本の進路について論議を重ねる形式で叙述されている。一言でいえば、洋学紳士は西欧民主主義に通じた理想主義者、豪傑君は当時の明治政府の動向、富国強兵、中国ほかへの侵略を説く大国主義者、南海先生は漸進的改良主義者として描かれる。そこで洋学紳士は、無軍備・無抵抗を説き、つぎのようにいう。「……民主、平等の制度を確立して、人々の身体を人々に返し、要塞をつぶし、軍艦を撤廃して、他国にたいして殺人を犯す意志がないことを示し、また、他国もそのような意志を持つものでないと信じることを示し、国全体を道徳の花園とし、学問の畑とするのです」……「試みにこのアジアの小国を、民主、平等、道徳、学問の実験室としたいものです。ひょっとすると、私たちは世界でもっとも尊い、もっとも愛すべき、天下太平、万民幸福という化合物を蒸留することができるかもしれないのです」。

これに対し豪傑君は、軍事力が支配する国際関係の現実を説き、洋学紳士の空想性を批判する。南海先生は洋学紳士の非武装・無抵抗主義と、豪傑君の大陸侵略主義を批判しつつ、みずからの漸進主義を開陳し、洋学紳士からも豪傑君からも「少しも奇抜なところはない」と笑いとばされる。

同書発表後、日本は豪傑君の道を歩み、日清、日露をへて太平洋戦争敗戦にいたった。日本軍国主義への痛苦の反省のうえに成立した日本国憲法には、洋学紳士が展開した理想、理念が色濃く反映されている。日本国憲法が掲げている理念は、非軍備の「民主、平等、道徳、学問の実験室」への道である。

第5章　挫折と自由への決意

1　人間の値打と英雄的精神

人間の値打

年末、浦川君の家を訪れ、貧しい生活を眼にしたコペル君は、翌年正月、水谷君の家に招かれる。北見君、浦川君もいっしょだ。コペル君たち四人の少年は、水谷君の姉、かつ子さんから英雄ナポレオンの話をきく。楽しく遊んだあと、北見君が重大なニュースを口にする。上級生の柔道部の連中が、北見君が生意気だからといって、制裁を加えようと企んでいるというのだ。少年たちは相談の結果、浦川君の提案――もし北見君が理不尽にも殴られそうになったら、自分たち三人が進み出て、いっしょに殴られるのを覚悟して北見君を守る――で一致した（テキスト第五章「ナポレオンと四人の少年」）。

三学期になり、二月末、雪が校庭に積もった。コペル君たちは雪合戦をして遊ぶ。北見君が雪人形にぶつかったのをきっかけに、上級生が北見君をとりかこむ。北見君に制裁が加えられるとき、浦川君も水谷君もとび出してともに雪つぶてにさらされるが、コペル君は足がすくみ、進み出るきっかけを失って、傍観してしまった。約束を守らない卑怯者になってしまったわけだ。自責、恥ずかしさ、悔恨が一度にコペル君を襲い、打ちひしがれたコペル君は帰宅したまま、寝ついてしまう（テキスト第六章「雪の日の出来事」）。

先にみたように、テキスト第四章「貧しき友」―おじさんのノート「人間であるからには」の主題は、人間が人間らしく生きていくのを阻害する「貧乏」の問題であった。だが同時にテキスト第二章「勇ましき友」―おじさんのノート「真実の経験について」における人間の「立派」さ論、生きる姿勢論をうけつぐ言葉も記述されている。「……どんなに立派な着物を着、豪勢な邸に住んで見たところで、馬鹿な奴は馬鹿な奴、下等な人間は下等な人間で、人間としての値打がそのためにあがりはしないし、高潔な心をもち、立派な見識を持っている人なら、たとえ貧乏していたってやっぱり尊敬すべき偉い人だ」「だから、自分の人間としての値打に本当の自信をもっている人だったら、境遇がちっとやそっとどうなっても、ちゃんと落着いて生きていられるはずなんだ」「いつでも、自分の人間としての値打にしっかりと目をつけて生きてゆかなければいけない」(傍点――引用者)。

では、人間としての値打とはどんなものか、それはどんな局面で問われるものなのか。テキスト第五～六章で展開されるのが、この問題である。

英雄的精神

かつ子さんは一七～一八歳、スポーツ万能で、自由闊達な意見の持主。コペル君たちにナポレオンの英雄ぶりを語りきかせる。上級生の制裁に対する浦川君の意見をきき、それこそ「英雄的精神」だという。ナポレオンに感動したコペル君に、おじさんはノート「偉大な人間とはどんな人間か――ナポレオンの一生について」で意見を伝える。おじさんはナポレオンの「湧き出るような活動力と天才的な決断力」について語り、それらがひとを感動させるのは、その力が「人間がこの世の中に何かある目的を実現していく力」であるからではないか、とのべ、してみれば、「ナポレオンは、そのすばらしい活動力で、いったい何をなしとげたのか」と問う視点を提示する。その際、偉人とか英雄とか呼ばれる人々を、人類の長い歴史から眺め直すことが大切である、と注意する。ナポレオンは「封建時代につづく新しい時代のために役立ち、また、その進歩に乗じて、輝かしい成果を次々におさめていった」。だが「やがて皇帝になると共に、ようやく権力のために権力をふるうようになって来た。……次第に世の中の多くの人々にとってありがたくない人物になっていった」と指摘する。そしてつぎの言葉を強調する。「英雄とか偉人とかいわれている人々の中で、本当に尊敬出来るのは、人類の進歩に役立った人だけだ。そして、彼らの非凡な事業のうち、真に値打のあるものは、ただこの流れに沿って行われた事業だけである」。要するに評価の基準は人類の進歩に寄与したか、否かに置かれるべきだ、というのである。

　このことを前提としたうえで、どんな困難にもたじろがず、苦しい運命にも挫《くじ》けなかった「毅然たる精神」に学ばねばならない、という。だから「人類の進歩と結びつかない英雄的精神」は「空しい」というべきだが、だからといって、そういう毅然たる精神を軽視していい、というわけにはいかない。世間には、悪い人ではないが、弱いばかりに、自分にも他人にも余計な不幸を招いている人も少なくない。「英雄的な気魄を欠いた善良さも、同じように空しいことが多いのだ」。

吉野さんのメッセージ

　こうした記述の背後に、著者・吉野さんの当時の少年少女たちへのメッセージがこめられている。本作品の執筆時期は、満州事変（一九三一〔昭和六〕年〜）という中国東北部への侵略が、日中戦争（一九三七〔昭和一二〕年〜）という全面戦争へ転化する時期である。教育、文化の軍国主義化がすすみ、戦場における武勇がたたえられ、勇敢さが一面的に尊重された。子どもの読物ではナポレオンが賛美されたが、それは専ら天才的軍人の勇敢さという視点からのみで、おじさん＝吉野さんが説く人類の進歩という視点を欠落させていた。女の子に対しては、近代看護の母、ナイチンゲールが賛美されたが、専ら戦場における傷病兵への無私の献身・奉仕という面でのみ評価され、近代医療・看護への改革のための苦闘はほとんど紹介されなかった。当時の教育・文化政策のもと、ナポレオンの軍事的天才ぶりを描くことは容易だったが、人間の進歩という視点でとらえ、その積極的側面と同時に反動的側面をも指摘することは、ものを書く人にとって勇気を必要とする仕事であったはずである。

そのころの時代風潮として軍国主義・国粋主義にもとづく非合理・野蛮な主張が、理性的な声を日一日と圧殺していくのであるが、大多数の国民は、こうした風潮に流されるのみであった。おかしいと思っても、おかしいと声をあげる勇気をもてず、そのうち、おかしいことをおかしいと思わなくなり、やがては軍部権力のお先棒担ぎをする人々も現われた。これらの人は悪人ではなかった。大多数は善人であった。だが、おかしいことはおかしいといいきる「英雄的気魄を欠いた人々」であり、「空しい」民衆であった。

2　「神ノ国」の狂気

「非国民」呼ばわりへの批判

上級生の柔道部の連中、黒川たちが、北見君ら下級生の制裁を企てる動機は、①愛校精神が乏しくなって、対抗競技の応援に熱がない、②上級生を尊敬する風がない、③小説や芝居に親しみ、レヴューや映画に夢中になるものがふえ、このままでは学校が誇りにしてきた質実剛健の気風が衰えてしまう――そこで全校生徒に警告を与える必要がある。その論理は「愛校心のない学生は、社会に出ては、愛国心のない国民になるにちがいない。愛国心のない人間は非国民である。だから、愛校心のない学生は、いわば非国民の卵である。われわれは、この非国民の卵に制裁を加えねばならぬ」（傍点――引用者）というものである。

私が神戸一中に進学したのは一九三九（昭和一四）年、この物語の時期の数年後である。私が体験した神戸の中学生活と、吉野さんが描いた東京の中学校の様子とはほとんど同じである。あるいは私の場合のほうが軍国主義の度合いがより強かったかもしれない。愛校心→愛国心といった論理は当然横行していたし、校訓も同じく質素（実）剛健であった。四年修了で中学生活を終えてから六〇年ほどをへた今日、中学生活をふりかえると、懐しい気分はするが、それはあくまで少年時代への懐旧の感情であって、あの野蛮・愚劣な軍国主義教育と学校生活は、絶対くりかえされてはならぬ、と心底から思うのである。

　私の体験――。下級生は上級生に対し、いつ、どんなところでも、会えば挙手の敬礼をせねばならなかった。欠礼は私的制裁を招いた。質素剛健の校訓が一面的に強調された。昼食は運動場で立って食べることにされていた。戦場の心構えということだったのだろう。生徒の中には、バンカラを気取って、箸がわりに木の小枝を使うものもいた。レヴューはもちろん、映画も厳禁であった。四年間の中学生活で、天下御免で観ることができたのは、学校が学年単位で観せたナチ宣伝映画『民族の祭典』だけであった。当時のI校長はイギリス留学の体験をもつ人であったが、授業で英米文化を批判し、ニワトリがしめ殺されるときの声みたいなオペラなど、聴くに耐えないと講義した（そのころ、父所蔵のレコード中にカルメンがあった。何度きいても好ましい音楽で、校長のこの言葉は何としても腑に落ちなかった。それに考えてみると、オペラは英米文化の象徴ではないのだが……）。文学愛好などは剛健と反対の軟弱の部類であって、排撃されはしなかったにせよ、尊敬される趣味ではなかった。私の体験のうち、吉野さんが描く中学と違うところは、柔道部の上級生に暴力をふるわれたことがない、という点だけである。私は四年間、柔道部員であったが、制裁はおろかいわゆるシゴキも体験したことはない。私にとって柔道部の思い出は、むしろ楽しい部類である。だが、これは私の体験のほうが特殊であって、柔道部や剣道部の武道系が校内を仕切っているのが、当時一般的であったようである。

　この第五章の制裁のくだりで注目すべきは、〝非国民〟よばわりが批判的に描かれていることである。制裁が必要と叫ぶ連中は、「自分たちが訴えていることが正しいと信じると同時に、自分たちの判断も一々正しいと思いこんでしま」う人たちである。すなわち、始末に終えぬほどのひとりよがり、主観主義。「自分たちの気に喰わない人間は、みんな校風にそむいた人間であり、間違った奴らだと、頭からきめてかかる」、すなわち根拠や説明など不要のレッテル貼り、非合理主義。「それよりも、もっと大きな誤りは、この人々が、他人の過ちを責めたり、それを制裁する資格が自分たちにある」とする「思いあがり」。すなわち序列権威主義（上級生は下級生を絶対服従させることができる）。これはあとで述べる天皇を頂点とする絶対服従強制の体系（たとえば軍人勅諭）に根ざしている。こういうふうにバンカラ上級生が批判されるのだが、それはそっくり当時の〝非国民よばわり〟批判となっている。

このころ、軍部権力は国民生活のすべてを統制し、その隅々まで指導・干渉を浸透させていた。その指導・干渉に従わない人はもちろん、些細な疑問をのべる人まで「非国民」のレッテルが貼られた。非国民とは国民としての義務を果たさない奴らという意味の、非難・排撃の言葉である。「国賊」という言葉も使われた。日露戦争から発生し、満州事変以後、頻繁に使われるようになった。非国民と呼ばれることは、社会生活からしめ出され、迫害されることを意味した。だから非国民呼ばわりの風潮を批判する意見の公表は、先のナポレオン評価以上に勇気と決意がなければできない行為であった。丸山眞男氏もいっている。これは「一九三七年という時代に、きわめて広く流通していた『非国民』という用語をあえて用いて、時代思潮に抗しようとした著者の勇気と、著者の論理」を示すものであり、この勇気と論理は、「まさにそのコトバ（非国民――引用者）が感覚的に通用しにくくなった現代にこそ正しく継承さるべきではないのか」（丸山眞男の「解説」）。

一九三七年の時代風潮と国体明徴運動

満州全土を占領し、傀儡国家「満州国」をつくっても、日本の国内矛盾解決のメドはつかず、国際的非難のもとでの孤立は深まるばかりだった。そこで軍部や権力者は、侵略戦争拡大、アジアにおける覇権の確立、さらには世界における覇権への構（妄）想をつよめ、国民すべてを戦争に駆り立てる「総力戦」体制、国内ファッショ体制が追求された。右翼やファシスト軍人は、三月事件、十月事件（三一年）、血盟団事件、五・一五事件（三二年）、神兵隊事件（三三年）等々、暗殺テロ、クーデター計画事件を続発させ、一九三六年二月には、千数百人の部隊によるクーデター、二・二六事件がひきおこされた。

殺伐とした雰囲気が世の中をおおっていた。戦争報道は国民の「愛国心」と排外主義をあおり、在郷軍人会や各地の師団、青年団などが映画会・講演会・展示会をひらき、大陸侵略への国民の熱狂を組織しようとした。勝ったといって提灯行列、戦死者＝英霊の出迎えに小、中学生や住民が動員された。

その一方で、戦争政策を批判したり、異議を唱えたりする運動と思想を根だやしにしようとした。マルクス主義＝科学的社会主義を軸とする左翼の運動・思想はもちろん、自由主義の動きや思想にも、軍機関、内務省、文部省、警察、右翼などが露骨な圧迫・干渉を加えた。

一九三三（昭和八）年、滝川事件がおこされた。狂信的な右翼団体・原理日本社の蓑田胸喜や三井甲之が、自由主義的法学者・滝川幸辰（京大教授）らを「赤化教授」と攻撃、滝川の『刑法読本』『刑法講義』は発禁（発売禁止）とされ、滝川は辞職に追い込まれた。滝川を擁護する学生や教授のたたかいによって、滝川事件は大学の自治と学問の自由をめぐる大闘争となった。蓑田らは一九三五（昭和一〇）年、「美濃部達吉、末弘厳太郎博士の国憲紊乱《びんらん》思想に就いて」という文書を配布し、美濃部学説の攻撃を開始した。国憲とは国家の基本の法規、紊乱とはみだすことである。美濃部学説は、国の統治権は法人である国家に属し、天皇は最高機関として統治権を行使するというものであった。したがって統治権が天皇にのみ属するという説（天皇主権説、穂積八束、上杉慎吉ら）に反対し、不十分ながら政党内閣制の理論的基礎を提供するものであった。同年、貴族院で菊池武夫（在郷軍人議員）らは、美濃部を国体（くにがら。国家の根本的特質）に反する学説を説く「学匪《がくひ》（悪事をなす学者）」「謀反人」と攻撃した。衆議院でも江藤源九郎が、美濃部『逐条憲法精義』の発禁を政府に要求、ついで美濃部を不敬罪（天皇、皇后、皇室をうやまわない罪。刑法）で告発した。天皇を国家機関になぞらえるなど不敬きわまるというのである。

軍部、在郷軍人会、右翼諸団体が機関説排撃の全国運動を展開、野党の政友会も同調した。政府は美濃部『憲法撮要』など三著を発禁とし、八月、一〇月と再度にわたって「国体明徴声明」を発表した。明徴とは明らかに証するとの意である。この声明は、天皇機関説は「神聖なる我《わが》国体の本義を愆《あやま》るの甚《はなはだ》しきものにして、厳に之《これ》を芟除《さんじょ》せざるべからず」とした。芟除とは刈り除くこと、つまり思想を根だやしにするというおそろしい意味をもつ言葉である。美濃部は起訴猶予となったものの、貴族院議員を辞さざるを得なかった。三六年一月、右翼に狙撃された。

三六年の二・二六事件における反乱軍の決起趣旨は、〝内外重大危急の際、元老、重臣、財閥、軍閥、官僚、政党などの国体破壊の元凶を芟除し、もって大義を正し、国体を擁護、開顕せん〟というものであった。

国体論の神がかり

政府は三五年の声明と同時に、文部省に「教学刷新評議会」を設置、諮問し、その答申は三六年一〇月に発表された。その書き出し――。

「大日本帝国ハ万世《ばんせい》一系ノ天皇天祖ノ神勅ヲ奉ジテ永遠ニコレヲ統治シ給《たま》フ。コレ我ガ万古《ばんこ》不易《ふえき》ノ国体ナリ。而《しこう》シテコノ大義ニ基キ一大家族国家トシテ億兆一心聖旨《せいし》ヲ奉体シ、克《よ》ク忠孝ノ美徳ヲ発揮《はっき》ス」。

日本はただ一つの血筋の天皇が、その祖先（国立常尊＝くにたちとこのみこと　から天照大神＝あまてらすおおみかみ　に至る）のお告げを守って、永遠に統治する国である。これが日本という国の永久に変わらない根本的特性である。そしてこの誰もが尊重すべき重大な原理（大義）にもとづいて、日本は一大家族国家となり、すべての国民が天皇のお考えに忠実に従い、そして天皇への忠義と親への孝行にはげむのだ――ざっとこんな主張である。今日のひとなら、誰一人まともに相手にする気になれない、非科学的・非合理的・神がかり的お説教である。だが、こうした主張を信じるか、信じるふりをしなければ、非国民呼ばわりされたのである。こういう社会風潮が、一九三七年ごろの時代背景であった。

『国体の本義』――擬制とデマゴギー

このような主張は、この時点で突然とび出してきたのではない。明治維新、絶対主義的天皇制確立のもとの国民教育、道徳政策――その象徴は軍人勅諭（一八八二〔明治一五〕年）、教育勅語（一八九〇〔明治二三〕年）――が基盤であるが、その後、相つぐ日本の戦争の都度、国内矛盾拡大の都度、その主張の神がかり度、奇矯度を強めてきたのであった。満州事変後、文部省は国民精神文化研究所を設置（三二年)、「日本精神に立つ教育」が叫ばれ、三四年には陸軍省が『国防の本義と其《その》強化の提唱』というパンフレットを発行、積極的に教育に介入した。

先述の国体明徴運動ののち、文部省は『国体の本義』という冊子を発行した。一九三七年五月。ちょうど吉野さんが『君たちは……』を書きあげたときだ。中学以上の学校では、修身の教材とされ、また各官庁、家庭に必読として押しつけられた。同書は「第一　大日本国体」「一　肇国《ちょうこく》」(くにのはじめ)からはじまるが、冒頭部分は先述の答申書の書き出しと同文である。

『国体の本義』では、家族国家論──「家」=半封建的家族制度を国家に、家の主人=家父長を天皇に擬制(なぞらえる)する論理(というよりデマゴギー)──が全面的に展開された。「抑々《そもそも》、我が国は……天皇を古今《ここん》に亙《わた》る中心と仰ぐ君民一体の一大家族国家である」(傍点──引用者。以下同様)。「我が国の孝は、人倫自然の関係を更《さら》に高めて、よく国体に合致するところに真の特色が存する。我が国は一大家族国家であって……天皇は臣民を赤子《せきし》として愛《いつく》しみ給ふのである」「国を家として忠は孝となり、家を国として孝は忠となる」。親に孝行をするように天皇に忠義をつくせ、というのである。

このような擬制論理の上に、天皇に対する絶対服従が説かれる。「忠は……天皇に絶対随順する道である。絶対随順は、我を捨て私を去り、ひたすら天皇に奉仕することである」。天皇のためには、自分のことなど考えるな、というわけだ。絶対服従の押しつけのために、対立不在(階級、思想、感情などの)の論理(デマ)が展開される。「我が君臣の関係は、決して君主と人民と相対立する如《ごと》き浅き平面的関係ではなく、この対立を絶した根本より発し、その根本を失はないところの没我帰一の関係である」。

没我すなわち国民の自己（権利）主張放棄の上に、帰一が説かれるのである。帰一とは家父長＝天皇の価値観や命令に、家族成員＝国民がそろって同一化する意味である。

したがって『国体の本義』にまとめられた国家イデオロギーは、価値観、思想、感情の一体性の強調に貫かれている。「国民生活は如何《いか》なる場合にも対立的でなく、一体的なものとして現れて来る」。「そこには、一家・一郷・一国を通じて必ず融和一体の心が貫いてゐる。即ち天皇の下に人と人、人と物が一体となるところに我が国民生活の特質がある」。

このように天皇を頂点とする一体性を無闇に強調し、その一体性から少しでもはずれると、非国民とされたのである。ついでにいえば、このような一体性を根拠づける役割を果たしたのが、国家成員の同質性を強調する日本単一民族国家説であった。

「家族国家」と「神ノ国」

『国体の本義』の思想と論理（？）は、三八年一月『国民精神総動員と教育』（文部省、指導パンフレット）、『臣民の道』（四一年、文部省教学局）等とつながり、国民学校（小学校を改称。四一年四月〜）教育体系とその内容となっていった。神国日本宣伝は、「日本ヨイ国、キヨイ国、世界ニ一ツノ神ノ国」（四一年、国民学校二年生用修身教科書『ヨイコドモ』下）に行きついた。

それから約六〇年後、森首相は「日本は天皇を中心とする神の国」と発言した（二〇〇〇年五月一五日）。森という人物は、以上のような神国日本の思想宣伝とそれが齎《もたら》したアジア・日本の民衆への甚大な惨禍についての認識がありつつ、こう発言したのであろうか。知った上での発言であれば、許し難い犯罪的発言といわねばならぬが、知らずしての発言であったとしても、その無知（恥）さ加減はやはり犯罪的である。私は国粋主義者ではないから、日本人がドイツ人より優れた民族だとも思わないし、その逆であるとも考えない。しかし、かのヴァイツゼッカー大統領の『荒れ野の四〇年』（演説。八五年五月。ドイツ敗戦記念日）と森発言をくらべるとき、その資質・識見において、天と地ほどの落差をおぼえないわけにはいかないのである。森ごとき人物が国民の政治的代表者であっては、日本はアジア諸国民から尊敬されるはずはないし、世界諸国民からも軽侮の眼でしかみられないであろう。残念なことだが、先進国中、日本人の政治レベルは低いほうの部類だ、ということはたしかなようである。

『国体の本義』は天皇への絶対服従を説くものであったが、絶対服従は軍隊において最も徹底していた。その基礎となったのは軍人勅諭であった。その前文において、何の史料的・科学的裏づけも伴わぬ神がかり的な天皇と軍隊の歴史がのべられ、ついで忠節、礼儀、武勇、信義、質素の五ヵ条の心構えが説かれる。忠節の条では「死は鴻毛よりも軽しと覚悟せよ」――要するに天皇のためには個々人の生命などはとるに足らぬほどのものだと思え、とお説教し、礼儀の条では絶対服従を説くのである。

「一、軍人は礼儀を正しくすべし。およそ軍人には、上元帥より下一兵卒に至るまで、その間に官職の階級ありて統属するのみならず、同列同級とても停年に新旧あれば、新任の者は旧任の者に服従すべきものぞ。下級の者は上級の命を承《うけたまわ》ること実は直ちに朕《ちん》が命を承る儀なりと心得よ。己が隷属《れいぞく》する所にあらずとも、上級の者は勿論、停年の己より旧き者に対しては総《すべ》て敬礼を尽《つく》すべし……（以下略）」

中学から大学まで、学校では五ヵ条の各冒頭の暗記は必須であった。教練でちゃんと答えられないと、配属将校にひっぱたかれた。私は軍隊に入隊しなかったから軍隊内のことはよく知らぬが、前文をいれて約四〇〇字×七枚のこの文章を丸暗記させる部隊もあったようだし、学校もあったようである。

〝上級の者、下級の者〟のお説教にみられるような、上は天皇を頂点とする権威絶対主義が軍隊を貫き、学校や社会一般にもあてはめられていたのである。これが上級生・黒川たちが下級生の制裁を企てる背景であるが、この関係は国と国との関係にあてはめられた。日本は「世界ニ一ツノ神ノ国」であり、ツヨクテ、「エライ国」であったから、近隣諸国の上位に立つのであった。そこで日中戦争では「暴支膺懲《ようちょう》」という言葉が使われた。乱暴な支那（中国）をこらしめるという意味である。思いあがった言葉であるが、後年、中・ベトナム国境戦争のとき、鄧小平がこの言葉をつかい、社会主義国の指導者をもって任ずる者がこんな「大国主義」の言葉を使うのかとアキレる経験をした。

3　挫折と治安維持法

コペル君の不覚

コペル君は親友と指切りまでした約束を守れなかった。逃げるつもりなど毛頭なかったのだが、その場に臨んだとき、足がすくんで前に出なかったのである。不覚の行為であった（不覚とは予期しない事態に直面し、狼狽して、不本意な行動をすること）。そして生まれて初めての大きな挫折を味わうことになった。

この挫折から、謝罪の手紙を出し、友人たちが見舞いに来てくれ、コペル君が立ち直るまでの「あの長い描写は、この作品のなかでとりわけ迫真力があり、もしかすると吉野さんの胸に、そのままではないにしてもあれに似た少年期の追想がたたまれているのではないか、と勘ぐりたくなるほどです」と丸山眞男氏はのべる（「解説」）。「あまりに私的な事柄について書くのを生来好」まないと書きながらも、丸山さんはこの作品との出会いによる「吉野さんへの本当の感謝の表明」として、コペル君と同様のみずからの中学生時代の体験を語る。ついで『『君たちは……』の叙述は、過去の自分の魂の傷口をあらためてなまなましく開いてみせるだけでなく、そうした心の傷つき自体が人間の尊厳の楯の反面をなしている、という、いってみれば精神の弁証法を説くことによって、何とも頼りなく弱々しい自我にも限りない慰めと励ましを与え」てくれる、つまり「自分の弱さが過ちを犯させたことを正面から見つめ、その苦しさに耐える思いの中から、新たな自信を汲み出して行く生き方」を教えてくれているのだ、と指摘する。そして丸山氏自身の高等学校生の折の被逮捕体験を語る。

一九三三年四月、東京・本郷で行われた唯物論研究会の講演会へ、長谷川如是閑の講演をききたくて参加、そこで多数の学生とともに、思想犯容疑で本富士署に丸山さんは勾留された。丸山さんは初めての体験に動揺し、不覚をとったとの思いに責められる。しかし、この体験により、その後、特高（特別高等警察）に訊問されたり、憲兵隊から召還される局面になっても、それなりに対処できるようになった。不覚の体験をへて、不覚と反対の心構えが身についたのである。

自らの体験を語った後、丸山さんはこう述べる。「吉野さんには、私の場合などとは比較を絶するような特高体験があります」。入隊中に検挙され、「陸軍少尉として軍法会議にかけられたとき」、毅然とした吉野さんでさえ、「どこまで自分がこの試練に堪えられるかに深刻に悩まれたよう」で、「あるいは、そのときの心の動きが、コペル君に投射されて可愛らしい変奏曲を奏でさせたのかもしれません」。

吉野さんの特高体験

一九二五年、東大を卒業した吉野さんは、三省堂勤務ののち東大図書館に勤務するようになった（二八年）。このころマルクス主義に接近、「吉野はマルクスの影響と現実への危機感から学問の対象と方法を自覚的に改善していった。『同時代の問題をどう理解するかは、私にとっては、どう生きてゆくかという問題と一つになって来た』（吉野源三郎『同時代のこと』岩波新書）ためである」（富士晴英「戦前・戦中の吉野源三郎」『学園紀要』第八号、宝仙学園中学・高校、一九九六年）。このように自己の学問・認識と、行動・実践を一致させようと考える吉野さんは、当時、非合法下の日本共産党の活動を支援する。三一年七月、治安維持法違反で逮捕された。このとき、吉野氏は予備役で召集されていたため、代々木陸軍刑務所に収監され、軍法会議にかけられた。判決は懲役二年執行猶予四年であった。「在支那上海国際共産党極東事務局ト日本共産党中央部」との連絡仲介に当たり、「日本共産党ノ目的遂行ノ為ニスル行為ヲ為シ」（陸軍軍法会議判決書。三二年一二月）たというのが有罪理由であった。

この間の吉野さんの毅然とした態度は、裁判に当たった「判士」（裁判担当の軍人）たちに感銘を与えたと伝えられている。判決書にも「被告人ハ温厚篤実ニシテ、態度厳正、著実熱心ニシテ、進ンデ難局ニ当リ、一年志願兵当時、学術科ノ成績優秀ニシテ、勤務演習期末試験ニ於テハ、及第者十五名中第一位ニ在リ……」と異例の評価が記されている（私は戦後の岩波書店時代の吉野さんに、数度お会いしたことがあるが、たしかに態度厳正、温厚篤実を絵にかいたような人であった）。その吉野氏が最も恐れたのは、自分の逮捕によって親友に特高の手がのびることであった。「心身の疲労のため、不覚に同志を裏切るようなことをもらすのを恐れて、自殺を計った」こともあるという（富士晴英・前掲）。吉野さんの人柄を示すエピソードである。

弾圧の嵐の下で

判決後、吉野氏は、作家・山本有三の好意により、『日本少国民文庫』（全一六巻、新潮社。『君たちは……』はその第五巻）の編集主任になる（一九三五年五月）まで、失職状態ですごさざるを得なかった。だが、こういう苦難に吉野氏は屈せず、志をまげなかった。そのことは、先述した一九三七年前後の時代状況の下で書き上げられた『君たちは……』を一読すれば、直ちに理解できるであろう。吉野氏は危険を冒して、神がかりの狂気に対して理性を、侵略主義の野蛮に対して人間性を説いたのであった。一九三七年ごろは、先述の神国日本思想が吹き荒れていただけではなかった。一九三六年七月には、「コム・アカデミー事件」の名のもとに、山田盛太郎、平野義太郎、小林良正らの学者・知識人三十数名が検挙された。『君たちは……』発刊の三七年、七月七日に盧溝橋事件がおこされ日中戦争に突入するが、矢内原忠雄「国家の理想」（『中央公論』九月号）は削除処分をうけ、軍部、文部省、右翼教授の圧力によって、矢内原は東大教授の職を辞さざるを得なかった。同年一一月、京都の学者・知識人、新村猛、真下信一、中井正一、久野収、ねず・まさし、武谷三男、和田洋一らの『世界文化』誌や『土曜日』紙が弾圧され、関係者が検挙された。東京では、立花敏男、小林英三郎らの『大衆政治経済』誌が弾圧され、関係者が検挙された。中国への侵略やファシズムに批判的な姿勢をとり、反ファシズムの国際的な動きを伝えたからであった。同年一二月には、「人民戦線事件」の名のもとに、知識人、労働運動家の大検挙が行われた。一九三八年の一一月には、唯物論研究会が弾圧され、戸坂潤らが検挙された。

吉野さんや丸山さんが逮捕されたり、勾留されたりしたのは、治安維持法によるものであり、上記の数々の弾圧もいずれも治安維持法によるものであった。一九二五（大正一四）年の公布から一九四五年（昭和二〇）年敗戦による廃止まで、日本の社会運動・言論思想弾圧に猛威をふるい、国民の自由をじゅうりんした治安維持法は、「治安」という名の日本軍国主義の人民支配にとって、万能の武器であった。つぎに治安維持法にいたる日本の治安政策を辿ってみよう。

侵略と治安――軍事・警察国家

明治維新以降、「富国強兵」「殖産興業」の目標の下、日本は急速に資本主義を育成しつつ、軍備を整え、朝鮮、中国への進出をはかった。一八七四年（明治七）年の台湾出兵、七五年の江華島事件からはじまり、日清（一八九四～九五年）、日露（一九〇四～〇五年）にいたる。それは「どうしてもう一つ大国を割き取って、自分じしん富んだ国にならなければならないのです。ところが天の恵み、眼の前にむつくりと大きな国があって、土地は肥え、しかも兵隊は弱いときては、これ以上の幸運がまたとありましょうか」（中江兆民『三酔人経綸問答』における豪傑君の言葉。同書については本書第4章第5節参照）という道であった。

この道は同時に、国内において支配層の政策に国民を服従させ、国内に異論を許さぬ治安体制づくりであった。その「明治国家の作りあげた治安体制の特質を、ひとことでいおうとすれば、反体制活動

――と政府が考えるところのもの――を行政警察的な手段によって、即物的に鎮圧することをもって眼目とした」。そして「伝統的な治安体制の中心は、内務大臣による出版物取締りと、集会・結社取締りの二つである」（奥平康弘『治安維持法小史』筑摩書房）。

出版物取締り――。新聞印刷条例、出版条例（一八六九〔明治二〕年）、新聞紙条例、「讒謗律《ざんぼうりつ》」（一八七五〔明治八〕年）から、たびたびの改正をへて出版法（一八九三〔明治二六〕年）、新聞紙法（一九〇九〔明治四二〕年）が、出版取締りの軸となった。

上記二法により、出版物はそれぞれの法規の定める刊行手続き（官庁への納本等）に従ってのみ、公刊できた。手続きのない公刊は、内容のいかんにかかわらず、内務大臣が流布を禁止できた。要するに官許以外の公刊は許されなかった。出版物の内容が「安寧《あんねい》秩序」（世の中の安全と秩序）を乱すとか、「風俗壊乱《かいらん》」（世の中の風俗を乱す）であると内務大臣が認めたときは、発売頒布は禁止された。「内務大臣ハ新聞紙掲載ノ事項ニシテ、安寧秩序ヲ紊《みだ》シ、又ハ風俗ヲ害スルモノト認ムルトキハ、其《そ》ノ発売及頒布ヲ禁止……差押」（新聞紙法第二三条、同旨出版法第一九条。外国出版物も同様）。そして著作者、発行人、印刷人が処罰された（新聞紙法第四一条、同旨出版法第二七条）。「皇室ノ尊厳ヲ冒瀆シ、……又ハ朝憲ヲ紊乱セムトスルノ事項ヲ新聞紙ニ掲載シタルトキ」（新聞紙法第四二条、同旨出版法第二六条）も、著作者らは処罰された。

「『安寧秩序』を乱すといった、まことに包括的であいまいな根拠規定がまかりとおっていたこと、および、内務大臣の禁止処分には、利害関係者はどんな方法をもっても不服の申立てをなしえなかったこと、この二点は重要である。この二点だけをもってしても、戦前の出版警察が『絶対主義的』であったといえる」（奥平・前掲）。

集会・結社取締り――。集会条例（一八八一〔明治一四〕年）、保安条例（一八八七〔明治二〇〕年）、集会及び政社法（一八九〇〔明治二三〕年）等のち、治安警察法（一九〇〇〔明治三三〕年）にいたる。同法では「警察官は相当勝手に集会の禁止・解散をなしえたし、そうでないまでも、集会での発言を容易に鎮圧する権力を与えられていた。これらの論談中止・集会解散などの命令は絶対的なものであり、国民はどんな形態の不服申立てもなすすべがなかった」「出版物に対する発売頒布禁止命令と同様、『切りすて御免』の『絶対主義』が支配していたのである」（奥平・前掲）。結社についても同様の状況であった。弁士中止、集会解散命令も、安寧秩序、風俗壊乱を名目としていた（治警法第八条、第一〇条、第一六条）。

明治国家が作りあげた治安体制は、これだけではなかった。行政執行法（一九〇〇〔明治三三〕年）における予防検束も大きな役割を果たした。警察官は公安予防という名目で、誰の身柄をも拘束できた。「保護検束も予防検束も、検束する要件の有無は、警察官のみが判断し、この判断にはいかなる意味でも、裁判所その他の第三者機関の関与をみとめなかったから、警察は検束の自由を保障されていた」（奥平・前掲）。

警察犯処罰令（一九〇八〔明治四一〕年）と違警罪即決令（一八八五〔明治一八〕年）も警察官の自由勝手な民衆取締りを保障するものであった。処罰令は「一定ノ住居又ハ生業ナクシテ、諸方ニ徘徊スル者」は、三〇日未満の拘留に処する（浮浪罪、徘徊罪）としていたが、警察官は身柄を拘束したいと思った人物に対し、その人物がれっきとした住居に住んでいても、勝手に浮浪・徘徊と認定、逮捕することが行われた。そして即決令により、警察署長、分署長、あるいはその代理によって、裁判によらず処理できた。

要視察人視察制度は、法律によって定められたものではなく、秘密に運営された制度だが、権力によって危険とみなされる人物を常時監視し、張込み、尾行などが行われた。

農民運動や労働運動制圧に治警法が使われたが、刑法（一八八〇〔明治一三〕年）の内乱罪、兇徒嘯《しょう》聚《しゅう》罪も適用され、賃上げ要求や労働争議弾圧に同法第二七〇条（雇主および他の雇人に対する偽計・威力による妨害）が猛威をふるった。

このような明治期において、問答無用、切りすて御免、がんじがらめの治安体制が形成、確立したのだが、明治後期から労働運動、社会主義運動が展開されるようになった。これに対して過激社会運動取締法案（一九二二〔大正一一〕年。審議未了）が登場したりするが、それまでの治安立法の集大成という形であらわれたのが、治安維持法（一九二五〔大正一四〕年）であった。同法の施行は、「治安維持法体制」というべき一大抑圧体系を現出し、日本の軍事・警察国家としての総仕上げの役割を果たした。

取締りの基準

先にみたように、権力の民衆取締りの重点は、安寧秩序と風俗壊乱であった。新聞、雑誌、単行本等公刊物は、検閲——時期によって事前、事後となった——をへねばならなかったが、その基準（内務省警保局「昭和一〇年中に於ける出版警察概観」）をみてみよう。

「安寧紊乱出版物の検閲標準」「(1) 皇室の尊厳を冒瀆する事項　(2) 君主制を否認する事項　(3)

共産主義、無政府主義等の理論乃至戦略、戦術を宣伝し、もしくはその運動実行を煽動し、またはこの種の革命団体を支持する事項（4）法律、裁判所等国家権力作用の階級性を高調し、その他甚だしくこれを曲説する事項（5）テロ、直接行動、大衆暴動等を煽動する事項（6）植民地の独立運動を煽動する事項（7）非合法的に議会制度を否認する事項（8）国軍存立の基礎を動揺せしむる事項（9）外国の君主、大統領、または帝国に派遣せられたる外国使節の名誉を毀損し、これがため国交上重大なる支障を来たす事項（10）軍事外交上重大なる支障を来たすべき機密事項（11）犯罪を煽動、もしくは曲庇し、または犯罪人、もしくは刑事被告人を賞恤救護する事項（12）重大犯人捜査上甚大なる支障を生じ、その不検挙により、社会の不安を惹起するがごとき事項（特に日本共産党残党員検挙事件にこの例あり）（13）財界を攪乱し、その他いちじるしく社会の不安を惹起する事項（14）戦争挑発の虞《おそれ》ある事項（15）その他いちじるしく治安を妨害する事項」

「風俗壊乱出版物の検閲標準」「（1）猥褻《わいせつ》なる事項――（イ）春画淫本（ロ）性、性欲または性愛に関係する記述にして淫猥、羞恥の情を起こさしめ、社会の風教を害する事項（ハ）陰部を露出せる写真、絵画、絵葉書の類（ニ）陰部を露出せざるも醜悪、挑発的に表現せられたる裸体写真、絵画、絵葉書の類（ホ）男女抱擁、接吻（児童を除く）の写真、絵画、絵葉書の類（2）乱倫なる事項（ただし乱倫なる事項を記述するも、措辞平淡にして、さらに煽情的、もしくは淫卑、卑猥なる文字の使用なきものは、未だ風俗を害するものと認めず）（3）堕胎の方法等を紹介する事項（4）残忍なる事項（5）遊里、魔窟等の紹介にて、煽情的にわたりまたは好奇心を挑発する事項（6）その他善良なる風俗に反する事項」

以上が「一般的標準」で、具体的処分にさいして、出版状況（目的、読者範囲、発行部数、社会事情、頒布地域、不穏箇所の分量）による「特殊的標準」が勘案された。

こうした基準は、もちろん時代によって修正されたり、補強されたりしていくのであるが、安寧禁止の適用範囲は戦争の都度、拡大され、太平洋戦争の開始後などは、「『出版警察報』に記された一般安寧での発禁の理由を見ると、そこに見られるものはもはや禁止の拡大というよりも、むしろ禁止標準の崩壊と言っても良い事態である」（由井正臣ほか『出版警察関係資料・解説・総目次』不二出版）。つまり、最終的には基準も何もあったものではないほどの無茶苦茶な取締りに至ったのである。

治安警察法・特高・過激社会運動取締法

治安警察法（一九〇〇〔明治三三〕年三月公布）は、「政治にかんする結社・集会・屋外示威などの届出制（第一〜四条）、軍人・警察官・神官神職・僧侶・学校教員・生徒・女子・未成年者らの政治結社加入禁止（第五条）、安寧秩序を理由とする警察官の集会・群衆の制限・禁止・解散権、内務大臣の結社禁止権（第八条）、予審中の事項または犯罪を煽動し、犯罪人を救護する講談論議の禁止（第九条）、警察官の集会への臨監（第一一条）、その制止・退去命令権（第一二条）、秘密結社の禁止（第一四条）」のほか、労働組合への加入、争議行為、団体交渉を弾圧しうる第一七条等を内容としていた（松尾洋『治安維持法』）。

治警法は、当時勃興・成長しつつあった労働組合運動・社会主義運動に対するものであった。知識人たちの社会主義研究会から社会主義協会へとすすんだ運動は、社会主義政党をめざすようになり、一九〇一年、安部磯雄、片山潜、幸徳秋水、河上清、木下尚江、西川光二郎は同年五月、「社会民主党」の結党宣言を発表した。警視庁は治警法第八条で、即日解散させた。

足尾鉱毒事件（一八八〇年代後半から本格化した銅山公害と、田中正造や被災農民の闘いで有名）での農民支援や、日露戦争（一九〇四〜〇五年）に際しての反戦・平和運動において、社会主義者やキリスト者は、活発な運動を展開した（塩田庄兵衛氏との共著『反戦平和に生きた人びと』）。一九〇六年一月、堺利彦、西川光二郎らによって日本社会党が結成されたが、翌〇七年二月、治警法第八条によって解散させられた。

一九一〇年、当局によっていわゆる「大逆事件」がフレーム・アップ（でっち上げ）され、幸徳秋水ら一二人が死刑となった（一一年一月）。一一年八月、警視庁は警視総監官房高等課から特別高等警察を分離独立させ、そこに特別高等係と検閲係を置いた。残酷な弾圧で世界に名高い「特高」のはじまりである。一二（大正元）年に大阪府、大正末年までに北海道・神奈川・愛知・京都・兵庫・山口・福岡・長崎・長野に設置、一九二八年の「三・一五」大弾圧（後出）後の七月、すべての県に設置された。

一九一四〜一八年の第一次世界大戦、一九一七年のロシア革命という世界的激動、国内的には米騒動（一九一八年）、大正デモクラシー思想の普及と普通選挙運動の全国的展開、労働運動の高揚という情勢の中で、政府は一九二二年二月、過激社会運動取締法案を貴族院に提出した。

「第一条　無政府主義共産主義其ノ他ニ関シ、朝憲ヲ紊乱スル事項ヲ宣伝シ、又ハ宣伝セムトシタル者ハ、七年以下ノ懲役又ハ禁錮ニ処ス。

前項ノ事項ヲ実行スルコトヲ勧誘シタル者、又ハ其ノ勧誘ニ応ジタル者、罰前項ニ同ジ。

第二条　前条第一項ノ事項ヲ実行又ハ宣伝スル目的ヲ以テ、結社、集会又ハ多衆運動ヲ為シタル者ハ、一〇年以下ノ懲役又ハ禁錮ニ処ス。

第三条　社会ノ根本組織ヲ暴動、暴行、脅迫其ノ他ノ不法手段ニ依リテ変革スル事項ヲ宣伝シ、又ハ宣伝セムトシタル者ハ、五年以下ノ懲役又ハ禁錮ニ処ス。（以下略）」（句読点、濁音――引用者。以下同様）

この法案に対する知識層の批判はきびしかった。同年三月、大山郁夫、末弘厳太郎、福田徳三、星島二郎らの同法案反対演説会、社会政策学会の反対決議、日本弁護士協会が臨時総会で反対決議、東京と大阪の新聞・通信社二〇社の代表三六人が、法案反対新聞同盟を結成、野党代議士と共に有志連合会をひらき、法案反対を決議した。法案の粗雑さもあって与党内にも反対の声があがり、審議未了となった。

4　戦争への道――治安維持法体制

（1）精神の内面にまで介入

治安維持法の成立と発動

過激社会運動取締法案登場の一九二二年七月、秘密裡に日本共産党が創立された。同年三月には、部落解放をめざす全国水平社、四月、日本農民組合が結成された。発足早々の共産党は、翌年六月、一斉検挙をうけ、二九人の党員が治警法第二八条で起訴された。二四年三月、同党の解党が決議されたが、再建のための中央ビューローが組織され、『マルクス主義』誌や『無産者新聞』紙が発行された。二三年九月、関東大震災が発生、朝鮮人・中国人虐殺、亀戸事件、甘粕事件が起こされ、戒厳令ののち、「治安維持のための緊急勅令」が公布された。

一九二五年四月、治安維持法が公布された。

治安維持法第一条は「国体（若《モシク》ハ政体）ヲ変革シ、又ハ私有財産制度ヲ否認スルコトヲ目的トシテ結社ヲ組織シ、又ハ情ヲ知リテ之ニ加入シタル者ハ、一〇年以下ノ懲役又ハ禁錮ニ処ス。前項ノ未遂罪ハ之ヲ罰ス」というものだった（括弧内は衆院で削除した部分。全文は七条）。

出版法違反容疑から治安維持法（以下、治維法）事件へと発展させられた京都学連（学生社会科学連合会）事件（一九二五年）ののち、一九二八年二月、男子普通選挙法による最初の衆議院総選挙、その直後の三月一五日、共産党への大弾圧が行われた（三・一五事件、被検挙者一六〇〇名）。共産党関連の団体として、無産政党の労働農民党、全日本無産青年同盟、日本労働組合評議会が、治警法第八条によって解散させられた。

死刑と目的遂行罪

同年六月、緊急勅令によって治維法が改悪された。

「第一条　国体ヲ変革スルコトヲ目的トシテ結社ヲ組織シタル者、又ハ結社ノ役員其ノ他指導者タル任務ニ従事シタル者ハ、死刑又ハ無期、若ハ五年以上ノ懲役若ハ禁錮ニ処シ、情ヲ知リテ結社ニ加入シタル者、又ハ結社ノ目的遂行ノ為ニスル行為ヲ為シタル者ハ、二年以上ノ有期ノ懲役又ハ禁錮ニ処ス。
私有財産制度ヲ否認スルコトヲ目的トシテ結社ヲ組織シタル者、結社ニ加入シタル者、又ハ結社ノ目的遂行ノ為ニスル行為ヲ為シタル者ハ、一〇年以下ノ懲役又ハ禁錮ニ処ス。
前二項ノ未遂罪ハ之ヲ罰ス」

この改悪において、①二五年法で並列していた「国体変革」と「私有財産制度否認」を別項に分け、前者に死刑・無期が導入された。②二五年法の知情加入罪に加えて、「結社ノ目的遂行ノ為ニスル行為ヲ為シタル罪」すなわち目的遂行罪を新設した。目的遂行罪とは、「第一、……目的遂行のためにとる手段のいかんを問わない、おそろしく範囲の広いもの」であり、「第二、のちに判例法上も確定される解釈によれば、行為者は結社の目的を肯定し目的意識的に支援する要素は、目的遂行罪の成立にとって不要とされる。その者の主観や目的意識とはかかわりなく、その者の行為が客観的にみて結社の目的遂行のためになっている、と当局が認定すれば、罪にあたることになる」（奥平康弘『治安維持法小史』）。

こうして、日本共産党員でなくても、何らかの形でつながっていると当局が判断すれば、遠慮なく検挙・投獄できる体制が確立した。三・一五の後も検挙はつづき、一九二九年四月一六日、一斉検挙が行われた（被検挙者七〇〇〜八〇〇人。四・一六事件）。そして三・一五、四・一六の裁判において、弁護に当たっていた日本労農弁護士団の布施辰治、上村進らは一斉に検挙された（三三年九月）。共産党員の弁護・救済行為は「目的遂行ノ為ニスル行為」だと弾圧したのである。目的遂行罪の性格を象徴的に表現する事件である。

常時看視下に

一九三三年六月、共産党幹部、佐野学・鍋山貞親の転向声明を契機に、当局は転向補導政策を強め、思想犯を警察の常時看視下におく思想犯保護観察法を成立させた（一九三六年）。

「第一条　治安維持法ノ罪ヲ犯シタル者ニ対シ、刑ノ執行猶予ノ言渡アリタル場合、又ハ訴追ヲ必要トセザル為、公訴ヲ提起セザル場合ニ於テハ、保護観察審査会ノ決議ニ依リ、本人ヲ保護観察ニ付スルコトヲ得。本人刑ノ執行ヲ終リ、又仮出獄ヲ許サレタル場合亦同ジ。

第二条　保護観察ニ於テハ、本人ヲ保護シテ更ニ罪ヲ犯スノ危険ヲ防止スル為、其ノ思想及行動ヲ観察スルモノトス。（以下略）」

潜在意識をも罰する法

満州事変（一九三一〔昭和六〕年）から日中戦争（一九三七年）への過程で、共産党や関連の文化団体は多かれ少なかれ機能停止に追いこまれたが、治維法は拡大解釈・拡大適用の一途を辿り、社会民主主義者、自由主義者、民主主義者も、政府に批判的なものは弾圧の対象とされた。

一九三七年、京都で『世界文化』事件がおこされたが、「なにぶんにも完全に合法的な舞台での、人道主義・民主主義・自由主義の色彩の濃厚な文化活動が問題になるのだから、たいへんに無理が生ずる。当局は、その無理を押しとおすために、あるいは、コミンテルンの新方針を（被逮捕者に）『認識』させて、これと自己とを同調させ、あるいは日本共産党の目的遂行の『意図』を『確認』させるという作業にふけらざるを得なくなったのである」「この種の作業は、ひとの外形的行為とかかわりのない精神の内奥への立入りであり介入である」「当局は、被疑者が『潜在意識』のもとで、日本共産党を支持する『意図』があったと自白することでも、十分に満足した」。治維法は「その人本人かぎりの主観的な『意図』を処罰する法となったばかりでなく、その『潜在意識』をさえ罰し得るものとさえなりおおせた」（奥平・前掲）。

治維法は、宗教団体にも適用されるようになった。取締・弾圧は一九三五年の皇道大本《おおもと》の第二次弾圧（第一次は一九二一年、不敬罪、新聞紙法による）から、天理教関係やキリスト教関係（燈台社）へひろげられた。

新治安維持法

一九四一年、治維法は全面改訂され、それまでの全七条が三章六五条となり、いわば新治安維持法となった。

「第一条　国体ヲ変革スルコトヲ目的トシテ結社ヲ組織シタル者、又ハ結社ノ役員其ノ他指導者タル任務ニ従事シタル者ハ、死刑又ハ無期、若ハ七年以上ノ懲役ニ処シ、情ヲ知リテ結社ニ加入シタル者、又ハ結社ノ目的遂行ノ為ニスル行為ヲ為シタル者ハ、三年以上ノ有期懲役ニ処ス。

第二条　前条ノ結社ヲ支援スルコトヲ目的トシテ結社ヲ組織シタル者、又ハ結社ノ役員其ノ他指導者タル任務ニ従事シタル者ハ、死刑又ハ無期、若ハ五年以上ノ懲役ニ処シ、情ヲ知リテ結社ニ加入シタル者、又ハ結社ノ目的遂行ノ為ニスル行為ヲ為シタル者ハ、二年以上ノ有期懲役ニ処ス。

第三条　第一条ノ結社ノ組織ヲ準備スルコトヲ目的トシテ結社ヲ組織シタル者、又ハ結社ノ役員其ノ他指導者タル任務ニ従事シタル者ハ、死刑又ハ無期、若ハ五年以上ノ懲役ニ処シ、情ヲ知リテ結社ニ加入シタル者、又ハ結社ノ目的遂行ノ為ニスル行為ヲ為シタル者ハ、二年以上ノ有期懲役ニ処ス。

第四条　前三条ノ目的ヲ以テ集団ヲ結成シタル者、又ハ集団ヲ指導シタル者ハ無期又ハ三年以上ノ懲役ニ処シ、前三条ノ目的ヲ以テ集団ニ参加シタル者、又ハ集団ニ関シ前三条ノ目的遂行ノ為ニスル行為ヲ為シタル者ハ、一年以上ノ有期懲役ニ処ス。（第五、六条略）

第七条　国体ヲ否定シ、又ハ神宮若ハ皇室ノ尊厳ヲ冒瀆スベキ事項ヲ流布スルコトヲ目的トシテ結社ヲ組織シタル者、又ハ結社ノ役員其ノ他指導者タル任務ニ従事シタル者ハ無期、又ハ四年以上の懲役ニ処シ、情ヲ知リテ結社ニ加入シタル者、又ハ結社ノ目的遂行ノ為ニスル行為ヲ為シタル者ハ、一年以上ノ有期懲役ニ処ス」（以下略）

新治維法の構成は、「第一章　罪」（第一～一六条）、「第二章　刑事手続」（第一七～三八条）、「第三章　予防拘禁」（第三九条～六五条）。

改悪ポイントはつぎの通り。①「国体変革」と「私有財産制度否認」が完全に分離され（後者は第一〇～一三条）、前者の処罰が一段と強化された。②これまで「目的遂行ノ為ニスル行為」として弾圧してきた外郭団体の組織罪を新設（第二条）、死刑罪とした。③準備結社に関する処罰規定も新設した（第三条）。④結社といえない小グループ（集団）の活動をも規制する規定がつくられた（第四条）。だが、念のためにいえば、この規定以降、はじめてグループ活動＝読書会や研究会が不可能になったわけではない。治維法成立当初から取締対象であった。⑤結社にも集団にも関係のない個人の行為を処罰する第五、第六条が新設された。⑥第七～九条は前記の宗教団体取締りを規定したものである。⑦第二章は、従来、建前として一般的な刑事訴訟法にのっとって行われてきた刑事手続きを、思想犯独自の手続きにしたものである。⑧第三章の予防拘禁の創設によって、非転向者は刑期が満了しても、再犯防止と称して拘束しつづけられるようになった。一生牢獄に閉じこめることができる残酷な制度である。

四一年一二月、日本は太平洋戦争に突入、治維法は当局の恣意的で無茶苦茶な乱用によって、横浜事件（一九四二〜四五年）などという世にも奇怪で悲惨なフレーム・アップ事件にいたるのである。

以上にのべ、以下にのべるように、治維法は単に行為・運動を取締るだけでなく、人間の内面にまで踏み込み支配するものであった。特高制度とともに日本軍国主義体制の軸をなす治安維持法体制と呼ぶべき体系であった。治維法による弾圧の実態その他について研究書は少なくないから、詳細はそれらでみていただき、本章ではもっぱら私の個人的な視角からの問題をのべさせていただく。

（2）民衆を呪縛・支配した「国体」

大山郁夫「呪われたる治安維持法案」

私の大叔父（父方の祖母の弟）大山郁夫は、一九二五年二月一六日、治安維持法批判講演会（東京・芝の協調会館）で、清瀬一郎、三輪寿壮、鈴木文治、安部磯雄らと壇上に立った。それ以前には、早大軍研団事件（二三年五月）、第一次共産党事件での研究室捜索に対する大学擁護運動（同年六月）に早大教授として身を挺し、関東大震災での憲兵隊連行事件（同年九月）ののち、無産政党樹立をめざす政治研究会創立委員（二四年四月）、同年、軍事教練反対運動で啓明会（教員組合）へ働きかける等の活動をつづけてきた。

大山は一九二五年三月号の『改造』で、「呪われたる治安維持法案」（『大山郁夫著作集』第六巻所収。引用に際して現行仮名づかいに改めた。以下同様）を発表した。要旨を紹介しよう。

〈一〉治維法案に対し、無産諸団体が反対しているが、それはこの法案が「眼の敵と見て最も執念深く附け狙っているものは、無産階級及びそれを中心として行動するすべての団体及び個人だからだ」とのべ、現内閣の与党中に反対者がみられるのに、野党の憲政本党が賛成という珍現象があると指摘する。

〈二〉かつての過激社会運動取締法案の時とくらべて、治維法案に対し「新聞雑誌の側や、一般の学者論客たちの側から……反対の火の手が殆ど挙げられなかったり、偶《たま》ま挙げられても、それが極めて気の抜けたものである」という状況が語られる。それには学者論客の「攻撃力の減退」という理由もあろうが、同法案の表面上の「様々の小刀細工からの魔酔作用」にかかっているためとも考えられる。

〈三〉で新聞が伝える法案内容が紹介されるが、それは衆院提出の政府案になる前の法制局案のようである。

〈四〉先に「小刀細工」と評したが、それは「（治維法案の）起草者たちは、特にそれの条文の字句の選択及び排列の上に比較的細心の注意を払って、嘗《かつ》て（過激法案で）世上の攻撃の的となった『朝憲紊乱』だとか、『安寧秩序』だとか言ったような言葉の使用を完全に避けることに依って、少なくともその表面を巧みに糊塗して居る」ことである。だが、「該法案の裡に隠されてある陰険な詭計は、寧ろまず第一にそこから始まっているのである」として、法案の本質の摘出に入る。

〈五〉当局は該法案で列挙主義をとり、肝腎の場所には限定的字句を用いているから、濫用の危険はないと宣伝している。しかし、その列挙されたという項目が、どうにでも解釈されるようなものであるなら、何の意味もない。では、そういう項目はあるか。「あるとか、ないとかの騒ぎではなく、実はそうしたものが案全体の眼目になっている」。劈頭の「国体を変革し」云々の文言がそれである。「国体」という言葉の解釈には一定の基準はない。政治学や国法学の教科書の上では、しばしば「国家の形式」という意味に用いられ、憲法上の統治様式に関係するものと解釈されている（この場合は、解釈は比較的明確）が、治維法案でそういう意味で使われていないことは明らかだ。「国体の精華」とか「金甌《おう》無欠の国体」とかいう場合の「国体」のように、明確に定義づけられない言葉として用いられている。「こうした言葉が該法案の最も重要な部分に挿入されているということは、それに無限の危険性を附与しているものでなくて、何であろう」。

〈五〉から〈六〉にかけ法制局案の取締項目がさらに検討され、「こうした法案が一旦議会を通過した場合を想定すると、現在に於てさえ既に堪え難い圧迫の下に置かれていることが感じられるような言論集会結社の自由が、この上さらに輪をかけて局限されることになり」「苛酷なる警察政治の下に、陰惨なる不安の空気が一層濃厚に漂うようになる」のは、「当然の帰結」と論じられる。

〈七〉において再び「一般の新聞雑誌や、学者論客の多く」の「腑甲斐なさ」が批判され、〈八〉〈九〉において治維法案出現の背景が検討される。〈八〉では、普選法を嫌う枢密院や貴族院に対し、交換条件的に治維法案が提出されたという説があるが、真の動機は、「近き将来に於て一の政治的新勢力として抬頭しようとしている無産階級政党を、その出鼻から徹底的に挫折させよう」というところにある。

〈九〉では治維法が当時締結された「日露協約」（今日では日ソ基本条約と呼ばれる）との関係で提出さ

れたとの説が検討される。日露国交樹立で当局が恐れた「赤化宣伝」は、条約の条項として禁止が明記された。すると日本政府は宣伝禁止の義務履行についてロシア政府を信用しないでいながら、協約を成立させたという、政府・支配階級がいつも口にする国家の威信もしくは体面に関する一大問題となってしまう。

〈一〇〉結論として大山は言う。「呪われたる治安維持法案！　政府及支配階級のヒステリックな発作の産物であるところの、この悪法の雛形が一旦議会の関門を通過した暁には、……一般民衆の生活は、堪え難く悲惨なものになるであろう」「彼等は、絶えざる不安に襲われながら、恐怖状態の下に毎日を送らねばならないことにもなろう」「それは我々が到底坐視するに堪えないことである」。

タブー化が始まっていた「国体」という言葉

大山論文は「『国体』観念の制度化過程における一瞬の間隙を衝いた、当時としては例の少ない明言された『国体』批判となった」（第六巻「解説」）と、評されている。当時の治維法の審議過程において、すでに「国体」概念のタブー視がはじまっていたからである。

議会審議で「一般に質問する議員の側が『国体の事に付いては相成べくは触れたくないと考へるのでありますけれども……』と及び腰で問うのに対して、答弁する政府当局者の方も『国体の事に触れて質問応答することを避けたいと云ふことは御同感であります』と応じる」「のちの議会でも『国体』に関して言及するときは、ほぼかならず『申すも畏《おそ》れ多いことでありますが』といった式の枕言葉がもちいられるようになる」。こんな概念が「ひとの自由を制限し処罰するための法律用語に採用されていて、そのことのおかしさがだれからも批判されないのは、まさに治安維持法の立法過程における最大の不思議」であった（奥平・前掲）。

こうして「国体」という言葉が法律上の文言としてほとんど最初の例となり、三・一五弾圧を契機に「以前から内在していた『国体』概念の倫理的・情緒的な局面をことさらに強調して、『国体』イデオロギーもしくは反共イデオロギーに、凝結的・統合的な効果をもたせるにいたった」。当局はこぞって「『国体の精華』『国体の精神』をのべ立て、思想犯はこれを棄損した非国民であると高飛車に糾弾しているのである」（奥平・前掲）。

呪縛と条件反射

こうして「国体」という呪文は、治維法によってあらゆる反体制運動・思想を弾圧する役割を果たすと同時に、国民の精神に条件反射を形成させるほど、呪縛・支配するようになった。

鶴見俊輔「国体について」（『戦時期日本の精神史』）によれば、国体という言葉の起源は吉田寅次郎（松陰）と山県太華との往復書簡に見出される（鶴見氏は橋川文三「国体の連想」によるとことわっている）。明治維新以後、国体概念は日本国の現政体、日本国の「現在の政治秩序を輝かしいものに見せ、現在の秩序を太古以来変わらずに続いているものとして過去に向かって投影する役割を果たす」ようになる（鶴見・前掲）。鶴見氏は明治政府のつくった教育体系、イデオロギー思想形態の製造過程を粗描したのち、つぎのように言う。「明治政府によって採用されたこの政治思想は、国民の心のなかに順序よく植え付けられていき」「善悪の価値判断の基準は、天皇によって発表される勅語に基づくこと」になった。

「明治維新以後においては、軍人勅諭と教育勅語とが最も重大な文献」となった。

「これらの勅語の要所を占める言葉は、それらの言葉によって日本人が自らの道徳上ならびに政治上の地位を守るために用い」られるようになり、「これらのカギ言葉を繰り出すことに習熟すると、天皇に対して忠誠な臣民であることの定期券《パス》を見せる役割を果たす」ようになる。定期券《パス》とは絶妙の表現である。軍国主義時代の少年であった私の体験でも、カギ言葉使用に習熟すると、中身のないものでも立派な作文として通用した。勅語の言葉ではないが、「上御一人《かみごいちにん》」「畏《かしこ》きあたり」等の言葉も呪文の役割を果たした。少年の私が、軍人に向かって「上御一人」という言葉を発すると、大人の軍人が途端に居ずまいを正すのである。

こうして「神政政治」の結果、日本国民は「政府の与えた六年間の小学校教育」と、男に対する徴兵制度を通して「ほとんど八〇年にわたって同一の条件反射に慣らされ」「男全体がひとつの有機体として、動きうる状態に達した」（鶴見・前掲）。

国体という概念・言葉は、条件反射として日本人の頭脳の中をも支配した。一九四五年初春の思い出である。その頃、私の父は三井物産の二つの子会社の社長、常務として働いていた。所有するタンカー等の船舶がつぎつぎ撃沈され、父は職務上、戦況が圧倒的に日本に不利になっていることは認識していた。しかし、家庭でそんなことが話題になることはなかった。家庭においてさえ、戦争の実相について口にするのは、はばかられる時代であった。だが、ある日、珍しく父が〝日本もひどいことになっている〟と言葉をもらした。父の暗い表情に母が問うた。〝日本はどうなるのですか〟。父はグッと詰まってしまった。沈黙のあと、〝最後には勝つだろう、日本は神風の吹く国がら（国体）だから〟とうめくように呟いた。父は合理主義者で神がかり思想の持主ではなく、仏教行事も〝抹香くさい〟と敬遠し、キリスト教に親近感をもつ人であった。だから、神風云々は本当にそう思って言ったのかどうかは定かではないが、難問を解くために口に出た呪文であることには間違いなかった。形成された条件反射は、固く日本人の精神を呪縛し、合理的思考を停止させたのであった。

条件反射としての単一民族国家論

二〇〇一年七月、自民党総務局長・鈴木宗男と平沼赳夫経済産業相が、ついで一一月、尾身幸次沖縄北方・科学技術担当相が、北海道ウタリ協会から抗議をうけ、発言を撤回したり、弁解したりした。いずれも日本は単一民族国家と発言したためである。よくよく〝懲《こ》りない〟か〝学習しない〟連中である。八六年の中曾根発言が社会問題になり、中曾根がアヤシげな弁明に終始した事態は記憶に新しく、その後自民党政治家の何人かが日本単一民族説を口にして問題にされたにかかわらず、またも同趣旨発言をくり返すのである。それも鈴木といい尾身という北海道に縁の深い人物がである。

日本にはアイヌ民族がおり、ごく少数とはいえウィルタ、ニブヒの人びとがいる。日本国籍をもつ多くの朝鮮人、さらに在日韓国人・朝鮮人がいる。そこで日本単一民族国家説をのべたてることは、少数民族否定論となる。その上、この説には偏狭な国粋主義・排外主義と結びつき、神がかりの「国体」宣伝と表裏をなしてきた歴史がある。

奥平氏の前掲書中に、三・一五当時の原嘉道司法大臣の談話が引用されている。「云う迄もなく我が大日本帝国は全く一民族のみを以て組織せられ、上皇室を中心に円満なる一家族を為すものであって、明治天皇の教育勅語にも億兆心を一にして世世厥《そ》の美を済《な》せるは此れ我が国体の精華なりと宣《のたま》わせられて居る。此の国体の精華は時の古今洋の東西を問わず燦然《さんぜん》として世界に輝いてあるのである」(傍点──再引用者)。天皇を頂点とする家族国家＝単一民族国家＝国体の精華→世界に輝く「神の国」という図式である。

この図式が条件反射として定着し、政治屋が選挙民の心をくすぐるため〝日本の誇り〟をのべるとき、口をついて出てくるのだろう。日本人がもっぱら日本語しかしゃべらないことが、それほど誇りうることであろうか。それではドイツ語、フランス語、イタリア語、ロマンシュ語地域が存在するスイス人は、自国についていつも恥じ入らなければならないのだろうか。

自慢にもならないことを自慢する──それが国粋主義というものであるが、それにしても、中曾根は別として、鈴木や平沼、あるいは「神の国」発言の森、「三国人」発言の石原……みんな私より年齢は若い。その彼らがどうしてこんな条件反射を維持しつづけているのであるか。それはこうした条件反射が再生産される基盤が戦後社会にも連続し、それはあとでのべる「過去の克服」「戦争責任の未決」と深くかかわっているからであろう。

(3) 思う壺にはまったジャーナリズムの責任

ジャーナリズム・言論人の腑甲斐なさ

先の大山論文指摘のように、当時のジャーナリズム・言論人の治維法批判は低調であったようである。

ただし、ジャーナリズムの名誉のためにいえば、皆無であったわけではない。二五年二月一四日付『東京朝日』社説ほかが反対論をのべ、一六日、外務省担当記者団の霞ヶ関クラブは反対を決議、一七日、内閣、内務、司法、外務、鉄道、陸海軍、逓信の各省、憲政、革新、中立、無所属、実業同志会など各党担当の記者で構成される治安維持法反対記者同盟が議院クラブで協議、あらためて反対を決議している（松尾・前掲）。

それにしても全体として弱々しかったのは事実のようである。当時の代表的言論雑誌『改造』は三月号に大山論文一本のみを掲載、四月号の巻頭言（無署名）で反対を表明、同月の第五〇議会特集中に片山哲「無産政党抑圧法」、清瀬一郎「我国思想政策の将来」を掲載した。だが、同じころの『中央公論』は全くノー・タッチである（『我等』など他誌は未見）。

言論の弱々しさの理由として、大山のいう「小刀細工」が奏功したという面もあろうが、それよりも先にのべた「国体」論議のタブー化がすでに進行していたという事情が大きいのではあるまいか。一九二九年三月、治安維持法改悪反対を貫いた旧労農党代議士・山本宣治の暗殺事件が示すように、治維法の本質（国体論を軸とする）を抉《えぐ》り、徹底的に反対しようとすれば、生命の危険が伴うという情勢が言論界の〝腰をひけ〟させたように思われる。

一九一三〜一四年の憲政擁護運動、一九一八年の寺内内閣に対する言論擁護運動で、活発な政府批判を展開したジャーナリズムも、『大阪朝日』の「白虹貫日事件」（記事が「朝憲紊乱」＝新聞紙法違反に問われて発禁、記者二名禁錮、鳥居素川、長谷川如是閑、大山郁夫、丸山侃堂、花田大五郎らが退社。村山社長辞任。その前に村山は右翼に襲撃される）を契機に後退した。『大阪朝日』は第一面に「宣明」という文字を発表、天皇と国体への恭順を示した。天皇・国体と正面から向き合う新聞はなかった。右翼は事ある度に新聞社や言論人宅に押しかけ、警察はほとんど新聞社を守ることはしなかった。

また、当時の新聞・雑誌が自由に発行されていたわけでは、もちろんない。「『新聞紙法』では、まず検閲を容易にするために、内務大臣への届出、内務省・管轄地方長官・検事局への新聞の納本義務、時事を扱う新聞の発行保証金の管轄地方官への納付義務などの手続きを定めるとともに、広く知られている『安寧秩序紊乱』および『風俗壊乱』をはじめとする禁止事項にかんする行政処分、司法処分を規定していた。すなわち、内務大臣には、『安寧秩序紊乱』および『風俗壊乱』にたいする『発売頒布禁止』（発禁）・『差押』・類似事項の『掲載差止』権、陸・海軍大臣・外務大臣には命令による『掲載禁止』権などの行政処分権があたえられた。また、司法処分は、『安寧秩序紊乱』『風俗壊乱』のほか『皇室ノ尊厳ヲ冒瀆シ政体ヲ改変シ又ハ朝憲ヲ紊乱セムトスル事項』の掲載、犯罪の『煽動・曲庇』・犯罪人・刑事被告人を『賞恤、救護、陥害』する事項および行政処分違反、手続き違反にたいしては、最高二年の禁錮をふくむ処罰と新聞の『発行停止』が規定されていた」（高木教典「天皇制支配体制下の言論の自由」〈講座『現代のマス・コミュニケーション』第二巻〉）。

当時の新聞紙および出版物の行政処分件数――一九二四年＝安寧二六七（新聞紙法）、七九（出版法）、一九二五年＝安寧一五四（新聞紙法）、七一（出版法）。司法処分件数――一九二四年＝安寧二八、政体改変・朝憲紊乱一。一九二五年＝安寧一八、政体改変・朝憲紊乱一（高木・前掲引用の表）。

マスコミ操作とみせしめ効果

治維法最初の事件である京都学連事件では、検事局は記事掲載禁止処分を行ったので、「記事解禁があるまでの約二四〇日間、国民のまえには煙幕がはられていたと同然であったが、この措置はその後、多くの治安維持法違反事件でとられるパターンとなった。これにより国民は無知を強いられるばかりでなく、部分的に漏示したことを通じて揣摩《しま》臆測《おくそく》やら尾ひれやらがつけられて、アカへの恐怖心がいっそうそそられた。そして新聞界は記事解禁とともに、できるだけ事件をセンセーショナルに取りあげ、結果として当局の思う壺」にはまった。三・一五報道については「各紙とも〝共産党の大陰謀事件が暴露された〟式の仰々しい解説をほどこし、警察発表を鵜呑みにしながら、これに合わせて興味本位の捕物帖をくりひろげる態のものであった」(奥平・前掲)。ついでいえば、新聞ジャーナリズムの尾ひれ・センセーショナリズムは、軍事報道で遺憾なく発揮された。たとえば、三・一五の年に起こった済南事変では、陸軍省の邦人被害の誇張発表に呼応して、「暴支膺懲《ようちょう》」のショービニズム(排外主義)をあおりたてた。

戦後の一九五四年、私は『中央公論』誌連載「教祖列伝」(乾孝・小口偉一・佐木秋夫・松島栄一)の取材旅行で、大本教本部を訪れた。亀岡、綾部の本部では、爆破されたコンクリートの塊、庭石などが山積しており、惨状に息を呑んだ。内務省は一九三六年に大本を解散させた(第二次大本事件)が、そのとき大本本部および地方の全教団建造物の強制破却処分を京都府ほかに発令した。このときの破壊行為のすさまじさと新聞の報道ぶりは、『大本七十年史(下)』に十数ページにわたって記述されている。事件後一八年を経過しても片づかないほどの大規模破壊であった。「このような物理力の行使の物々しさが、マスコミをつうじて喧伝されることによって、治安維持法を発動する権力側にもっともらしさを付加するという反作用」（奥平・前掲）を生じさせたのであった。

大本では墓所まで破壊された。権力は死者をも鞭打ったのであった。一九二九年、暗殺された山本宣治の葬儀は苛烈な弾圧にさらされ、山本宣治の墓建立も当局は容易に許可しなかった。数年後、山本宣治の墓を山本家の墓とし、裏面の大山郁夫筆の碑文をセメントで塗りつぶすことで許可した。その後何度となくセメントがほりとられる、塗りつぶす、またほりとるの繰返しで、敗戦にいたる（佐々木敏二『山本宣治（下）』）。

狂暴な弾圧は民衆に恐怖心を抱かせ、みせしめ効果を生んだ。そしてマスコミのセンセーショナリズムはそれを増幅した。こうしてジャーナリズムは治維法の本質をつき、その実体を報道することができず（あるいはせず）、当局発表を増幅して治維法体制確立に寄与したのであった。〝あの時はやむを得なかった〟ではすまされない歴史責任がそこにある。

（4）欠落させてはならない〝治安維持法と朝鮮人〟の視点

『広辞苑の嘘』の嘘

谷沢永一・渡部昇一『広辞苑の嘘』（光文社）中に、つぎの記述がある。広辞苑記載の「治安維持法――『違反者には極刑主義を採り、言論・思想の自由を蹂躙』は誤り、治安維持法で死刑になったものはいない。治安維持法が出来た理由はコミンテルンが日本支部（共産党）に天皇制打倒を指示したからである」。

〝治維法で死刑になったものはいない〟は嘘である。一九一〇年、朝鮮植民地化以来、三・一独立運動（一九一九年）大弾圧など、きびしい弾圧・支配体制がしかれていたが、治維法が公布されるや（一九二五年）直ちに勅令一七五号「治安維持法ヲ朝鮮、台湾及樺太ニ施行スル件」が発せられた。朝鮮植民地支配に反対し民族独立の運動をすることは、「国体の変革」とその目的を異にするが、「朝鮮ノ独立ヲ達成セムトスルハ、我帝国領土ノ一部ヲ僣窃シテ、其ノ統治権ノ内容ヲ実質的ニ縮小セシメ、之ヲ侵害セムトスルニ外ナラザルヲ以テ、治安維持法ニ所謂国体ヲ変革スルコトヲ目的トスルモノト解スベキモノトス」とされ、独立運動に治安維持法が適用された（朴慶植「治安維持法による朝鮮人弾圧」『季刊・現代史』第七号）。

前記朴論文で、朝鮮人の独立運動、労働・農民運動の弾圧例が列挙されているが、毎年、驚くほどの件数が記されている。その中で死刑二二名（一九三〇年の間島における反日暴動、三三年判決）、死刑六名（三六～三七年の恵山事件、四一年判決）などの事例がみいだされる。

〝死刑はなかった〟という言い方で、治維法はいわれるほど非道い法律ではなかった、といいたげである。だが、治維法で逮捕されることは、特高の拷問・暴行、留置場・刑務所の劣悪な待遇などで、生命の危険を伴うことであった。東京青山の無名戦士の墓に、治維法の犠牲者として合葬された（一九四八～五六年までに）一六八二人の死因は、つぎのようである。「明らかに虐殺と考えられるもの＝六五人。拷問・虐待が原因で獄死したと考えられるもの＝一一四人、病気その他理由不明のもの＝一五〇三人」（松尾・前掲）。これは一九五六年時点での数字であるから、その後の調査によって増えこそすれ、減少することはない数字である。小林多喜二の虐殺をはじめ、横浜事件の淺石晴世、和田喜太郎の獄死……幾つでも実例をあげることができる。『広辞苑の嘘』の嘘である（治維法の成立事情等については、本書で論ずる暇がない）。

5　未決の戦争責任とジャーナリズムの節操・未来責任

（1）治安維持法勢力の戦争責任

戦争への道を固めた治安維持法

『出版警察報』（内務省警保局図書課）は、一九二八年から一九四四年までのいわば言論弾圧・取締の報告月報であるが、通してみていくと、意外なことに気づかされる。日中戦争以降になると、取締例のうち右翼言論が左翼言論を上まわってくるのである。取締る側もいわば神がかり右翼だから、右翼が右翼を取締るという珍妙な図である。たとえば太平洋戦争前に、〝マレー半島を制圧し、シンガポールを占領せよ〟という南進論が掲載禁止になっている。太平洋戦争では、真珠湾攻撃と同時にマレー作戦が行われ、シンガポールを占領するのだから、こんな言論は大手を振っても許されそうなのに、禁止である。理由は帝国の軍事・国策を損なうというものである（外交上不利になるとか、手の内をあかすとかの意であろう）。右翼の天皇論もけっこうひっかかっている。当局が神がかり思想を宣伝すればするほど、それを上まわる神がかりが現われるようになり、よって〝天皇・皇室の尊厳を冒瀆する〟言論となり、取締られるのである。要するにその時点で、当局の政策に抵触するあらゆる言論を取締りつつ、戦争への道に突入していったわけである。治維法体制とは戦争への道であった。

ポツダム宣言

一九四五年、日本が受諾したポツダム宣言第六項は、〔軍国主義勢力の除去〕。「吾等は、無責任な軍国主義が世界より駆逐せらるるに至る迄は、平和、安全及正義の新秩序が生じ得ざることを主張するものなるを以て、日本国国民を欺瞞し之をして世界征服の挙に出づるの過誤を犯せしめたる者の権力及勢力は、永久に除去せられざるべからず」。第一〇項は〔戦争犯罪人の処罰・民主主義傾向の強化〕である。

敗戦直後の論文＝松本慎一「戦争犯罪人の問題」

四五年九月一一日、東条英機ら戦争犯罪人容疑者逮捕がはじまった。その前の九月五日、東久邇宮首相は議会で「一億総懺悔」論をのべ、戦争責任を敗戦責任にすり替え、あいまい化をはかった。吉野さんの盟友・松本慎一氏は『人民評論』四五年一二月号に「戦争犯罪人の問題」を発表した。盟友というのは、戦前、両者は三省堂で席を並べ（同誌四八年一月号に、吉野さんの心にしみる松本追悼文がある）、戦後、言論活動・労働運動を開始した松本は印刷出版（産別組織）の初代書記長となるが、四七年一一月に急死、吉野が二代目書記長となるという間柄だったからである。

松本氏は右論文冒頭で「戦争犯罪人の国民的処断は、日本政治の当面のそして最重要な課題の一つ」と位置づける。ところが執筆時点では、「誰が誰をどう裁くべきかについて、体系的な主張はどこにも現われていないし、それを調査し研究することを目的とする委員会の類も、どこにもできていない。戦争犯罪人処罰を綱領に掲げている新政党（共産党のことであろう）でさえ、わたくしがこれを書いている現在までのところ、戦争犯罪人調査委員会を設けていないのである」（現行かなづかいに改めた――引用者）。「この小論が現われる時点までには、政党や組合や各種団体の中で、戦争犯罪調査のための委員会が多数できているかもしれない。……私はそうなるように切に望んでいる」。「何回かの総選挙の後真に国民を代表する議会が成立し、その議会の権威によって戦争犯罪人処罰のための全国的機関が成立するのを促進するであろう」。

次に松本は「誰が戦争犯罪人であるか」と問い、つぎの五種類を提示する。（イ）戦争を発動せしめた罪　（ロ）戦争を指導した罪　（ハ）戦争によって利得した罪　（ニ）戦争に際し人民の基本的権利を抑圧した罪　（ホ）戦争に際し、国民の名誉を傷つけた罪。

（イ）については、連合国側の追訴と国民の間に、それぞれの政治目的によって食い違いが生ずる可能性があること、国家民族の独立と自由のための戦いであった場合、開戦責任は問われない、戦勝国から戦争責任を押しつけられても、自国民自民族から問われるのは敗戦責任のみである（日本はそうではない）。これは当時として卓見である。その後の戦争責任追及はアメリカの政策の都合で不徹底・不十分なものに終わったし、当時の日本の主要政党や言論人の多くは、戦争責任を敗戦責任として論じていたからである。（ロ）（ハ）を論じたあと、（ニ）（ホ）については一言するにとどまっている（当時の雑誌頁数を想像されたい）。（ニ）について「戦争の名においていかに人民の自由が抑圧せられ、言論集会結社信教等の基本的権利のみならず、生存の権利さえもがいかに脅かされたか、そのことが軍国主義の戦争政策を推進させるのにいかに役立ったか」と簡潔にふれ、（ホ）では「外地における日本軍の将兵の掠奪暴行殺戮」や内外地における俘虜虐待を例示する。これも卓見であったというべきであろう。今日の戦犯裁判における「アジア不在」（東京裁判では、アジアとくに中国に対する責任追及の不十分、BC級裁判では俘虜虐待は裁かれたのだが、民衆に対する蛮行・圧政は殆ど裁かれなかった）が指摘されている。また「連合国側の追及がなくとも、国民的に処断すべきこと」があるという指摘も重要である。

今日における戦争責任の定義

松本論文から約五〇年後、戦争責任はつぎのように定義されている。「狭義のそれ（戦争責任）は、戦時国際法上の戦争犯罪」をさし、広義には「侵略戦争と軍国主義の支配によって生じた被害に関する責任」と考えられ、そこには戦争犯罪の責任にとどまらない「より広範な政治責任や道義的責任といったものが含まれている」（赤澤史朗「戦争責任とはなにか」『東京裁判ハンドブック』）。

山田朗氏はこれに加えてつぎのようにいう。「また、〈戦争責任〉には、狭義・広義という区分に加えて、『国家責任』と『個人責任』という二重の性格がある。十五年戦争の『戦争責任』は大別すれば、第一に、国家思想として戦争を遂行し、国民を戦争にかり出した日本国家にあり、第二に、その国家意思の形成、軍の侵略・作戦の立案に影響力をもった指導者層にあり、そして第三に、膨張・戦争政策と結果的に支えた民衆にも『戦争責任』はあるといえる」（『歴史修正主義の克服』）。

戦犯・戦争責任追及の推移

日本の重大戦争犯罪人（A級戦犯）は、一九四六年五月三日開廷の極東国際軍事裁判（東京裁判）で裁かれ、四八年一一月、判決が下された。大戦中の特定地域で「通例の戦争犯罪」をおこなった者は、連合国各国が各地でおこない、BC級戦犯裁判といわれた。

軍国主義者・極端な国家主義者を、政治的・社会的に影響力のある地位から排除する措置として、公職追放（パージ）がおこなわれた。GHQの四六年一月四日付の指令をうけ、政府は二月二八日、公職追放令（勅令）を公布、該当者の解職と再就職禁止の措置をとった。A～G項の該当項目があった。四七年一月四日、第二次追放が行われた。

これに先立って、一九四五年一〇月四日、GHQの市民的自由に関する指令によって、治安維持法の廃止とともに、内相、警保局長、特高全職員、思想保護観察所全職員の約六〇〇〇人が罷免された。特高パージという。

教職関係者に対しては、四五年一〇月二二日付のGHQ指令で、軍国主義教員の追放、戦時下思想的理由で追われた教員の復職が命じられた。追放の範囲と手続きは、四六年五月七日の勅令できめられた。四六年一一月二〇日、戦時中、労働運動を弾圧した警察職員、産業報国会・労働報国会役員の追放が、口頭で指令された。四六年一二月二四日、厚生・運輸・内務省令が発せられた。労働パージである。

四七年六月三〇日、追放該当G項「言論・著作もしくは行動により好戦的国家主義及び侵略の活発なる主唱者たることを明らかにしたる一切の者」の最終基準が確定、新聞社・出版社の会長・社長・幹部が同年から翌年六月にかけて追放処分をうけた。文筆家も火野葦平や、山岡荘八など三〇〇人前後が追放された。

民衆の側からの戦犯・戦争責任追及の動きもはじまった。敗戦から間もない時期（四五年九〜一〇月）から、『毎日』『朝日』『読売』の労働者が社内民主化・戦争責任追及の火の手を上げ、この動きは地方紙に波及した。出版界では、四六年一月の日本出版協会総会で、共産党系の民主主義出版同志会のメンバーが講談社・旺文社・主婦之友社ら七社を戦犯出版社として批判、出版粛清委員会が設けられた。四五年一二月結成の新日本文学会は、その東京支部総会で大会決議として、菊池寛ら二五名を戦争責任者として指名した。荒正人らは四六年一月、文学界における戦争責任追及を目的とした『文学時報』を創刊した。ほか散発的なかたちで、同様の動きが、映画界、音楽界、美術界にみられた。戦後復活した学生運動では、戦犯教授追放・民主主義教授の復学が要求された。

共産党は四五年一二月八日、戦争犯罪人追及人民大会をひらき、天皇以下一六〇〇人の戦犯リストを公表した。

だが、これらの動きは発展させることはできなかった。理由の第一は、戦犯・戦争責任追及が絶対権力者・GHQの指令のもと、日本政府がこれを実行するというかたちをとったからである。東京裁判における天皇免責をはじめとし、七三一部隊、毒ガス作戦が裁かれなかったことを示すように、戦犯・戦争責任追及はアメリカの政策に左右され、その枠から出ることは許されなかった。日本政府は実行に当たって旧勢力温存をはかり、時には公職追放を政敵攻撃に利用さえした。

一九四八年一月六日、ロイヤル米陸軍長官は、対日政策の基本方針を修正する演説を行った。日本非軍事化、政治的・経済的民主化の方針から、日本を極東における「反共の防壁」に仕上げる方針への大転換はポツダム宣言の米国による廃棄であった。だが、占領行政の現場では、事態はすでに先行していた。四六年五月のアチソン米国務長官の反共声明あたりから、GHQから進歩派が姿を消すようになっていった。新聞出版関係でいえば、民間情報局長ダイクが退き、ニュージェントに、新聞課長バーコフがブラウンにかわり、そして上席課員としてインボデンが現われた。インボデンは第二次読売争議をはじめ北海道新聞ほかの争議弾圧、出版社内の民主分子抑圧で悪名を馳せる。こうなると、労働者の側としては、GHQの介入をどう押し返すか、それを背景にした経営者の圧力とどう闘うかが課題となり、民主化や戦争責任の課題と取組むことなど不可能となる。出版界の粛清委員会も半年ぐらいで活動停止状態になる。言論パージは遅い時期に開始され、しかも開始と相前後して、民主主義的活動家への弾圧が進行するのである。

公職追放については、占領政策遂行の都合上、官僚の追放は少数にとどまった。財界への影響も小さかった。そして、一九五〇年、朝鮮戦争となるや、それまでの追放措置は解除され、同時に共産党幹部をはじめとするレッド・パージが吹き荒れた。

事態は、先の松本論文が期待したような国民が独自に裁く方向を辿ることはなかった。占領政策の枠を乗りこえ、独自に戦争責任を追及していくだけの力は、民衆の側になかった。民衆の側の戦争責任追及勢力は未成長でもあり、未成熟でもあった。たとえば、共産党は四五年一二月戦犯リストを公表した（先述）が、その中に浅沼稲次郎、三宅正一ら社会党幹部が含まれていた。その同じ時点で、共産党は社会党に人民戦線結成を申し入れていた。片面で共同戦線を呼びかけ、他面でその相手側幹部を戦犯として指名する――これでは戦争開始・遂行の中心勢力を追及していくのに必要な人民戦線結成は成功しないであろう。戦争責任を追及する側の未成熟の例である。

戦後社会でも支配層に入った治安維持法勢力

一九四五年の特高パージは、一〇月四日時点の在籍者を対象とし、この時点で在籍しなかった者は、それ以前に長期に在籍した者でも不問という矛盾をもっていた。この措置よりきびしい公職追放の対象となった者は、三一一人にすぎなかった。

十五年戦争の時期を通じて特高の指導的幹部でありつづけた安倍源基は、A級戦犯容疑で拘禁されたが、釈放後、右翼団体の結集体、新日本協議会の代表理事、右翼の元締めとなった。戦前の内務大臣、次官、内務省警保局長、警保局各課長、警視総監および各道府県警察部長、警視庁および各道府県特高課長であった者の多くが、国会議員となった。一九七六年一〇月現在で、自民党（その前身の民自党、自由党、民主党らを含む）五八名、民社党二名、緑風会二名、無所属倶楽部一名である。東条内閣閣僚・岸信介、賀屋興宣が首相や法相になったように、上記警察出身議員のうち九名が閣僚になった（米原昶・風早八十二・塩田庄兵衛『特高警察黒書』）。一九七六年時点の数字であるから、その後増えこそすれ、減らない数字である。

治維法体制において、特高と車の両輪の役割を果たしたのは思想検事であった。追放解除後、清原邦一や井本台吉は検事総長になった。井本は退官後、「英霊にこたえる会」会長。池田克は解除後、最高裁判事となった。岸本義広は最高検次長となった。ゾルゲ事件担当の吉河光貞は、なんと公職追放のための調査機関、法務府特別審査局の二代目局長となった。

戦前・戦中の裁判において、判事は特高・思想検事の作った筋書きを鵜呑みにするのが通例であった。一九七〇年当時、青法協攻撃などで反動的な役割を演じた石田和外最高裁長官、岸盛一事務総長、飯守重任鹿児島地裁裁判長は、いずれも「思想裁判」にかかわった経歴をもつ人たちである。だが、「治安維持法や不敬罪の拡大解釈を判決のなかで認め、思想・宗教弾圧を法的に追認した裁判官は、その職務を理由に追放された者はなかった」(前掲『東京裁判ハンドブック』)。

未決の戦争責任

以上のように日本における戦争責任問題は未決である。過去の「克服」どころか、「断ちきるべき過去」との「断絶」さえなされないで、今日に至っているのである。敗戦直後から言論が自由になって、活発に天皇の戦争責任が論じられたような印象をもつ人は少なくない。「天皇はホーキである」と天皇巡行を批判した雑誌『真相』などの記憶がそうさせるのであろうが、実際には、一九四五年末から五二年までの各雑誌目次を点検すると、天皇の戦争責任に関する論文は、皆無に近いのである。この原因は、占領軍の天皇制温存・利用政策に求めるほかない。私は一九四八年、『中央公論』の編集者となったが、最初に知らされたのは米軍による事前検閲だった。プレス・コード違反とされたら、沖縄送り・重労働だと編集者はささやき合っていた。掲載禁止、保留、削除の処分はきびしかった。プレス・コードに天皇追及禁止などと書いてあるわけではないが、毎月体験する検閲の傾向でそれとわかるのである。天皇と戦争を衝いた亀井文夫『日本の悲劇』の上映禁止(四六年八月)や亀井・山本薩夫『戦争と平和』の大幅カット(四七年)等は、編集者の間で公然とは語られないが、かなり知られた事実であった。東京裁判批判もタブーであった。戦争に反対した日本人を裁判に参加させることを主張した戒能通孝論文は、発表禁止になった（ジョン・ダワー『敗北を抱きしめて（下）』）。

このような経緯から、天皇の戦争責任が正面から論じられるには、敗戦後三〇年の時点、井上清『天皇の戦争責任』（一九七五年）、ねず・まさし『天皇の昭和史』（七六年）まで待たねばならなかった。史実・資料にもとづいて天皇戦争責任論が活発化するのは、昭和天皇死去後の一九九〇年代に入ってからである。天皇戦争責任論も、一般的な戦争責任論も本格的展開はむしろこれからといわねばならない。

ジャーナリズムについても同様であろう。大本営発表を垂れ流したり、それに輪をかけたりの戦争責任は論じられ、明らかにもされてきているが、本書で既述した治維法体制下、当局発表を誇大に報道し、尾ヒレをつけ、当局の思う壺にはまり、軍国主義に寄与した責任などは、論じられることまだ極めて少ないように思われる。

戦争犯罪、戦争責任に時効はない。一九六八年の国連第二三回総会で「戦争犯罪及び人道に対する罪の時効不適用に関する条約」が採択された。七九年、西ドイツでは刑法を改正、「民族謀殺と謀殺による重罪は時効にかからない」とした。西ドイツは、前記条約を批准したが、日本は棄権した。条約は七〇年に発効したが、日本はいまだ未加入である。この事実についての日本人の認識度はかなり低い。ふりかえってみると、日本のジャーナリズムは、この事柄の意義の重大さを、それだけの比重をもって報道してきたであろうか。戦前・戦中の報道責任と同時に現代におけるジャーナリズムの見識と報道責任の問題があらためて痛感される。

（2）言論の節操とジャーナリズムの未来責任

「節操について」――松本慎一「控訴状」

先述の松本慎一は、一九四七年一〇月、教育職員適格審査委員会から「教職不適格」の通知をうける。氏が戦時下に発表した言論と戦後の行動が食い違い、「節操」を欠くというのが理由であった。氏は直ちに「控訴状」を提出したが、その二カ月後に死去した。そこでその控訴状が、友人たちの手によって「節操について」と題され、発表された（『人民評論』一九四八年一二月号）。

戦時下の抵抗者・松本氏にいいがかりをつけ、追放処分にしたのは、でっち上げであり、前期レッド・パージであった。すぐれた民衆史家として知られる小池喜孝氏も同様の被害者となった。氏は当時の全教（全日本教員組合）傘下・都教労の書記長であり、〝逆パージ〟をうけたのであった。公職追放悪用の典型的なケースは松本治一郎「カニの横ばい」事件であろう。四八年一月の国会開院式に、松本参議院副議長は欠席した。両院の正副議長が天皇に「拝謁」するとき、天皇に横顔をみせぬように正面向きのまま横に歩く、すなわち「カニの横ばい」に反対したからだ。これが契機となり、吉田首相がホイットニー民政局長に手紙を送り、松本治一郎は四九年一月、公職追放となった。

さて松本慎一は「控訴の理由」の「第一　審査の理由について」で、問題とされた自著『西洋の追放』の刊行経緯についてのべる。一九四〇年に保釈出所した松本は、未決拘留中の着想に従い、中華民国の歴史を書きはじめた。保釈中であるため、著者名義を尾崎秀実に依頼した。だが、四一年、尾崎がゾルゲ事件で逮捕されたので、細川嘉六に依頼した。しかし、細川も論文「世界史の動向と日本」で検挙の危険が迫り（実際に検挙された）、橘樸と相談、橘著『中華民国三〇年史』として岩波書店からの発行がきまった。ところが満鉄調査部事件がおこり、橘自身も危うくなったので、この企画は頓挫した。

そこで松本は自分の名での刊行を決意する。「中国民国史をできるかぎり客観的に書くことによって、日支紛争の真因を明らかにし、かくして日本の侵略政策に対し、読者の批判的精神を培いたい」と考えたからである。治維法違反で「当局の厳重看視下にある自分の名前で発表するとすれば、他の人の場合の何倍もひかえ目に書かねばならぬことはわかり切っていた」「それでもなおいくらかでも進歩的な役割を演じ得るとすれば、為さざるにまさる」と考えたからである。書名を『西洋の追放』としたのは、出版許可と検閲を考慮しての「策略」であった。

自分が著書に責任を負うのは当然だが、その責任は、いかなる意図の下に書いたかという主観的責任であり、また読者にどんな影響を与えたかという客観的責任である。ところが、審査委員会はそれら責任にかかわる著書全体の評価をせず、最後の二章、特に「最後の一章に撒布せられている何ら生気のない思想を取出し、それと私の戦後の言動とを比較して節操の欠如を認めると云うに過ぎない」。

実際、当時の検閲体制の下では、当時流行の戦争言葉をちりばめていなければ、検閲通過は不可能であった。だからその論文の真意を読みとらず、「擬装」言葉だけを拾っていけば、かの細川「世界史の動向と日本」すら、戦争遂行論文に仕立て上げることも可能である。

「第二　節操について」——。戦時下の軍国主義者が、戦後翻然として民主主義者に転向するのは好ましいことではないか（かつて軍国主義者であった責任は免れないが）。もし自分（松本）が民主主義に転向したからといって、節操を欠くととがめるのなら、審査委員会自身の立場は反民主主義ということになる。まして自分が戦後共産主義者として行動したことは、転向ではない。昭和初年以来、一貫して共産主義者であり、そのため三度検挙され、終戦がなければ四度目の検挙を覚悟しなければならなかった。『西洋の追放』を書いた時にも私は共産主義者として書いたのであり、共産主義者として、戦争に対する批判的精神を浸潤せしめる目的をもって書いたのである」。

戦争に反対して非合法活動をつづけ、ついに絞首台に立たされた尾崎秀実の場合も、「合法舞台における言動には、あたかも帝国主義者と協調するかの如きものがあったかも知れぬし、彼が情勢を考慮しつつ発表した論作には、日本の大陸政策を擁護するかの如く見られるものもあったかも知れない。しかし、それらの一行一句をとらえ、彼は反戦主義者としての節操をもっていないと、どうして言えるか」。自分と尾崎を同列に論じるのは必ずしも適当とはいえぬかもしれぬが、著書中の附属的部分のみを取上げて非難するのは、審査委員会の誤読か、「適格審査に名を借りて、共産主義運動そのものを抑圧せんとする悪意がある企図と断ぜざるを得ない」。

「第三　著書の客観的役割について」――一九四三年、出版後二～三カ月のころ、松本は東京保護観察所から呼び出しを受け、保護司から警告された。〝戦争支持の文句もあるが、それはお座なり。本書で筆者の情熱が感じられるのは、革命を宣伝する箇所のみである〟と。また友人の編集者や会社重役の読後感はこうであった。編集者は〝日支紛争の叙述がいけない。これでは支那が悪いとは誰も思わない〟。会社重役は題名から〝流行の軍国物と思ったが、読んでみるとそうではなく、支那について知らぬことを多く教えられた〟。

自分は本書全体を能う限り客観的に書いた。「客観的に描かれているかぎり、日本の戦争行動に対し、批判的感情を呼びおこさぬわけにはいかないからである」「日本の政策について（それとわかるかたちで）批判しているのは、『日本をもって支那併呑を志す帝国主義国家と考えた」ことが日支紛争の重要な要因であり、明治末期以来の日本人の言説と行動とは、『支那人から見れば英米帝国主義のそれと選ぶところはなかった』（一八四頁）と論じた箇所以外、一、二の箇所に過ぎない」。しかし、それらは今日の眼からみればはなはだ微温的であろうが、「それらは当時においては最大限の批判であり、同じ頃の刊行物の中では、ほとんど見ることのできない種類の批判だったと私は考える」。

松本はさらに論述をすすめた上で、「このような書物が戦争煽動の役割を演じ得るはずはないと、私は確信する」との言葉で、文章を閉じる。

発表後六〇年の今日に読んでも感動的な文章である。それはこの文章を通じて松本の節操を貫く生きざまが伝わってくるからであろう。この戦争は間違っている、ならば身の危険をおかしても国民の批判精神を培う仕事をやろうと決意する――こういう自己の思想への誠実さは、節操ある生き方である。だから松本は、自己の言説の責任について、確信をもって論述できたのである。

ジャーナリズムの戦争責任をみる視角

敗戦時まで存続した新聞社、出版社は大なり、小なり戦争協力の責任を負うている。戦争反対を掲げたジャーナリズム機関はことごとく圧殺され、協力姿勢をみせる以外、存在のしようがなかったからである。だからといって、「あのときは仕方がない」「社の存続のためにはやむを得なかった」で責任を帳消しにするわけにはいかない。それぞれの機関の歴史過程において具体的に責任問題が考察されていく必要があろう。それはたとえば新聞が「政府・軍部の弾圧の『被害者』であり、抑圧の結果として……戦争機関」に化していった過程と、「新聞がみずから進んで戦争体制に迎合・同調していったという、いわば『加害者』」になった過程（塚本三夫『侵略戦争と新聞』）が存在するからである。出版界についても同様である。

出版ジャーナリズムの戦争責任論はまだ少数であり、今後研究は深められるべきであろう。その際、前記塚本氏の分析角度や松本慎一の論じた主観（体）的責任＝意図、客観的責任＝影響の視点も必要であろう。太平洋戦争下の雑誌編集について、当時の『中央公論』編集者・海老原光義氏の話。〝本当に出したい論文の前後に、軍部の受けのいいような論文をのせて擬装した。ぼくらはそれをおまじないと呼んだ〟。こうした姿勢は一九四二年三月号の表紙に、陸軍記念日の標語「撃ちてし已まむ」の不掲載事件（掲載しなかったのは同誌一誌のみ）につながり、横浜事件を捏造され、獄死編集者二名、畑中繁雄編集長逮捕にいたる。この時期の誌面に戦争協力・遂行の記事があることをもって、畑中編集部の戦争責任などと軽々に論じることはできない。

言論・ジャーナリズムの節操と未来責任

二〇〇一年九月一一日、ニューヨーク同時多発テロ事件がおこった。いかなる動機・理由があろうともテロは許せない。しかしブッシュの報復戦争、小泉の戦争参加も暴挙暴走である。その暴走を許すのは国民意識であり、それに大きな影響を及ぼすのはマスコミである。小泉暴走の背後に異常人気がある。

ＪＣＪ出版部会は、〇一年一〇月、小泉人気と出版について研究例会をひらいた。守屋龍一氏の分析が報告された。小泉関連本二六点、田中真紀子本一一点、石原慎太郎本一九点という乱戦ぶりであった。いずれも批判的立場の本はごく少数、圧倒的多数は、これらの人物の人気に迎合し、売ってのけようという「便乗本」「ヨイショ」本であった。それらの出版姿勢には、出版人としての節操や出版物に対する責任意識は全くくみてとることはできない。

今日、戦前・戦中の出版人の節操や責任が問われるように、私たちも日本やその出版文化の現在・未来に責任を有しているのである。言論人・出版人としての吉野さん、松本さんの軌跡に、あらためて学ぶところ多いように思うのである。

第6章

理性への信頼と期待、そして教育

1　精神の弁証法と吉野さんのメッセージ

母の言葉

「雪の日の出来事」（テキスト第六章）は、コペル君の人生において最初の挫折であった。丸山さんによれば「不覚」をとったのだ。発熱に苦しみながら、悔恨にコペル君はさいなまれる。寝ながら親友三人への言い訳に頭をめぐらせる。どう話せば許してくれるだろうか。自分が傷つかずに許してもらおうとすると、嘘をつかねばならない。友だちを欺くことはできない。所詮、弁解は不可能なことを知り、絶望感はいっそう深まる。——こんな体験の一つや二つをもたない人はいないであろう。コペル君は思いきっておじさんにことの経過を話す。おじさんは手紙を書いてあやまることをすすめる。手紙を書いても許してもらえなかったら……と逡巡するコペル君におじさんは言う。「どんなにつらいことでも、自分のした事から生じた結果なら、男らしく堪え偲ぶ覚悟をしなくっちゃいけない」。コペル君は手紙を書く。

翌日、床の中で教科書を読んだりしていたコペル君に、お母さんはある思い出話をしてくれる（テキスト第七章「石段の思い出」）。お母さんが高等女学校（男子の中学校に当たる）の四年生の頃、学校からのいつもの帰り道、湯島天神の石段下で一人のおばあさんをみかけた。七〇歳を過ぎた年頃の小柄な体で、荷物はいかにも重そうだ。ちょっと登っては、ひと休みする。お母さんは駆け寄って荷物を持ってあげようと思いながら、気恥ずかしくて言い出せない。おばあさんが休むたびに、そうしようと思うのだが、ためらって声がかけられない。そうこうするうちに二人とも石段を登ってしまった。

――このような経験も、誰しもが一度や二度はもっているはずだ。お母さんはこのちょっとした出来事が「妙に深く心に残」り、その後いろんなことに出会って、幾度もこの出来事を思い出す。「なぜあのとき、心に思ったとおりしてしまわなかった」のかという残念な気持がする。その思いがきっかけになって、「自分の心の中の温かい気持やきれいな気持を、そのまま行いにあらわして、あとからああよかったと思う」体験をいくつかもつようになった。それはあの石段の思い出のおかげだ。潤一さん（コペル君）もこれからもっとつらい後悔を味わうことがあるかもしれない。「その事だけを考えれば、そりゃ取りかえしがつかないけれど、その後悔のおかげで、人間として肝心なことを、心にしみとおるようにして知れば、その経験は無駄じゃあないんです。それから後の生活が、そのおかげで、前よりもずっとしっかりした、深みのあるものとなるんです。潤一さんが、それだけ人間としてえらくなるんです」と、語る。

お母さんはまた、人間一生のうちに出会う出来事は、みんな一回限りで、二度くりかえすことはない。だからその時、その時に「自分の中のきれいな心をしっかりと生かしてゆかねばいけない」という感想も語る。

味気ない言いかえになってしまうが、お母さんは、人生途上の出来事は、すべて二度くりかえされないものだから、その都度、誠実に対処していくべきだし（悔いを残さないように）、それでも後悔せねばならぬしくじりをやれば、それに正面から立ち向かい、その克服をバネにして新しい一歩を踏み出す、そうしてこそ人間的成長がもたらされる、と語るのである。教養ある母親の子への心情がにじんでいて、全篇の中でしみじみとした感銘を与える章である。

石段の話は、ほんとうに何げない体験なのだが、読者である私には、映画の一シーンのように目に浮かぶ。だが、このお母さんがなかなか声がかけられないじれったさは、現代の若い読者にはすんなりのみ込めないかもしれない。今でも見知らぬ人に声をかけるのはためらわれるが、当時の若い女性には特にためらわれることだった。「良家の子女」(お母さんはそうだった)には「つつしみ」が求められ、むやみに見知らぬ人に口をきくのは、「はしたない」こととされた。相手が男の人でもなくおばあさんだったのに、お母さんは心中で葛藤をくりかえしたのだ。

この章の終わりは「おじさんのノート」「人間の悩みと、過ちと、偉大さについて」である。母さんのいう「人間として偉くなる」道すじがおじさんの言葉で考察されている。

パスカルの言葉

ノートは「人間は、自分自身をあわれなものだと認めることによってその偉大さがあらわれるほど、それほど偉大である。樹木は、自分をあわれだとは認めない……」というブレーズ・パスカル(一六二三〜六二年)の『パンセ』(瞑想録などの訳がある)の中の言葉からはじまる。このフレーズにつづけて、「王位を奪われた国王以外に、誰が、国王でないことを不幸に感じる者があろうか……」。口が一つしかないといって自分は不幸だと思い、あるいは眼が一つしかない場合、自分は不幸だと思わない人間がいるだろうか、という問いかけが引用されている。

おじさんはつけ加える。位を奪われた王が自分を悲しく思うのは、「本来王位にあるべき身」（正常）が、「王位にいない」（非正常）からだ。片眼の人が自分を不幸だと感じるのは、「本来人間が一つの眼を備えている」（正常）はずなのに、それを欠いている（非正常）からだ。人間がもともと眼を一つしかもっていなかったら、片眼のことを悲しまず、二つ眼に生まれたら、それを悲しむに相違ない（視座の転換）（括弧――いずれも引用者。以下同様）。「コペル君。このことを、僕たちは深く考えて見なければいけない」。

視座の転換

ここでおじさんは、潤一君をコペル君と呼ぶ契機となった「へんな経験」（テキスト第一章）における視座の転換について、再び説いている。認識における視座の問題である。正常、非正常の事態に目を向け、その両面に視座を転換させ、ものごとの本質に迫る思考方法である。パスカルの言葉をネタにしたかのような落語がある。二つ眼人間の世界に一つ眼人間が現われ、ある興行師が一つ眼人間を見世物にして儲けた。それから、もっと儲けたくて一つ眼人間の世界に行ったその興行師は、自分が見世物にされてしまった。

パスカルには、こんな言葉もある。「……川一つで仕切られる滑稽《こっけい》な正義よ。ピレネー山脈のこちら側（フランス）での真理が、あちら側（スペイン）では誤謬《ごびゅう》である(1)」。

――「公正」「中立」であるべき裁判官が、社会運動にかかわるなどトンデモナイと信じ込まされ、政治にかかわる発言をしたために（あるいはそのように認定されて）職を追われる裁判官を目にしている日本人は、軍事基地反対のデモや坐り込みに参加するドイツの裁判官（映画『日独裁判官物語』。木佐茂男監修・高見澤昭治著『市民としての裁判官』）に接して驚く。大統領の介入に抗議して、イタリアの裁判官がストライキをした、という記事を読んだことがある。日本の裁判官も団結権やスト権をもつようにしたら、どうであろうか。私たちは権力追随の判決をみてなんとも情けない思いをさせられたり、啞然とすることが少なくないが、日本の裁判官が権力への抵抗権をもてば、こんな判決はずっと少なくなるだろう。

一九九五年（第二次世界大戦終結五〇年）、日独伊シンポジウム（於・東京経済大学）に参加したイタリア人学者は、日本の教科書検定（検閲）制度をきかされ、〝初耳だ。先進国でそんなことが行われているとは驚きだ〟と、パーティーの席上、こちらがびっくりするほど憤慨していた。

悲しみ、苦しみと人間の本性

おじさんは、人間にとっての悲しみや苦しみの意味について、考えをすすめる。

生理的苦痛は、それによって体の故障発生（非正常）を知ることができ、同時に人間の身体が、本来どういう状態にあるのが本当（正常）かを教えられる。心の苦しみやつらさも同じことだ。その苦痛によって「人間が本来どういうものであるべきか」を心に捕えることができる。「人間が本来、人間同志調和して生きてゆくべきものでないならば、どうして人間は自分たちの不調和を苦しいものと感じることが出来よう。お互いに愛しあい、お互いに好意をつくしあって生きてゆくべきものなのに、憎みあったり、敵対しあったりしなければいられないから、人間はそのことを不幸に感じ、そのために苦しむのだ」（調和と不調和。愛・好意と憎しみ・敵対）。

「また、人間である以上、誰だって自分の才能をのばし、その才能に応じて働いてゆけるのが本当なのに、そうでない場合があるから、人間はそれを苦しいと感じ、やり切れなく思うのだ」（成長・発達と阻害・挫折）。

ただ苦痛を感じるというだけなら、人間もほかの動物と変わりはない。「人間の本当の人間らしさを僕たちに知らせてくれるものは、同じ苦痛の中でも、人間だけが感じる人間らしい苦痛」である。その苦しみの中で「僕たちの眼から一番つらい涙をしぼり出すものは、自分が取りかえしのつかない過ちを犯してしまったという意識だ」。「損得からではなく、道義の心から、『しまった』と考えるほどつらいことは、恐らくほかにはないだろうと思う」（傍点――引用者。以下同様）。こんな苦しみ方は、「天地の間で、ただ人間だけが出来ること」だ。

なぜか。「僕たちが、悔恨の思いに打たれるというのは、自分はそうでなく行動することが出来たのに――、と考えるからだ」「正しい理性の声に従って行動するだけの力が、もし僕たちにないのだったら、何で悔恨の苦しみなんか味わうことがあろう」。

ゲーテの言葉をひきながら、おじさんは結論的にいう。

「僕たちは、自分で自分を決定する力を持っている。だから誤りを犯すこともある。しかし――僕たちは、自分で自分を決定する力をもっている。だから、誤りから立ち直ることも出来るのだ。

そして、コペル君、君のいう『人間分子』の運動が、ほかの物質の分子の運動と異なるところも、また、この点にあるのだよ」（人間の偉大さ）。

精神の弁証法、社会科学的認識、人間の生き方

ごらんのように、おじさんは、正常―非正常、調和―不調和、成長―阻害というように、ものごとの両面性＝対立局面をみつめながら、その統一的把握・認識にいたる考え方（思考の方法）を展開している。コペル君の挫折感という「心の傷つき自体が人間の尊厳の楯の反面をなしているという、いってみれば精神の弁証法」（丸山眞男「解説」。弁証法については本書第3章参照）が説かれているのである。

そして「人間が『自分の行動を自分で決定する力を持つ』ことの両面性――だから誤りを犯すし、だから誤りから立ち直ることができるという両面性の自覚（先述の統一的把握――引用者）が『人間分子』の運動を他の物質分子の運動と区別させるポイントだ、と駄目を押すことで、『おじさん』はモラルの問題をふたたびコペル君の発見した『網目の法則』の――つまり社会科学的認識の問題につれもどす」（丸山・同前）のである。丸山さんはこのモラルと社会科学的認識との関連を「この作品の立体的な構成」と呼んでいる。自分が生きる社会をどのようなものとして認識するか（社会科学的認識）、そして社会をそのようなものとして認識するならば、その中で自分はどう行動すべき（モラル）か＝どう生きるべきか、という課題が本作品を貫く軸である。

理性・道義への信頼と人間の偉大さ

「おじさんのノート」を別の角度からみてみよう。人間は、他の物質分子と違って、なぜ誤りから立ち直れるのか。それは「正しい理性の声に従って行動するだけの力」が人間にあるから、誤りを自覚することができ、「正しい道義に従って行動する能力を備え」ているから立ち直れるのだ。

パスカルの『パンセ』には、おじさんがノートに引用した人間と樹木の「あわれさ」の対比のほかに、有名なつぎの言葉がある。

「人間はひとくきの葦《あし》にすぎない。自然の中で最も弱いものである。だが、それは考える葦である。彼をおしつぶすために、宇宙全体が武装するには及ばない。蒸気や一滴の水でも彼を殺すのに十分である。だが、たとい宇宙が彼をおしつぶしても、人間は彼を殺すものより尊いだろう。なぜなら、彼は自分が死ぬことと、宇宙の自分に対する優勢とを知っているからである。宇宙は何も知らない。だから、われわれの尊厳のすべては、考えることのなかにある。……」(2)

パスカルの思考は、ここからさらに神と共に生きる幸せへと展開していくのだが、ここでは人間の「尊厳のすべて」は「考えることのなかにある」に注目しておこう。人間はみずからの位置を知り、考える力＝理性をもつ。そこに人間の尊厳（偉大さ）の根源がある。だから逆にいえば、理性の声に耳をかさず、道義をかえりみずに行動するものは、人間と呼ぶに値しない、ということになる。「人間として偉くなる」（お母さん）「人間の偉大さ」（おじさん）の言葉には、人間理性への信頼と期待がある。

『どう生きるか』の時代背景

『君たちはどう生きるか』は、山本有三編『日本少国民文庫』（全一六巻、新潮社）の第五巻、最終配本として、一九三七（昭和一二）年七月に刊行された。同文庫は山本有三『心に太陽をもて』（第一二巻）の刊行から始まった。刊行の意図と経緯は吉野さん自身の「作品について」（テキスト巻末）で語られている。刊行開始の一九三五年は、「一九三一年のいわゆる満州事変で日本の軍部がいよいよアジア大陸に進攻を開始してから四年、国内では軍国主義が日ごとにその勢力を強めていた時期」であり、「ファシズムが諸国民の脅威となり、第二次世界大戦の危険は暗雲のように世界を覆って」いたころである。同文庫の刊行は、「もちろん、このような時勢を考えて計画されたもの」だった。言論や社会運動は弾圧され、「山本先生のような自由主義の立場におられた作家でも、……もう自由な執筆」は困難だった。

その中で、山本氏は、次代を背負うべき少年少女たちに、「偏狭な国粋主義や反動的な思想を越えた、自由で豊かな文化のあることを、なんとかしてつたえておかねばならないし、人類の進歩についての信念をいまのうちに養っておかねばならない」、「荒れ狂うファシズムのもとで」「ヒューマニズムの精神を守らねばならない」と考えた。その考えから双書刊行が思いいたたれたのである。

編集主任となった吉野さんは、吉田甲子太郎さん（児童文学者）とともに、山本さんと五〇〜六〇回、相談を重ねた。そして倫理を扱う巻を、吉野さんが山本さんに代わって執筆することになった。この巻は全一六巻のなかで「特にその根本の考えをつたうべき一巻」と位置づけられ、吉野さんは「文庫発刊の趣旨をこの一巻に盛り込む」べく執筆にとりくんだ。一九三六年一一月頃から執筆開始、三七年五月に原稿完成。

この『どう生きるか』発刊の三七年七月、盧溝橋事件がおこされ、日中全面戦争となった。その前、原稿完成の五月には、国粋主義・侵略主義のエッセンス『国体の本義』（文部省。本書第5章第2節参照）が全国の学校、社会教化団体に発送されていた。『国体の本義』にいたる国体明徴問題について、同志社大学総長に上申書を提出した教授、具島兼三郎、田畑忍氏らは、同年八月、休・解職処分をうけた

（同志社事件）。

スペイン市民戦争に介入したヒトラー・ドイツの空軍は、スペイン・ゲルニカの町を無差別爆撃、町は壊滅し、「ゲルニカの悲劇」を発生させた（同年五月）。同年一二月、南京を占領した日本軍は、三〇万人といわれる老若男女を殺害、「南京大虐殺《アトロシティーズ》」事件をひきおこした。

国体明徴運動から『国体の本義』にいたる神がかりイデオロギーの全国民への押しつけは、人間理性・知性の禁圧であった。ゲルニカ、南京アトロシティーズは、国際道義・人間道義をふみにじる蛮行であった。おじさんの口をかりて吉野さんが、力をこめて理性と道義を説いたのには、このような時代背景があった。

吉野さんのメッセージ

軍国主義の暴力支配の学校版＝上級生の「制裁」にたじろぎ、挫折した少年、その挫折を理性によって克服していく姿を描くことによって、いまは軍国主義・侵略行動に熱狂させられている国民も、やがては理性をとりもどし、平和への道を歩むであろう、いや、歩まねばならないとの思いを、吉野さんはこの物語にこめたのである。テキスト第三章の「ノート」で人間同士の争い、国と国との利害の衝突（戦争）の問題を指摘、「本当に人間らしい関係とは」という問題を提起し、この第七章の「ノート」中、人間の苦痛のくだりで、人間同士の調和と不調和、愛・好意と憎しみ・敵対についてのべる背後には、このような思いがある。

そして、もう一点、人間の成長・発達と挫折・阻害の問題が提起されているが、これも当時の社会をみつめた吉野さんのメッセージであった。日本人の人間としての成長、人格の発達を妨げたのは、軍国主義と貧困であった。テキスト第四章「貧しき友」（本書第4章）でみたように、貧困は当時の深刻な社会問題であった。貧困は人びとが自由に才能を伸ばしていくことを妨げた。同時に「満蒙は日本の生命線」「行け満蒙の開拓へ」と宣伝し、侵略によって貧困問題が解決されるかのような幻想をあおり、民衆を侵略支持に駆り立てた。

吉野さんの眼は、戦争と貧困に注がれていた。

少年読者の感想

畏友・北村美都穂氏（私の中央公論社時代の同僚。当時科学雑誌『自然』編集者）は、不定期刊で『したらず　つうしん』を送ってくださる。数年前、氏が舌癌の手術を受けた後にはじめられた個人通信である。その第一三号（二〇〇三年八月一五日付）には、折から自民党議員が提起した「昭和の日」（四月二九日。みどりの日）問題を契機に、昭和前半の自己の精神史がスケッチされていた。氏は少年時代に『日本少国民文庫』に接した体験があるのだった。

「このシリーズ（少国民文庫）の白眉は、吉野源三郎の渾身の作『君たちはどう生きるか』（一九三七年）でした。その中で印象的だったエピソードの一つに、主人公の中学一年生『コペル君』が、学友の家を訪問して、その姉さんから、ナポレオン崇拝を吹きこまれるところがありました。主人公の助言者として登場する『おじさん』は、ナポレオンは、ヨーロッパ諸国民の解放者として頭角を顕したが、諸国民の抑圧者となったときに、没落が始まったのだ、と解説します。私がこの本を読んだのは、作中のコペル君とほぼ同年齢のことだったはずですが、このナポレオンを当時の日本と重ね合わせて読んでほしかったのであろう作者の意図は、私には通じませんでした。私の中学一年の一二月、日本は『大東亜戦争』に突入しました。私はそのころまでに、無邪気な愛国・軍国少年になりおおせていたのでした。『すべての人がおたがいによい友だちであるような、そういう世の中が来なければいけないと思います。……そして僕は、それに役立つような人間になりたいと思います』という、この本の最後で『コペル君』が到達した結論が、当時言いはやされていた『八紘一宇』とは正反対のものであろうとは、考えも及ばなかったのです」

私も全く同様であった。たしか小学六年（一九三九年）ごろ、同文庫をもっている友だちがいて、『心に太陽をもて』や『どう生きるか』を貸してくれた。私はコペル君の悩みやことのなりゆきは理解でき、それなりに感動はしたが、その背景に何かが呼びかけられていたなどとは、想像もつかなかった。ただ子どもながらに文章の「熱気」に打たれたのは印象に残っている。貸してくれるとき、友だちは〝これ、ほんとは読んだからあかん、といわれてるんや〟と秘密めいた口調でささやいた。しかし、私は読み終えたあと、そのささやきの意味はわからなかった。

『どう生きるか』は、そのころから禁書扱いにされており、太平洋戦争開戦後は刊行できなくなった。当局が書物を貫く反戦の思想をかぎつけたためであるが、当時の私には反戦の思想などとても読みとることはできなかった。もしかりに少しは読みとれたとしても、世の中に反戦思想のようなものが存在することなど、想像もつかなかったから、ただ混乱しただけだったろう。天皇と戦争は疑うことのできない存在と事態であり、子どもたちは、疑うこと自体が思いも及ばぬ時代であった（だからといって、吉野さんのメッセージは無駄だったなどとはいえない。私たちより上の世代にはまともに受けとめ得た人たちがいた。それゆえに禁書となったし、戦後の私たちの出発の土壌ともなった)。

2 体験的皇国教育史(スケッチ)

(1) 根源的疑問の欠如をもたらしたもの

「崇高なまでの無知」「神秘的な疑問欠如性」

当時の私たちにとって、天皇や戦争それ自体を疑う=根源的疑問は、思いつくことさえない疑問であった。だが、それは子どもたちに限ったことではなかった。太平洋戦争開戦時の国民意識について、安川寿之輔氏はその著『十五年戦争と教育』(新日本出版社)において、小松茂夫『権力と自由』(勁草書房)を引きながら、つぎのようにいう。

「一般に戦争への無関心(知識人)と無条件的肯定(労働者)という異なる態度をとる両者が、『戦争の政治目的にたいして問いを発する、ということは、全くない』という点で軌を一にする。戦争目的を問わないまま、しかも戦争に協力するという非合理な態度、つまり『戦争目的にたいする神秘的な疑問欠如性』という『崇高なまでの無知』の状態が、この時代には文字通り『国民的規模のもの』になっていたのである」。「学徒出陣を余儀なくされた日本の少数の学徒兵が最後まで鋭敏な精神と明晰な知性を失うまいと必死に努めていたことを示す貴重な記録」（安川寿之輔『福沢諭吉と丸山眞男』高文研）と評される『きけ、わだつみのこえ』を、自身が「わだつみ世代[3]」であった色川大吉氏が、毎年のように何度読んでも、「天皇とか天皇制に対する批判や疑問、天皇を中心としている国家そのものに対する言及がまずほとんどない」ことをみいだすのである。

三位一体・四位一体で

国民の崇高なまでの無知、その表裏としての天皇と戦争への無条件的服従は、どのようにしてもたらされたか。権力による暴力支配（弾圧・統制）と教化（公教育やキャンペーンなど）のためである。

十五年戦争期について、「『天皇帰一』『国のため』というこの時代の天皇神聖＝大日本帝国絶対の教育の力なしには、日本のファシズムと侵略戦争の推進は不可能であった」という安川氏（前出・『十五年戦争と教育』）は、またつぎのようにのべる。「家永三郎は、日本の民衆が自らの犬死をもたらす侵略戦争を阻止しえなかった主体的条件として、『治安立法による表現の自由の抑圧（治安維持法を筆頭に、国民に真実を知らせないための法律は二六もあった）とならんで、天皇制『公教育の権力統制による国民意識の画一化』が、『国民の意識の自由な成長と活動とを妨害することにより、無謀な戦争に対する国民の下からの抵抗の素地を事前に摘みとっ』たと、把握する。つまり天皇制教育は、『国民の大多数の思想を軍国主義の方向に画一化する積極的役割』を演じ」たのである。

天皇制＝国体のための抑圧軸となった治安維持法については、本書第5章でのべた。本章では、次項で刑法等にふれる。国民意識の画一化については、次のような社会構造と軍隊の関係が大きな役割を果した。

明治政府はそれまでの封建的家族制度を改編し、いわば半封建的家族制度をつくり、国家の支柱の一つとした（本書第2章第3・4節参照）。支配層は、日本は「家族国家」と宣伝した（その結果、戦後半世紀をへた今日でも、一部自民党政治家が口にする有様だ）。そこで「日本人は『擬似家族共同体』社会の中で、たえず集団（家族、会社、同窓会、地域共同体等）の一員として行動するように教育され」、習慣づけられた（安川・前掲。社会における権力＝上位者への服従の習慣）。『軍人勅諭』によって天皇への忠節、下級者の上級者への絶対服従が鉄則とされた日本の軍隊では「『被教育者から、いっさいの精神的思想的自主性を剝奪し、被教育者を、命令に対し易々諾々として服従するところの完全なる精神的思想的幼児にまで、〈洗脳〉し〈改造〉する教育が、暴力的に実施された。つまり、『一般社会における服従の習慣が軍隊へと持ち込まれ、それが軍隊において服従の習性にまで鍛錬され、再び一般社会へと送り返されるという、〈服従精神〉の拡大的再生産が、〈社・軍共同〉の形で行われる』ために、日本人（兵士）の上位者（上官、上役、先生、親など）の命令＝服従への疑問は懐疑的なまでに育たず、日本人は自分なりの価値判断をもちえない『精神的思想的幼児』にとどまって」しまったのである（安川・前掲）。

もちろん、服従の強制は、日本軍固有のものではない。戦闘を最優先とする軍隊では、敵の人権はもちろん、自らの人権も軽視して、軍秩序・命令を優先させることが要求される。軍隊を登場させた外国映画をみていると、軍隊の命令貫徹主義→非理性化は万国共通のようである。ただ旧日本軍は、その程度が常軌を逸して強かったのである。

こうして、一面における批判・抵抗の禁圧、他面における服従の教化・育成のために、国家体制のあらゆる装置＝社会組織が動員されたが、その中心は警察、軍隊、学校（公教育）の三位一体であった。

大逆罪・不敬罪

明治政府が出発と同時にとりくんだ仕事の一つが、天皇の神格化・絶対化、国民思想教導であった（大教宣布運動）。天皇制国家秩序のために、刑法（一八八〇〔明治一三〕年、太政官布告）に大逆罪・不敬罪が規定された。第二編「公益ニ関スル重罪軽罪」中の第一章「皇室ニ対スル罪」である。

「第一一六条　天皇、三后、皇太子ニ対シ危害ヲ加へ、又ハ加ヘントシタル者ハ死刑ニ処ス。

第一一七条　①天皇、三后、皇太子ニ不敬ノ所為アル者ハ、三月以上五年以下ノ重禁錮ニ処シ、二十円以上二百円以下ノ罰金ヲ付加ス。②皇陵ニ対シ、不敬ノ所為アル者亦同ジ」（句読点、濁音――引用者。以下同様）

第一一八条は、皇族への危害で、既遂が死刑、未遂が無期徒刑。

第一一九条は、皇族への不敬で、二月以上四年以下の重禁錮、十円以上百円以下の罰金。

明治四〇（一九〇七）年の刑法では、第二編「罪」の第一章が「皇室ニ対スル罪」となった。

「第七三条　天皇、太皇太后、皇太后、皇后、皇太子又ハ皇太子孫ニ対シ危害ヲ加へ、又ハ加ヘントシタル者ハ死刑ニ処ス。

第七四条　①天皇、太皇太后、皇太后、皇后、皇太子又ハ皇太子孫ニ対シ、不敬ノ行為アリタル者ハ、三月以上五年以下ノ懲役ニ処ス。②神宮又ハ皇陵ニ対シ、不敬ノ行為アリタル者亦同ジ」

第七五条は皇族への危害で、既遂が死刑、未遂が無期懲役。第七六条は皇室への不敬で、二月以上四年以下の懲役。明治一三年法における罰金規定は削除されている。

明治13年刑法には、皇室ニ対スル罪につづけ、第二章「国事ニ関スル罪」として、第一節・内乱罪、第二節・外患罪、第三章「静謐《せいひつ》ヲ害スル罪」第一節・兇徒聚集罪、第二節・官吏職務妨害罪等々が規定されるが、第七節「人ノ住居ヲ侵ス罪」では、「第一七三条　故ナク皇居、禁苑、離宮、行在所、及ビ皇陵内ニ入リタル者ハ、前二条ノ例ニ照シ、各一等ヲ加フ」という念の入れようで、明治四〇年刑法では、三月以上五年以下の懲役とされている。

天皇制国家秩序形成のための言論・出版統制については、出版条例（一八六八〔明治元〕年）、新聞紙条例（一八七五年）、讒謗律《ざんぼうりつ》（一八七五年）から出版法（一八九三〔明治二六〕年）、新聞紙法（一九〇七年）へとつづいた。

出版法における皇室規定――。

「第二六条　皇室ノ尊厳ヲ冒瀆シ、政体ヲ変壊シ、又ハ国憲ヲ紊乱《びんらん》セムトスル文書図書ヲ出版シタルトキハ、著作者、発行者、印刷者ヲ二月以上二年以下ノ軽禁錮ニ処シ、二十円以上二百円以下ノ罰金ヲ付加ス」（第二七条は、「安寧秩序」妨害、「風俗壊乱」の罪であり、猛威をふるった）

新聞紙法では――。

「第四二条　皇室ノ尊厳ヲ冒瀆シ、政体ヲ変改シ、又ハ朝憲ヲ紊乱セムトスル事項ヲ、新聞紙ニ掲載シタルトキハ、発行人、編輯人、印刷人ヲ二年以下ノ禁錮及三百円以下ノ罰金ニ処ス」

安寧秩序、風俗壊乱規定は第四一条である。

大逆事件

一九一〇（明治四三）年五月、長野の無政府主義者・宮下太吉の爆弾製造実験の発覚を契機に、幸徳秋水や菅野すがら全国の社会主義者たち数百名が検挙された。天皇暗殺を企てた「大逆罪」として二六名が起訴された。当時の裁判制度で、裁判は一審即決（大審院＝今日の最高裁）で、翌一九一一年一月一八日、二四名の死刑判決（刑法第七三条）。翌一九日、うち一二名に「（天皇の）恩命」により減刑、無期懲役、残る一一名が一月二四日に死刑執行、菅野すがは翌二五日執行。いわゆる「大逆事件」である。この事件の発端となった宮下の爆弾製造などは、今日でいう爆発物取締罰則違反程度のものであり、天皇暗殺「計画」などは「夢想」というほどのものであった。これが大陰謀事件となったのは、すべて政府当局の捏造であったことは、今日の多くの研究者たちが実証している[4]（事件後五〇年目の一九六一年、事件唯一の生き残り、坂本清馬（高知）と刑死者・森近運平の妹、栄子（岡山）が再審を申し立てた。広範な知識人の支援があったが、最高裁は、一九六七年七月、特別抗告を却下した）。

新聞は当局発表をおどろおどろしく報じ、社会主義者を「大不忠、大反逆徒」（「東京朝日」）、「天地もいれざる大罪人」（「万朝報」）と呼んだ。

この事件は、発展しかけていた社会主義運動を大きく挫折させただけではない。天皇に逆らえば生命がない、という恐怖の感情を、国民の間に醸成した。天皇は「尊崇」の対象だけであったわけではない。口にするのもはばかられる「恐怖」の対象となったのである。

誤植、恐るべし

不敬罪は、当初、集会条例違反、新聞紙条例違反、あるいは刑法の官吏侮辱罪と併用されて、自由民権運動弾圧に運用された。ついで社会主義運動弾圧、さらには宗教弾圧に使われ、明確な反体制運動の姿が消えた戦時下、一九三七年以降では、「戦争に対する国民の不満に対して、不敬罪は濫発された。戦時下の不満に対しては、警察取締りでは弱く不敬罪等の刑事罰を以て威しをかける必要を権力が感じたからである」(5)。『特高月報』や『出版警察報』を通覧すると、友人宛書簡、立話、日記等、庶民のつぶやきまで取締まられていることがわかる。その対象は小学生児童まで及んでいる。

出版法や新聞紙法にもとづく言論・出版取締まり、検閲の基準の最初は皇室である。「一．皇室ノ尊厳ヲ冒瀆スルモノ　二．我国体ヲ呪詛《じゅそ》スルモノ　三．革命ヲ憧憬シ又ハ之ヲ暗示スルモノ……」(一九二五年『最近出版物の傾向と取締状況』内務省警保局)。「(A)安寧紊乱出版物の検閲標準(甲)一般的標準　(1)皇室の尊厳を冒瀆する事項　(2)君主制を否認する事項　(3)共産主義無政府主義等の理論乃至戦略、戦術……」(一九三〇年。同前)。

『出版警察報』(一九二八年一〇月号〜四三年一〇月―四四年三月合併号)には、毎号、取締り状況、行政処分、司法処分例が掲載されている。多くの発禁、記事差止、削除例のほか、注意処分程度の例が数ページにわたり表示されているが、その大半が皇室関係の誤植や写真である。天皇・皇后の肖像＝「御真《ごしん》影《えい》」はもとより、すべての皇族の写真が対象となった。写真が不鮮明等々、さまざまの理由が付されているが、驚くほど細部にわたる取締ぶりである。御真影については、あとでまたふれるが、一八九八(明治三一)年の内務大臣諭告における「御肖像」取扱い基準は、つぎの通り。

「第一　天皇、皇族ノ御肖像ハ其ノ尊号御称号ヲ標記シアルト否トヲ問ハズ、御肖像トシテノ外ハ写出スベカラズ。
第二　御肖像ハ総テ粗造ニ流レ、不敬ニ渉ルベカラズ。
第三　御肖像ハ不敬ニ渉ルベキ場所ニ掲ゲ、又ハ陳列スベカラズ。
第四　御肖像ハ露店ニ於テ発売頒布スベカラズ」

誤報はもとより誤植にも監視の目はきびしかった。その性質によっては、関係者は処罰され、新聞社内は大騒ぎとなった。新聞は回収され、訂正本紙を再配達、陳謝表明記事をのせ、宮内相や内相に陳謝した（社内処分はいうまでもない）。

陛下の兇行

私の中央公論社時代、先輩からこんな話をきいた。――天皇表記には最大限の注意を払った。天皇の文字は、文章の行頭に置くよう文章を工夫しなければならない。かりにも「天」と「皇」が行間にまたがるようなことがあってはならならい。陛下の「陛」は誤植を起こしやすいから要注意だが、それでも誤植が生じるから、「天皇陛下」を一本の活字にして防止した。現在の誤植は、「音」による変換ミスで、天皇を天脳とするようなものである。戦前の誤植は「字画」によるものである。天皇陛下の「陛」は、「陸」や「階」と見まちがいやすい。それでも印刷には誤植がつきもの、前記『出版警察報』には、毎号、相当の誤植例が掲載されている。記憶で書くのだが、たしか山陰地方の新聞でつぎのような事件がおこった。二階家の一階で殺人事件があった。その新聞で「陛下の兇行」の大見出しが躍った。「階下」

の誤植である。この場合は、単なる注意処分ではすまず、関係者の背後関係まで捜査されたようであった。

(2) 小学校から大学までの天皇・軍国主義教育体験

以下、体験記述となるので、随時、学校と家庭をめぐる思い出話になることをおゆるしいただきたい。

《小学生のころ――思考中断と自己抑制》

天皇とサンタクロース

私は一九三三(昭和八)年、神戸市灘区の福住小学校に入学した。満州事変三年目、日本の国際連盟脱退、ヒトラーが首相になった年である。教科書は第四期国定教科書、国語教科書は「サイタ　サイタ」ではじまる色刷り(通称「さくら読本」)で、何となくうれしい感じがした。翌々年、自宅転居、神戸市隣接の御影《みかげ》町立第二小学校へ転校した。

そのころの私たちは、天皇や戦争への根源的疑問などとは無縁であった。疑問はないわけではない。天皇は神様だ、直接見ると目がつぶれる、という大人がいた。しかし、軍刀を手にし、軍服を着て、白馬にまたがったりする写真は、どうみても人間であり、また天皇を見て目がつぶれたという人は、どこにもいなかった。母は〝悪いことをしたら、誰もみていなくても、天の神様だけはちゃんと見ています。

いいことをしたときもちゃんとみて下さっているのですよ〟と私にいいきかせていた。だから私にとって、神様とは目に見えない存在で、写真にうつるのはやはり人間だ、としか思えないかった。教科書やお話に出てくる「天孫降臨」や「国引き」など国の始まりの話も、本当だとは思えなかった。天から人が下りてこれるのなら、そんな人がどこかにいそうなものだし、島が動かせるのなら、今までに淡路島（神戸からみえる）を誰かが動かしただろう、と思った。

しかし、そんな疑問を先生や両親にきいてもらうという考えも浮かばなかった。たぶん、そんなことをきいても一蹴されるだろうし、へたをすればロクなことになりかねない、という智恵が働いたのだった。こんな疑問は考えるだけムダだと、思考を中断し、対象をほかに転換させてしまうのである。思考の自己抑制である。天皇は神様ではないと感じつつも、サンタクロースは本当にいるのじゃないか、と小学高学年になるまでは感じつづけていた。今日はクリスマスといって、ろうそくの下でお菓子を食べた翌朝、枕元にプレゼントがあったからだ。このプレゼントこそサンタのおじさんが来てくれた証拠ではないか。

入学の前年、一九三二年、日本は中国における戦火を拡大、上海事変をおこした。廟巷鎮《びょうこうちん》の戦闘で突破口をひらくため三人の工兵が戦死した。当局発表と呼応して、大新聞はわが身を捨てての「肉弾攻撃」として賛美キャンペーンを開始した（今日では戦死は技術的失敗説が有力）。ラジオはもちろん、映画、演劇、舞踊、浪曲、講談、箏曲、琵琶の題材となり、何冊もの単行本発行というブームになった。「廟巷鎮の敵の陣」に始まる歌曲が流行し、私も今でもくちずさめる。学校では三人が一つの破壊筒（火薬の入った長い円筒）の模型を抱えて走る競技をやったし、体育ダンスにする女学校もあった。戦場のおそろしさ、自爆攻撃（のちの特攻攻撃につながる）の残酷さなど想像もできない子どもたちは、戦争で三人の兵隊さんがエライことをやったという受けとめ方で、世間の熱狂に従って、三勇士ごっこなどをして遊んだ。戦争への疑問など露ほどもなく、戦争は所与のことだった。

教育勅語と難行苦行

今でも教育勅語は暗誦できます、といっても私たち世代前後の人の間では、自慢にもならない。誰でもできる。入学早々体験するのは、学校儀式における勅語奉読である。校長が重々しい口調で読み上げている間、生徒は不動の姿勢で頭を垂れて謹聴しなければならない。私語ダメ、身動きダメ、咳ダメ、鼻汁をすすり上げもダメ、ひたすら読了を待つのみ。難行苦行だった。何度も聞くうちに覚えてしまうから、最後に近い「斯《こ》ノ道ハ実ニ我《わ》ガ皇祖皇宗」にさしかかると、もう少しの我慢と思い、「御名《ぎょめい》　御《ぎょ》璽《じ》」でほっとするのである。

余談であるが、勅語の読み方の抑揚、発音すべて、誰が読んでも同じであった。ほぼ中頃の「一旦緩《いったんかん》急《きゅう》アレバ義勇公ニ奉ジ」でオクターブを上げるところも同じだった。師範学校で読み方の訓練でもしていたのだろうか。

そんなわけで、子どもたちは勅語の文字を眼にする前に、暗誦できるようになる。壇上の校長の背後には、天皇、皇后の肖像写真＝御真影が掲げられている。こうした儀式は、教育勅語発布の翌年、一八九一（明治二四）年、「小学校祝日大祭日儀式規程」に始まる。

「第一条　紀元節、天長節、元始祭、神嘗《かんなめ》祭及新嘗《にいなめ》祭ノ日ニ於《おい》テハ、学校長、教員及生徒一同、式場

ニ参集シテ、左ノ儀式ヲ行フベシ
一、学校教員及生徒
天皇陛下及
皇后陛下ノ御影ニ対シ奉リ最敬礼ヲ行ヒ且
両陛下ノ万歳ヲ奉祝ス（但……は略。ごらんのとおり、陛下の文字は文冒頭におかれている）
二、学校長若《も》クハ教員、教育ニ関スル勅語ヲ奉読ス
三、学校長若クハ教員、恭《うやうや》しく教育ニ関スル　勅語ニ基キ　聖意ノ在ル所ヲ誨告シ又ハ
歴代天皇ノ　成徳　鴻業《こうぎょう》ヲ叙シ若ハ祝日大祭日ノ由来ヲ叙スル等其《その》祝日大祭日ニ相応スル演説ヲ
為シ、忠君愛国ノ志気ヲ涵養《かんよう》センコトヲ務ム
四、学校長、教員及生徒、其祝日大祭日ニ相応スル唱歌ヲ合唱ス」
（ルビ、句読点――引用者。第二～八条は略。春秋の皇霊祭や一月一日の儀式、市町村吏員や父母の参加を規定。第七条で生徒に茶菓を与えてもよい、としている。道理で紅白のおまんじゅうをもらったりした）

奉安殿とアイヌ差別

御真影と勅語は、当初、奉安所として、講堂や屋内体操場の正面、校長の机の背後に収蔵することになっていた（訓令）。ところが火事などで御真影焼失、防止のための教員殉職や、なかには責任感で自殺する校長も出たので、校舎から離れ、コンクリートか土壁の「奉安殿」（庫）が建てられるようになった（できるだけ宮城遥拝と同方向）。私の育った「兵庫県では、三四年に国民精神文化講習所が御影師

範に設けられた前後から『県下の各学校で御真影奉安殿が新築され、また校庭に二宮尊徳や楠木正成の銅像がつくられるように』(兵庫県教育史)なった」(安川寿之輔『十五年戦争と教育』・前掲)。

戦前、戦中教育を語る記録で、登下校の折の奉安殿最敬礼、近くでの遊び厳禁、違反したときの体罰にふれたものは多い。私の友人、アイヌ女性の城野口百合子さんは、小学生のとき、最敬礼をしなかったのを見とがめられ、先生にさんざんぶたれた。そのころのアイヌ差別はすさまじかった。城野口さんは〝アイヌ差別のない国はないものか。アイヌの国はあるはずだ。そこへ行って暮らしたい〟と思いながら、毎日をすごした。差別をするのはシャモ(和人)である。そのシャモの神様になぜお辞儀をしなければならぬのか、という反抗心からだった。

ところで私には、奉安殿を見た記憶はあるが、毎日最敬礼の記憶はない。親友に問い合わせた。学校門から運動場を通った正面に木造校舎、その裏に鉄筋校舎。木造と鉄筋の中庭に、奉安殿はあった、という。登下校の最敬礼を免れたのは、こんなわけだった。木造校舎入口前に、二宮尊徳の銅像はあったが、楠木正成の記憶はない。

小学校では正規の授業以外に、お話の会などがあった。講師が童話を話し聞かせる催しで、講師は「くるしま　せんせい」と紹介された。後年、調べたところでは、巌谷小波らの研究会「木曜会」に参加し、「お伽劇団」などをつくり、口演童話の全国普及につとめた久留島武彦(一八七四〜一九六〇年)氏であったらしい。また、ある時、アイヌのおじさんの話があった。きっとアイヌの文化や風習について話したのだろうが、そうした内容は一切おぼえていない。ただ、ひげもじゃのおじさんが、〝アイヌ、アイヌといっていじめられる。アイヌも同じ日本人じゃないか〟と叫んだのが強く心に残った。社会における「差別」の存在に気づかされた、おそらく最初の体験であろう。関西だから、その後アイヌの人たちと出会うことはなかった。約四〇年後、北海道民衆史運動でアイヌの人たちと交流が始まったとき、あのおじさんの訴えが生き生きとよみがえった。

先生は〝朝鮮人も同じ日本人だから、仲よく遊ぶように〟といっていた。そのころ、日本は満州国をでっち上げ、「五族協和」をスローガンにしていたから、先生はタテマエを教えてくれたのかもしれない。しかし、それがタテマエ論だけであったにしても、私には素直に受け入れられた。当時の日本社会はタテマエはあったにしても、内実はひどい差別社会、階層社会だった。「チョーセン」「チョーセンジン」「鮮人」「半島人」は侮蔑語だった。中国人の「チャンコロ」呼ばわりは日常的だった。色の黒いインド人は「インドの土人」。貧乏は差別の対象だった。〝貧乏人のくせに〟とか〝職工（肉体労働者）の分際で〟の言葉があった。ひそひそささやかれる部落差別語。女性差別——男の子をさげすむとき、〝女々《めめ》しい奴《やつ》〟といったし、〝女の腐ったような奴〟は最大の侮辱語であった（ここで、テキスト、浦川君の家業＝豆腐屋が蔑視のタネにされていた箇所を想起されたい）。

幸いなことに、私の母は差別に心痛める人だった。ひとを〝わけへだてしてはいけません〟が口ぐせだった。級友の多くは中流家庭の子弟だったが、中にはお城のような屋敷に住む子もいたし、長屋に住む子もいた。

私は長屋に遊びにいき、貧乏臭い、つまり饐《す》えた臭いを知った。話し合ってみると、級友の何人かは親から〝貧乏人の子とは遊ばないように〟と申し渡されていたようだ。私の母は、お金持の子が来ても、貧乏家庭の子や朝鮮人の子が来ても、同じように接待した。

今にして、私はそのような母をもったことを誇りに思い、感謝する。同時に、差別問題に目ざめるきっかけをつくってくれた小学校の催しや先生の言葉に感謝する。

《中学生のころ――軍国教育と〝自治〟》

教練と軍人勅諭

一九三九（昭和一四）年、私は神戸一中（兵庫県立第一神戸中学校）に入学した。この年に「青少年学徒ニ賜ハリタル勅語」が発せられているが、明確な記憶はない。ノモンハン事件、ナチス・ドイツのポーランド進撃による第二次世界大戦開始の年である。三年生のとき、太平洋戦争が始まった。ものものしい臨時ニュースをきいた後登校すると、全校集会があった。校長の訓示は当然あったはずだが、何もおぼえていない。ただ中川という剣道の先生が、持参した血書を読み上げたことは記憶している。

中学校では、配属将校による軍事教練が待っていた。軍事教練（それ以前は兵式体操）は、一九二五（大正一四）年の「陸軍現役将校配属令」から始まる。

「第一条　官立又ハ公立ノ師範学校、中学校、実業学校、高等学校、大学予科、専門学校、高等師範学校、臨時教員養成所、実業学校教員養成所又ハ実業補習学校ニ於ケル男生徒ノ教練ヲ掌《つかさど》ラシムル為《ため》、陸軍現役将校ヲ当該学校ニ配置ス。但シ戦時事変ノ際ノホカ已《や》ムヲ得ザル場合ニ於テハ、此《こ》ノ限ニ在ラズ（後略）」（第二条で、私立校や大学学部に関して規定。第八条まである）

体操が苦手だった私は、軍事教練もいやな課目だった。配属将校は軍人勅諭の五ヵ条の冒頭句を暗記させた。順序さえ間違えなければ、それほど難しいことではない。しかし、全文暗誦となると話は別である。約四〇〇字×七枚強の、しかも理解しがたい神がかりの文言を、つっかえずに暗誦するのである。どういうわけか、私は暗誦できないまま敗戦を迎えることができたが、友人の多くは全文暗誦の苦痛を味わっている。戦後も年月をへた一九八八年、台湾を旅行したとき、私より一歳上の台湾人ガイド（余初雄さん）が暗誦してみせたのには驚いた。

勤労青少年男子には、青年訓練所があったが、そこでは教練は四年間で四〇〇時間とされていた（普通学科二〇〇、修身・公民一〇〇、職業一〇〇）。

軍人勅諭が、軍隊、学校、一般社会を貫く軸であったことは、すでにのべた。

コペル君と同じ体験

コペル君の中学体験（東京）と私の体験（神戸）の共通性について本書第5章でのべたが、もう一度、ふれさせていただく。①上級生の下級生に対する服従の強制・支配→制裁　②「質素（実）剛健」を掲げる校風　③文学愛好を軟弱とし、映画・演劇を白眼視。

神戸一中講堂の左正面に「質素剛健」、右正面に「自重自治」の額が掲げられていた。「生徒自治」は一中の誇るべき伝統と語られ、応援歌にも「同志こもれる『自治の城』」というフレーズがあった。

この「生徒自治」とは上級生の下級生に対する統率・統制のことであった。それまでの慣行をうけつぎながら、一九二八（昭和三）年生徒会組織「戊辰会」が結成された。総務、運動、風紀係等の役割分担があったらしいが、私たちの目にみえたのは、総指揮官、副官、五～一年各年級指揮官という軍隊さながらの秩序体系だった。朝礼から校庭の掃除まで、この指揮系統でとり行われた。私たち下級生が恐ろしかったのは、登校時の服装検査と年一回の学生大会だった。宇佐美承氏（同期生。といっても交遊はない。彼が病気留年で同期となったとき、私は進学して中学を去った）は、「学生大会の不思議——果たして母校はリベラルだったか」の一文を『神戸高百年史』（同窓会編）に寄せている。「……下級生を学年ごとに講堂に集め、一人一人の名を呼び上げて、ブラックリストに登録された生徒に向かって床を蹴って怒鳴りまくり、最前列に引っ張りだして殴りつけた。嗜虐というのはあのことで、あまりの酷さに教師が問題にすることすらあった」。下級生は屋上に集合、一人ずつ順番に階段を降りる。その間、服装検査。講堂の正面、左右に五年生が並び、何かあると一斉に床を踏みならし、どなる。恐ろしかった。

上級生の下級生に対する制裁は、もちろんあり、一八九六（明治二九）年創立の頃から、新聞に投書（一九〇三年九月「神戸又新日報」）されたり、被害者からの告訴事件（同じ頃）もあった。〇九年の松永信成（を）制裁事件は、有名になった事件のようである。大正期の教育界で、「教育の自治」が唱えられたが、現出したのは「服従の自治」であった。

このような神戸一中は、〃きびしい軍人教育の学校〃と知られていたが、リベラルな側面があったという説もある。それは初代、二代の校長のイメージがあるからだろう。初代の鶴崎久米一校長は、札幌農学校で新渡戸稲造や宮部謹吾らと共に学んだ人。二代目の池田多助校長は大正末年、英国留学の体験をもち、クリスチャンであった人。私の在校中にも、池田校長は「名校長」という風評を耳にした。「池田校長が子息を予科練に差し出して教え子を守った話は有名だし、現に私は朝礼でこの名校長が『軍人になるばかりが国に尽くす道ではない』と話すのをきいている。クリスチャンが集まる『光塩会』

や芸術を愛する少年の『黒樹会』（いずれも校友会活動の一つ——引用者）などが最後まで存続できたのもこの人のおかげだったろう」と宇佐美氏は書く。つづけて「しかし、美談は希少であってこそのもの」とのべ、先に引用した学生大会というリベラルと正反対の様相を描いている。私より四年後輩の小松左京氏は、「撲られ放しの青春」という談話を寄せている。理不尽に撲られる毎日だった、という。敗戦間際の学校は、大荒れに荒れていたのであろう。

私には池田校長＝名校長説を裏づける体験がなく、『国体の本義』の講義で、オペラなどをこき下ろしたのに強い印象をうけたので、本書第5章第2節にそのことを書いた。『国体の本義』は、高校や専門学校、軍関係学校の入試必読書でもあったから、テキストとして講読せざるを得ず、講義をするからには、あんなことも口にせざるを得なかったのであろう。

光塩会というクリスチャンの部活動の存続は、たしかに評価されていい。しかし、私の在校当時、そういう会があるらしい、と小耳にはさむ程度だった。黒樹会の存在は全く知らなかった。校内ではばをきかせていたのは、サッカー部、野球部、柔道部、剣道部といった運動部であった。映画・演劇も厳禁で、映画館への入場はもちろん、盛り場を歩いていても、みつかると、教員室に呼び出されたり、学生大会でのつるし上げのタネになった。繁華街を通るときは、緊張のしっ放しだった。警視庁のいわゆる「サボ学生狩り」は一九三八年、勤労青少年対象の「不良少年狩り」がこれにつづき、四〇年には「学生自粛通牒」で学生・生徒の平日の映画館入場禁止（休日禁止も可）となった。

毎月の神社参拝、査閲等々、天皇制軍国主義教育の体験をあげていくと、キリがない、稿をあらためるよりほかない。

勤労動員の唯一の収穫

戦場への国民動員は労働力不足をもたらし、朝鮮人・中国人の強制連行となるが、一九三八年から中学生以上の「勤労作業」が開始された。三九年には「漸次恒久化」の方針となり、四一年には一カ月の勤労作業も授業とみなされるようになった。そんなわけで、農村の作業に行って、蛭に吸いつかれる体験もしたし、橿原神宮造営の敷地整備作業にも駆り出された（泊りがけ）。楽しい思い出はなく、唯一の収穫は「偏食」がなくなったことである。提供される副食は、種類も量も少なく、嫌いだといって食べなければ、飢えるほかなかったからである。

死生観と皇道哲学

そのころの私たちは、将来の人生についてどう考え、というより、どう感じていたのだろうか。太平洋戦争が始まり、いくら「大戦果」が発表されても、それが「わがこと」のように嬉しかったり、勇み立つような気持にはなれなかった。中学を卒業し、大学へ行っても、いずれは兵隊だ。いやでも耳に入ってくる兵営生活や目に入る軍人の振舞にはどうにもなじめない。恐ろしげな兵営生活の先は戦場、そしてたぶん戦死か。それ以外の道はありそうにない。では、勉強は何のためにしているのか。空しいではないか。そう考えると暗く、重苦しい気分に陥らざるを得ない。そんなとき、一人の友人が言った。〝俺たちは戦死しても、悠久の大義に生きるんや〟。そうか、死んでも生きるという道があるのか、それではその道を知ってみたいと思い、もはや著者名も題名もさだかではないが、佐藤なんとかいう人の〝皇道哲学〟とかいう本を買って、読もうとした。だが、ページをひらいてもいっこうに理解できないのだ。自分の努力が足りないのかと思い、何度も挑戦したが、読み通せなかった。今にして思えば当然である。『国体の本義』と同様、言語明瞭、文字鮮明であっても、内容が神がかりで非論理、自己陶酔の文書であれば、理解せよというほうが無理である。

《高等学院時代――束の間の〝自由〟と消滅》

第二早高へ

一九四三（昭和一八）年、私は四年修了で第二早稲田高等学院に入学した。私の兄・迪夫が、灘中学校から四年修了で慶応大予科に進学したのにならったのだ。兄は私に輪をかけて世間的な「要領」が悪く、体操や教練は大の苦手、軍隊教育にはとても順応できない人であった。そこで幾分自由がありそうな大学予科への早期進学を志したのである。私も同じ道を選んだ。そのころの神戸一中は全国有数の進学校で、校内で評価が高いのは一高、ついで三高、それからナンバーのついた高校、近くの姫路高校といった順序で、私大予科は最後列、許容範囲は早慶までという状況だった。陸士（陸軍士官学校）、海兵（海軍兵学校）は一定の評価はあったが、志願者はそれほど多くなかった。だからこの頃の早稲田進学は私一人、翌年、柔道部仲間の久保内一男が慶大医学部予科に入ったのが数少ない私大進学例である。

大隈講堂の入学式で感動した。配属将校の演説に野次がとんだのである。ほんの一言、二言で、内容も聞きとれなかったが、中学では想像もつかない出来事だった。教練のとき、靴ではなく板裏草履をはいていたり、教練服でなく学生服でいたりする先輩をみて、これも中学では考えられない、と感動した。

他校に先がけた錬成

当時の時間割をご紹介する。日本史は「皇国史」である。教練は週に三回。哲学は国粋主義で有名な佐藤慶二氏。学生取締りに熱心で、学生の間ではサトウ刑事と呼ばれていた。デューイなどアメリカ哲学の植田青次氏は英語、カント哲学の樫山欽四郎氏（女優・文枝の父君）はドイツ語。この方々は語学でも教えるよりほかなかったのであろう。この時間割表にない先生の思い出もある。伊藤安二先生（社会心理学）は、何かの授業の最中に、「このごろは、何かといえば〝ガダルカナルを思え〟だ」と時局批判めいた口吻をもらしていた。ガダルカナルの惨憺たる敗北と撤退を、困苦の中の勇戦敢闘、転進と伝えられていた頃である。これも時間割表には見当たらない尾島正太郎先生のテキストは、ワシントン・アーヴィングで味わい深かった。英語の石井先生は映画好きで、『姿三四郎』や『無法松の一生』のみどころを解説してくれた。

授業以外に、「錬成」という行事が割り込んできた。東伏見にある「錬成道場」に合宿させられて、しごかれるのである。錬成とは、第一次近衛内閣の下で発足（三七年末）の教育審議会答申に現れた教育方法概念で、錬磨育成の意味である。要するに皇国臣民として練り上げようというのだから、具体的にはしごきとして現われる。わが「早稲田大学では、田中穂積総長主導のもとで、『他の官公私立の学園に率先して、昭和十五年秋、新たに〈学徒錬成部〉なるものを創設して、……画期的の革新を断行した』。錬成部設置の目的は、『国体ノ本義ニ基キ皇運扶翼《ふよく》ノ確固不抜ナル精神ヲ体得シ、偉大ナル国民ノ先達タルベキ智徳体兼備ノ人材錬成ヲ目的トス』とされた」（安川・前掲）。特別なことをやったわけではなく、教練と講義（お説教）の組み合わせみたいなものだった。

自由は束の間

このような学校生活以外では、中学と違ってかなり自由だった。映画へ行こうと、コンサートへ行こうとがめる者はいなかった。神田の南明座、新宿文化劇場で、『未完成交響楽』『格子なき牢獄』『巴里の屋根の下』等々をみ、日比谷公会堂で日響の演奏会やピアノ・リサイタル（豊増昇）をきき、ムーラン・ルージュをみ、歌舞伎、新派、軽演劇に通った。汽車の切符購入も不自由になりはじめていたが、東北旅行に出かけることもできた。ふりかえってみれば、この時期に、中学時代にふれ得なかった世界

時間割表

	月	火	水	木	金	土
8～9時	修辞（安藤）	教練	英語（植田）	修身（杉森）	政治（原）	国語（岩津）
9～10時	自然科学（岸田）	自然科学（岸田）	西洋史（松崎）	英語（石井）	英語（植田）	漢文（横井）
10～11時	皇国史（萩野）	国語（大津）	経済（原）	独語（樫山）	哲学（佐藤）	哲学（佐藤）
11～12時	漢文（横井）	西洋史（十河）	国語（岩津）	経済（内田）	英語（石井）	英語（川津）
1～2時	教練	英語（川津）	独語（樫山）	教練	西洋史（十河）	道義 英作文（石井）
2～3時			独語（岩崎）	ESSAY	作文	西洋史（十河）

に羽根をのばし、新しい体験・知識を大急ぎで吸収したものだった。しかし、この時期は一年足らず、束の間だった。アッツ島の玉砕（五月）、イタリアの降伏（九月）、マキン・タラワの玉砕（一一月）が伝えられ、翌年、私たちは学園を去らねばならなかった。

工場労働と敗戦

早高入学の年九月、文科系学生の徴兵猶予制停止、一二月、学徒出陣。翌年（一九四四）三月、「決戦非常措置要綱ニ基ク学徒動員実施要綱」（閣議決定）で、勤労動員は通年実施となった。要するに学生から学業をとり上げたのだった。私たちは昭和電工・新子安（神奈川県）工場へ配属になった。工場の寮に収容され、そこから工場に通った。寮は五人一室だったが、僅かの間に応召で一人減り、二人減り、最後は原次郎氏と二人きりになった。

長時間労働だった。いくら若くても疲れはて、その年の秋か冬、自然発生的にゼネラル・サボタージュ（誰も工場へ行かない）となった。翌日、将校（たぶん憲兵）や工場長がきて全員を集める騒ぎになったが、大事件にはならなかった（私はみんなが黙っているので、〝疲れのため〟と代表弁明をした）。事件にならなかったのは、労働力不足の時、作業が停滞するのを避けたかったためだろう。

学生にうらみでもあるのか、日本人係長はすぐ〝学生やーい〟と呼びつけ、休む暇も与えなかった。金さんという朝鮮人工員はやさしかった。泊り込みとなり、温風が通うパイプの上で横になっていたとき、そっと上から毛布か何かをかけてくれた優しさが、忘れられない。

翌年の学部進学で、電工労働が終わったとき、何がしかの金が支払われた。これは賃金ではなく「一括学校報国隊に納付」される「報償金」を個人分割支払いにしてくれたらしい。強制労働の朝鮮人・中国人に賃金未払いをやらかした日本軍国主義としては、珍しく律儀な話である。

進級した政経学部学生は、北海道農村に動員された。兄はすでに特甲幹（特別甲種幹部候補生）として、四国・豊浜で訓練をうけていたから、父は私を東京に残したがった。近所の医師に診断書を書いてもらい、私の動員先は、三菱銀行東京本店となった。三月の東京大空襲のあとの時期だから、焼け焦げの臭いを身にしみつかせ、疲れた表情のお客が窓口にきた。五月、三軒茶屋の自家は空襲で焼失。このころから、銀行学生班の規律はないも同然になった。打ちつづく空襲下、無断欠勤とかいちいち問いだしておれぬからである。そこで私は友人に誘われて東京都戦時報道隊の学生隊に出入りするようになった。なえかける「戦意」を昂揚させる目的の組織だったらしい。そこで私は、号令だけではひとは動かぬ、いくらきびしくとも実情をありのままにしらせ、その上に立った方途を示さなければひとは動かぬ、と思うようになり、そのことをノートに記した（今にして思えば、この報道隊はへんな集まりで、左翼くずれが何人かいたらしい。戦後、性風俗研究家として知られた高橋鉄氏もその一人。戦後、私にフロイトとマルクスは二大偉人と教えてくれた。その同僚、小林さんは河上肇『第二貧乏物語』を貸してくれた）。

報道隊というだけに、敗戦ニュースは前々日に伝わっていた。天皇放送は、都庁中庭できいた。正直なところ、一番強く感じたのは、解放感ではなく、これから何が待っているのだろうか、という不安感だった。八・一五の夜か、翌日の夜か、報道隊学生班はどうするの議論があった。電灯がつかず、近くの高架を省線電車（現在のJR）が通る折だけ明るくなる部屋だった。右翼学生は〝神州不滅！　われわれは信州に立てこもって敵と戦おう〃と叫んだが、さすがに呼応の声はなく、結論なしで解散した。

「自由が丘は、いい名前だな」

話を戦中にもどさせていただく。兄と東横線に乗り、自由が丘に停車したとき、「自由が丘とは、いい名前だな」と兄が言った。そのとき、私は面白い名前とは思ったが、特別よい名前とも思わなかった。兄の言葉の意味がわからなかったのである。早高に進み、それまでの中学における束縛・強制から離れ得た居心地のよさを味わいつつも、束縛や強制の根源を問う素養をもっていなかったから、その反対極の自由の意味を概念として把握していなかったのだ。世代の素養、それにもとづく感覚の相違である。社会の軍国主義への傾斜は年ごとに強まり、太平洋戦争下では特に急速度だった。兄は私の二歳年長だが、この時期の二年の差は大きい。兄は「わだつみ」世代、私は「少国民」世代。[6]兄は風早八十二『日本社会政策史』を材料に、保健のレポートを書き、不可となったことがある（四一年秋、慶大予科の運動会で、仏文学生が仏映画『自由を我等に』の主題歌を歌いつつ行進したところ、運動部がなぐり込んだという）。

家庭の世代差

私たちの家庭には父方の祖父・三之助がおり、父・一郎は仕事が忙しく、家庭にいることが少なかったから、家長のように振舞っていた。兵庫県竜野小学校校長などをつとめた人だが、そこそこの反骨精神をもつ人物であったようだ。夕食のときは、母・千代や私たち（長姉、次姉、兄、私）を前に一席弁ずるのを常とした。演説会などが好きだったようで、その日は会の模様を話した。「あいつはえらい奴じゃ。話が終わったらすぐ〝しつもーん〟と叫んで、壇の下まで行ってな……」。どうやら軍人を質問攻めにした友人がいたらしい。軍人に少しでも楯をついた行動を賞讃したいらしく、この話題は二、三度きかされた。「お前たちの親類には、えらい男がおる。オーヤマ・イクオじゃ」。一九三二（昭和七）年、アメリカに亡命した大山郁夫のことである。だが、話はそれ以上すすまなかった。母はちょっと当惑げな顔をし、話には乗らないので、私たちはその人がどんなにえらいかを問う雰囲気ではなかった。家庭内でも左翼運動を話題にするのは、はばかられた時代である。ある時、母と叔母（母の妹）が〝タカノのタダオキちゃんがねえ〟と話すひそひそ声が耳に入った。秘密めいた会話の調子から、聞いてはならぬようなことに思え、実際、誰のことかは問わなかった。戦後になって、そのタカノ・タダオキは伯母（母の姉・高野姓）の長男・忠興のことで、姫路高校で特高につかまった話であったことを知った（忠興さんは、矢内原忠雄東大総長の頃の秘書、のち大妻女子大学教授）。

中学低学年のとき、友人と家系の話になった。そのとき、私はつい〝うちの親類にオーヤマ・イクオというのがいる〟と、口にしてしまった。友人は〝え、お前んとこは元帥の血筋か〟と驚いた。大山巌元帥と間違えたのだ。当時の中学低学年生が大山郁夫を知っているわけはないし、私自身がどんな人かを知らなかったから、会話はそれまでで、級友間にひろまることはなかった。

祖父は本と骨董の買い集めが趣味だった。骨董は安物ばかりだが、蔵書は八畳一間に山積していた。一九四四年死去、戦後、そこで亡くなった伯母の家に蔵書整理に行った。何でもかでも買い込む人だったから、本の種類は種々雑多をきわめ、『金魚の飼い方』『犬の飼い方』から〝一〇銭でどこまで行けるか〟（市電の乗換え制の活用法）等の豆本叢書が、日本古典全集や『現代日本文学全集』（改造社）、『世界大思想全集』（春秋社）などの間に混在していた。改造社版の『マルクス・エンゲルス全集』が五、六冊、『社会問題講座』（新潮社）の揃い、大森義太郎、有沢広巳、脇村義太郎ら労農派学者の巻がある

『経済学全集』などがあった。単行本では、大山郁夫『嵐に立つ』、田所輝明『無産党十字街』、カール・ディール『社会問題二十五講』等々があった。ハヴェロック・エリス『性と文明』や本間久雄『婦人問題講話』もあった（それにしては、その生活態度は男尊女卑で、母を困らせていた）。これらの本を所持していたところをみると、精読したかどうかは知らぬが、マルクスやエンゲルスを理解しようと購入したのには間違いない。だから、妻の弟が大山郁夫であることを誇りに思っていたのであろう。三井船舶の中間管理職だった父も大山を敬愛していたが、それを知ったのは戦後のことである。

堀田善衛氏の「紅旗征戎　吾が事に非ず」

一九九一年から十数回にわたり堀田善衛氏の回想を伺う機会を得た（『めぐりあいし人びと』集英社）。堀田さんは一九一八年生まれだから、「前わだつみ」世代である。私たちが暗く重く苦しい気分で受けとめつつも、避け難い運命として耐え従っていくほかないとしていた戦争を、「紅旗征戎《せいじゅう》　吾《わ》が事《ごと》に非ず」の心境ですごしていたことを知った。堀田さんは慶大予科から学部に進むとき、ラジオでゲッペルスの演説をきき、「生理的に嫌悪感をもよお」し、一方でリュシエンヌ・ボワイエのシャンソンを耳にして、「ドイツ語のような野蛮なものはいっさいやるまい」と一大決心をし、フランス語を選ぶ。私にもヒトラーやゲッペルスの演説が耳に入ったが、ドラマティックな感じがし、キンキン声で一本調子の東条英機の演説よりよっぽどいいと思った（口にはしなかったが）。まさに世代の教養の差である。堀田さんは一級上の和田喜太郎氏（卒業後、中央公論社。横浜事件で獄死）の映画研究会（これは隠れ蓑《みの》で、実際は唯物論研究会）で、マルクス主義を知る。それまでバクーニン（アナーキズム）などを読んでいたが、レーニンの『一歩前進、二歩後退』や時評「キツネとニワトリ小舎について」などを読む。私は戦後マルクス主義者だが、レーニンのそのような時評は存在すら知らず、堀田さんの話を聞いてから、全集で確認した。そこで堀田さんはいう。「レーニンは今でも私の中に生きています」。お話を伺ったのは、ソ連崩壊の頃だったが、堀田さんは、〝驚きませんね、僕や加藤(周一)君などは、戦時下、南欧マルクス主義も読んでいたから〟と語った。

堀田さんの中に生きていたのは、もちろんレーニンだけではない。「……この辺にモンテーニュさん、ここにゴヤさん、あちらに(藤原)定家さん、どっかその辺に僕がいる」(『ミシェル 城館の人』三部作完結時のインタビュー。『朝日』)。要するに、堀田さんは古今東西の思想家・芸術家の間を自由に往来し、対話を重ねてきたのであった。私はひとり勝手に、堀田さんと加藤周一さんを〝当代きっての教養人〟と定義している。〝重箱のすみをつつくような〟研究・理論(悪い意味でいうのではない)も人間にとって大事な仕事であるが、世界や日本にまたがる人類の遺産に広く深く親しんでいく教養は、どれほどその人の世界観をたしかなものにし、その人を含めまわりの人の人生を豊かにしていくものであるか。山本有三、吉野源三郎氏らの『少国民文庫』、そして『どう生きるか』の狙いも意義も、そこにあったのである。

3　児童文化と教養

（1）自由が禁句となるまで

自由が丘の地名でなぐられた

太平洋戦争下、兄と東横線に乗り、自由が丘駅に停車した時、兄が〝自由が丘とはいい名前だな〟と口にしたが、二歳年下の私には、その意味がわからなかったことを先に書いた。当時の私には、自由という概念の内容が全く把握されていなかったからである。もちろん言葉としては知っていた。しかし、その言葉には口にするのがはばかられるような、マイナスのイメージがつきまとっていた。

中学校の公民の授業で、世界思想の話をきいた記憶がある。イギリスやアメリカは個人主義、自由主義の国で、自分さえよければ何をやってもいいという国であり、未来はない。そこで全体主義という新しい考え方が生まれてきた。ドイツやイタリアだ。まずみんなのことを考え、自分をそこに生かす立派な考えである、という。それでは、日本も全体主義の国というのであろうと、次の言葉を待ったが、先生はそうはいわなかった。何といったか、記憶は定かではないが、たぶん天皇を中心とした「万邦無比」の国柄だ、とでもいったのであろう。ドイツ、イタリアが盟邦だといっても、やはり外国だ。日本は他のどんな国よりも優れた国柄、というのが当時の支配層の主張であり、先生たちもそう教えていた

（本心だったかどうかは知らぬが）。国粋主義とはここまで愚劣に陥るものであるが、近来に激しい過去の戦争肯定論（〝新しい歴史教科書をつくる会〟の主張等）、は、おそらくこのへんに行き着くのであろう。

そんなわけで、当時の私にとって、自由とは指導者や先生がいうほど積極的に排除すべき思想・概念とも思えなかったが（排撃せねばならぬ自由がそのへんにみえていたわけではなく、また中学にくらべ高等学院の生活は各段に自由で心地よかったから）、公然と口にしてはならぬ言葉のように感じられていた。実際にも自由は「敵性語」であった。

敗戦後間もない頃、九州北部の中学での話――。

「……正彦の教室で、戦時中に狂信的な国粋主義者だったある教師が点呼を取ったときである。『戸畑、オマエは東京の何という中学から転校して来たんだ？』その教師は正彦の級友に質問した。『はっ、自由ヶ丘中学であります』と、戸畑は答えた。『なにいっ！　自由ヶ丘だと！　ジユウとは何事だ！　そんなことを言っているから戦地の兵隊さんたちが苦労するのだ！』　教師はそう言うと、戸畑に横びんたを打った」（三年Ａ組岸円菜摘「少年と戦争」『15歳が受け継ぐ平和のバトン――祖父母に聞いた235の戦争体験』女子学院中学校「祖父母の戦争体験」編集委員会、高文研(7)）

これは一九八〇年からつづけられている、東京・女子学院中学の国語科教諭指導による聞き書き学習の記録（二〇〇四年度版）からの引用である（各自四〇〇字×一〇枚。三人称記述）。正彦とは、筆者・岸田さんの祖父。祖父はつぎのような体験も語る。小学五年生のとき、

「『お前は将来なにになりたいか？』個人面談で担任の教師にそう聞かれた。教室の隅にある机の前

で、正彦は直立不動の姿勢をとった。

『はっ。八幡製鉄の職員になりたいです』

『卑怯者！』ばしっと正彦は頬に一発食らった。そのまま床に倒れる。

彼が起きあがると、腰掛けていた先生は椅子から立ち上がって正彦がしたのと同じく直立不動になった。『兵隊さんになって天皇陛下のために死にます、となぜ言えないんだ！』と大声を張り上げた……」

自由ヶ丘学園からトモエ学園へ

正彦さんの級友をなぐった中学校教師は、自由という言葉を耳にしただけで逆上したようだが、自由が丘という地名の由来をきいたら、どんな顔をしたろうか。この地名は、大正新教育＝自由教育運動の指導者の一人、手塚岸衛が一九二八（昭和三）年三月、横浜電鉄の奥沢停車場近くに創設した「自由ヶ丘学園」に由来する。手塚については、あとでもう一度ふれるが、その創設趣意書には「……伸びんとする児童の天真を打開し、児童は怡々《いい》として学習を嘆美し、教師は父母の心を以て心とし、新しき自由教育主義を研究し実施せんがために……建設」とうたわれていた。関係者の懸命の努力で実績をあげ、三〇年には児童数は一〇〇名を突破、三一年には中学部を設置した。しかし、財政難につきまとわれ、三六年、手塚の死とともに学園は崩壊する。

だが、この自由が丘の地に、自由教育の灯はうけつがれる。手塚と志を同じくする小林宗作が「トモエ学園」（小学校）と幼稚園を三七年に開設した。後年、その名は、黒柳徹子『窓ぎわのトットちゃん』によって全国に知られる。大正新教育運動の先達、沢柳政太郎を中心に、小原国芳や赤井米吉らをメンバーとし、一九一七（大正六）年、成城小学校が創設されるが、小林は小原と協力して幼稚園をつくった。小林は東京音楽学校師範科卒、成蹊小学の音楽教師となり、この間、同校創立者・中村春二の教育方針の影響をうける。二度にわたって渡欧、フランスの作曲家・教育家ダルクローズに学ぶ。トモエ学園は一九四五年の空襲で焼失した。

日中戦争下の総合雑誌『自由』

自由という言葉を新聞紙上でみることができたのは、私がその言葉にとまどった頃のわずか五、六年前である。一九三六年一二月一八日、日中戦争の前年、新総合雑誌『自由』の広告が新聞に出、発売となった。『中央公論』『改造』『日本評論』『文藝春秋』の四大総合雑誌に新顔が加わったのだ。創刊号＝三七年一月号の巻頭特集は「廣田内閣全閣僚に与ふる書」。「先づ言論の自由を（内相）・阿部真之助」というように、各分野の大臣に論者が批判・要望を寄せる形式で、日本政治の問題点の全般的検討をする内容である（首相・永田轂／外相・清沢洌／蔵相・鈴木茂三郎／陸相・加藤勘十／海相・水野広徳／法相・片山哲／農相・向坂逸郎／商相・島田晋作／鉄相・酒田芳男／逓相・稲村順三／文相・戸坂潤）。

座談会「自由放談会」の出席者——青野季吉、岩崎栄、岡邦雄、神近市子、金子しげり、竹内夏積、高津正道／司会・永田轂

ほかの記事——大塩平八郎論・田村栄太郎／世相時評・武田麟太郎／文芸放談・林房雄／随筆・前田河広一郎、西川一草亭

創作——鶴田知也、外村繁

（以上は上野征洋・香内三郎『抵抗と沈黙のはざまで』新時代社による。以下、『自由』に関する記述は、すべて同書による）

執筆者をみると、リベラリスト、マルクス主義者が大半で、そのころの当局にとって〝好ましくない〟人物がずらりと顔を並べている。特集巻頭の首相宛論文の筆者名・永田轂（コウ。ひな）はペンネーム、本名は伊東治正。同誌の編集主幹、オーナーである。治正は明治憲法の起草者の一人、伊藤巳代治の孫で伯爵、当時二八歳の青年。

創刊に先立って、一九三六年一〇月、発刊趣意書が主要新聞社や文筆家に送られた。まず当面する社会の混乱錯綜状況が指摘され、その中から民衆の「力」を求める傾向が生まれている、と言う。「二・二六事件のあのスリルに対してさへ、ひそかに快哉を叫んだ人は無かったであらうか」とのべ、「破滅に導く力にさえも人々は斯様に無批判に追随せんとしてゐる。国際社会にとつて之程危険なことはあるまい」と憂える。そこで必要とされるのは「社会発展の必然性を認識してその立場から成される純正強力な言論でなければならない」。

「即ち何れにも偏せざる真の『自由』の立場に立ち、過去の幻影に惑はされることなく『進歩』の側に立ち、現在を解剖し、正当なる将来の発展を指示」したいのが本誌の願いだ、とのべる。

「力」のファシズムに向う時勢に対し、自由と進歩の理念・言論で抗していこうという志がのべられている。すでに自由という言葉を口にするのがはばかられるようになりつつあった時期である。

自由という言葉は、もはや字引の中だけ……

新雑誌はジャーナリズムに好感をもって迎えられたようである。発刊前に「若き伯爵果敢に護る　自由主義の城砦。憲法の番人・故伊東巳代治伯の令孫が雑誌社長」(『読売』三六年一一月一八日)の見出しで報じられ、記事中に「ファッショの嵐に揺らぐ自由主義のための小さいバリケード」と書かれていた。発刊後には、『都新聞』に次のような記事が出た。「『自由』などといふ言葉はもはや字引の中にあるだけで、今時は全然通用しないのかと思つてゐたら、案外さうでもないらしく、最近『自由』といふ雑誌が出た。旧知にめぐり逢つたやうな気持で読んでみると、なかなか面白い……」。

右へ右へと押し流されていく風潮の中で、鬱屈していたジャーナリストたちは共感を寄せたのであろう。もちろん、右翼は激高し、『愛国新聞』(三七年一月一九日)は「日本人民戦線の先鋒部隊の赤色城砦」が出現した、と攻撃を開始した。

検閲はきびしく、警視庁、築地署(所轄)に看視されて削除その他の処分は毎号のこと、三八年新年号はついに発禁となった。三七年末から翌年にかけての「人民戦線事件」で、同誌の主要執筆者(たとえば先に引用の創刊号執筆者たち)の多くは逮捕・投獄された。こうして雑誌『自由』は三八年三月に終刊号を出して、幕を閉じる。全一六冊の生命であった。

短い期間ではあったが、出版ジャーナリズム史上に貴重な足跡を遺した。上に記した人々のほかに、三木清、大森義太郎、荒畑寒村、美濃部達吉らの論稿があったし、壺井栄は本誌でデビューした。清水幾太郎、美濃部亮吉も本誌デビューという。サルトルの紹介やトーマス・マン「ヒトラーへの抗議」も本誌の業績であろう。この時期の抵抗ジャーナリズムとして、京都の『世界文化』『土曜日』、東京の

『大衆政治経済』とともに光芒を放っている。

天皇制軍国主義が君主制を否定するマルクス主義、社会主義運動を主敵とするのは当然であった。同時にその天皇絶対主義に根ざす国粋主義が民主主義思想、自由主義思想を敵視するのも、いわば必然の成り行きである。

自由の芟除《さんじょ》

満州事変下、一九三二年一一月に当局がいう「司法赤化事件」(東京や長崎、札幌、山形の判事ら裁判所関係者が、共産党員乃至シンパとして検挙された事件)が起こされ、「教員赤化事件」(長野県下で六八四名の共産党員・シンパが検挙され、うち二〇八名が小中学校教員だった)がつづいた。これを契機に「思想問題」が支配層の大問題となった。狂信的右翼・蓑田胸喜、三井甲之(原理日本社)らは『司法赤化事件と東大赤化教授』というパンフレットを作り、司法官赤化の原因は、東大の美濃部達吉、牧野英一、末弘厳太郎、京大の滝川幸辰らの学説にあるとし、これら自由主義的法学者を赤化教授と攻撃した。貴族院で神がかり議員の菊池武夫は、国体を破壊するマルクス主義を煽動するような「我が国に有害な大学」は閉鎖せよ、と騒いだ。貴族院も衆議院も思想対策の決議をした(三三年三月)。

こうして滝川幸辰『刑法読本』『刑法講義』は発禁となり、文部省は京大に対し、滝川を辞職させよと強要した(同年四月)。大学側は、大学の自治侵害、学問の自由否認に抗議し、法学部教授の一斉辞表提出で対抗、学生は抗議運動を展開した(運動は京大から、東大、東北大、九大へひろがる)。しかし文部省、特高などによる権力弾圧には敗退せざるを得なかった。滝川幸辰、佐々木惣一、末川博、宮本英雄、恒藤恭、森口繁治教授らは退職した。「滝川事件」と呼ばれる、学問の自由をめぐる歴史的なたたかいである。同じころ、ヒトラーの焚書事件に抗議して、舟木重信、新居格、谷川徹三、徳田秋声、三木清らの学芸自由同盟が結成された（三三年七月）。三三年は自由をめぐるたたかいの年だった。

満州事変以来、陸軍省は調査班、のちに新聞班に戦争正当化のパンフレットを作らせ、ばらまいてきたが、三四年一〇月『国防の本義と其強化の提唱』を発行した。「たたかひは創造の父、文化の母である」という好戦的言辞で書き出され、「国防」のために全体制組織を一元化するよう説いたが、その中で「国家を無視する国際主義、個人主義、自由主義思想」を「芟除《さんじょ》」せよと主張した。芟除とは刈り取るの意である。

翌三五年 月、先の滝川事件の火つけ役となった蓑田胸喜らは、美濃部達吉・末弘厳太郎の学説を攻撃、貴族院の菊池武夫が呼応して、いわゆる天皇機関説問題となり、政府の国体明徴の声明・運動となった（本書第5章）。神がかり・非合理の国粋主義が政治社会の主流となり、政府権力に批判的な思想・言説は「反国体」とされ、自由主義思想はいっそう敵視されるようになった。

こうした状況の中で『中央公論』三五年五月号は「顚落 自由主義の検討」という特集を組む。執筆メンバーは長谷川如是閑、中野正剛、杉山平助、石浜知行、上司小剣、清沢冽、田中惣五郎。「顚落」という言葉は使われているが、この顔ぶれが示すように、編集意図は自由主義の側にあった。そのことはつづく同誌六月号に、今中次磨「政治的自由の狭隘化と知識階級の立場」を掲載していることからも知られる。だが、軍部ファシズムのなだれは、知識人の疑問の声など踏みつぶしていく。二・二六事件のあと、日本ファッショ化は一段と進んだ。

事件後の広田弘毅内閣の組閣に当たって、陸軍は新内閣は「依然として自由主義的色彩を帯び、または消極的退嬰を事とするが如きものであってはならない……」と声明、予定人事を変更させ、陸軍のいう「革新政策」を採用させた。

こうして三七年七月の日中戦争にいたるのだが、この間雑誌『自由』は削除ほか傷だらけになりながらも、翌三八年まで公刊された。自由・進歩の知識人の最後の叫びのようなものであった。

（2）大正自由教育と児童文化

軍国少年とはどんな存在だったか

〝戦時下、あなたはどんな少年だったか〟と問われたら、私も〝軍国少年でした〟と答える。しかし、それは戦争それ自体への疑問をもたず、従って戦争反対の考えをもたず、政府や学校の命ずるままの生徒・学生生活を送り、勤労動員に出かけ、軍歌を歌いつつ行進、まじめに作業に従事して戦争遂行に協力した少年という意味である。口をひらけば「神州不滅」だの「悠久の大義に死のう」などと叫び、意見を異にするとたちまち相手を「非国民」呼ばわりし、腕力をふるうという手合いは、ついぞ周辺にはいなかった。世間的にはこういう軍国主義男や右翼学生が跋扈《ばっこ》し、大手を振っていたのはもちろんだが……。

いまふりかえって、これはいささか不思議な現象だったという気がしないでもない。当時の全紙面アジテーションの新聞やラジオの絶叫を思うと、それこそスローガン通り〝一億総火の玉〟になっていても不思議はない。にもかかわらず、当時のすべての青少年が狂信的な軍国主義者になりおおせず、私と同年輩の作家・右遠俊郎氏のいう「新しい歴史の始まり」の到来などは夢想もできなかったけれど、いざそれが予想外の形で現われてきたとき、素直に受入れていったのには、どういう理由があったのだろうか。

先に畏友・北村美都穂氏の『君たちはどう生きるか』との出会いを紹介させてもらったが、氏はその前に幼少時代の思い出を綴っている。

「私たちを迎えてくれた『昭和』は、ただまっすぐに戦争に向かって突っ走っただけの時代ではなかったのではないか、とも思える」とのべ、つぎのようにいう。「幼少時代の私は『コドモノクニ』という絵本雑誌を与えられていました。ブタの親子が丸木橋を渡っている場面を見開きページいっぱいに描いた初山滋の挿絵などは、今でも思い出すことができます。岡本帰一、武井武雄といった『コドモノクニ』の画家の中には村山知義の名もあったことを、後に知りました。家の書棚には『日本児童文庫』というシリーズが並んでいました。それは子供向け『百科全書』だった、と今にして思います。これも後になって知ったことですが、日本の民話・伝承を扱った巻は、柳田国男が書いていたのでした。『昭和』になった頃の日本には、『昭和の子供・ボクタチ』を、世界市民として育てたいという願望があったと思われるのです。それは『大正』の残照であったとしても」（このあとに『日本少国民文庫』や『君たちは……』についての記述となる）

私信の延長のような〝通信〟だから、北村氏は引用以上のことは語らず、論証もされないが、幼年時代、つまり昭和初期（大正の残照がある）の児童をとりまく精神文化環境には、世界市民への志向があった、というのである。世界市民——それはあの「ニホンヨイクニ、キヨイクニ、セカイニヒトツノカミノクニ」に到達する国粋主義の対極である。一方で年ごと、日ごとに軍国主義が強まりつつも、他方、それとは異質の感性・理性を育む精神文化環境（世界市民意識につながる）が、年ごと日ごとに狭められつつも、私たちの周辺に存在し続けていた、というのが当時の状況だったのではないか。日本軍国主義はそんな状況を影も形もないまでに抹消しようとしたし、空襲下の敗戦直前の時期になると、目に入るのは荒涼・殺伐とした世間のみ、意識は灰色のその日暮らしという状況になってしまったが……。

大正教育＝自由教育運動

先にのべた自由が丘の地名の遠因となったり、北村氏のいう世界市民への志向の底流となったのは、いわゆる大正デモクラシーの風潮、大正新教育＝自由教育と、芸術教育運動であった。

明治にはじまる近代公教育体制は、教育勅語（一八九〇年）を基軸とするいわば「臣民」教育として展開された。国家主義に貫かれ、徳目主義の羅列で教育内容は画一的だった。児童の個性、まして自由はほとんど許容されなかった。しかし、「世界的な教育思潮の影響をうけ、明治末年から『臣民教育』とは異なる『自由教育』——すなわち、児童中心主義にたち、子どもの自発性を重んずる新しい教育理論・運動が展開されるようになった。例えばデューイのプラグマティズム教育思想の影響をうけた及川平治、木下竹次ら、モンテッソリに学んだ河野清丸、新カント哲学にたち教育思想家ナトルプの影響をうけた篠原助市、手塚岸衛らの主張がそれであった」（溝口貞彦『教職のための教育史〈日本篇〉』）。

デューイ（米）、ナトルプ（独）、モンテッソリ（伊）、あるいはエレン・ケイ（スウェーデン）……児童中心の教育を主張する点において、中世的な注入と暗記中心の、子どもをしばる教育の克服をはかったコメニウス（一五九二〜一六七〇年、モラヴィア生まれ）、ルソー、ペスタロッチの流れの中の人である（ナトルプはペスタロッチ研究者として知られる）。

ルソーとペスタロッチ

『社会契約論』（一七六二年）、『人間不平等起源論』（一七五四年）などの著作によってフランス革命に大きな影響を与え、近代デモクラシー思想の祖となったジャン・ジャック・ルソー（一七一二〜七八年、スイス生まれ）は、『エミール』（一七六二年）で教育論を展開した。エミールという子どもの発達段階に即した教育の方法・原則が語られる。第一篇＝乳幼期、第二篇＝幼年期、第三篇＝少年期、第四篇＝青年期、第五篇＝女性教育。そこで語られたのは、自然から与えられたすべての力を子どもに十分用いさせること、教育は内的発達を助けることであって外から附加するものではない、教育は天賦の諸能力の展開であって知識の供給ではないこと……といったもので、大人がしつらえた思考と行動の形式に、子どもをはめこもうとする伝統的教育観へのアンチテーゼであった。これは「自由で平等な民主社会を想定し、それを実現する意欲と能力をもった人間を育成するための普遍的な原理を論じたすぐれた民衆教育論であった」（溝口貞彦『教職のため教育史〈西洋篇〉』）。

ヨハン・ハインリッヒ・ペスタロッチ（一七四六〜一八二七年）は、スイス・チューリッヒ生まれ。青年時代に『エミール』を読み、大きな影響を受ける。彼の時代は、産業革命の時期で、農村の階層分化がすすみ、農民の生活破壊、家庭崩壊、子どもの精神の荒廃がひろがっていた。ペスタロッチは、このような社会の悪弊に対し、教育による社会改革をめざした。孤児院・学校の開設などの実践を重ねつつ、著作活動を行なった。彼は教育によって大衆を無知と貧困から脱出させ、その道徳的・知的完成を目途した。教育目的は児童の生活諸能力を発達させることであり、そのための教授法の研究を深めた。『ゲルトルートはいかにしてその子を教えるか』(一八〇一年)は、一四通の書簡の形をとる教育論である。フレーベル(独)、ヘルバルト(独)、スペンサー(英)などの一九世紀教育思想家として知られる人びとは、いずれもペスタロッチの強い影響をうけている。

大正デモクラシーと自由教育運動

明治末期に芽ばえた新教育=自由教育の発展の背景となったのは、いわゆる大正デモクラシーである。一九世紀末以降の日本の資本主義的発展・成長・都市中間層の成長とその精神文化状況、加えて第一次大戦への反省から各国にひろがった平和主義・民主主義・自由主義がその基盤である。

新教育の取組みが広がる中で〝新しい学校〟が生まれるが、「新学校の代表であると自他ともに認めていたのは、一九一七年、沢柳政太郎を中心に設立された成城小学校」(山住正己『日本教育小史』岩波新書)である。二高、一高長、文部次官、東北大・京大総長、帝国教育会会長と沢柳は多彩な経歴をもつが、その沢柳が最も情熱を傾けたのは、成城小学校創立と初代校長への就任だったのではあるまいか。沢柳はペスタロッチの全体像を日本に紹介した最初の人だった。『教育者の精神』(一八九五年)で「教育者皆ペスタロッチたるを得べし」と書き、ついで共著『ペスタロッチ』(一八九七年)を出版する。

成城小学校は、教育改革の理念として「個性の尊重」「自然と親しむ教育」「心情の教育」「科学的研究を基とする教育」を掲げた。そして沢柳の下の教師集団には、小原国芳、赤井米吉、山下徳治（ナトルプのもとへ留学した。のち新興教育研究所長）ら、多士済々の顔をそろえた。

帝国教育会会長としての沢柳は、一九一九年、専務理事として姫路師範校長の野口援太郎を招いた。ペスタロッチ研究者だった小西重直（のち滝川事件のときの京大総長）によって、「日本のペスタロッチ」と呼ばれた野口は（小西自身もそう呼ばれるのだが）、下中弥三郎、為藤五郎、志垣寛らと「児童の世紀社」という研究団体を結成（一九二三年。社友は小原国芳、赤井米吉、三浦藤作、原田実）、翌二四年に東京・池袋に『児童の村』小学校を開設、校長となった（教員として野村芳兵衛ら）[8]。

翌二五年には兵庫県・阪急御影駅近くにもう一つの児童の村小学校がつくられた。創立者は野口、下中、桜井祐男・主事（顧問に小西重直ら）で、すぐ芦屋に移転、「芦屋児童の村」小学校となった。二六年、神奈川・茅ヶ崎に上田庄三郎（上田耕一郎、不破哲三氏の父君）を主事として「雲雀ヶ丘児童の村」小学校が設立された。

一九二一年、羽仁もと子と吉一が「自由学園」を創設し、同年、児童教育ではないが、信濃（のち上田）自由大学が開講、二二年には西村伊作が与謝野晶子、石井柏亭、山田耕筰らの協力のもと「文化学院」を出発させた。二四年には、赤井米吉が成城小から離れて「明星学園」をひらいた。

沢柳が一九二七年に死去、成城学園は小西が学園総長、小原が小学校長となった。一九年、小原は「玉川学園」を創設した。三三年、小西は京大総長就任に当たって、小原は玉川学園に専念せよ、と辞任を求めた。小原の去就をめぐって、いわゆる成城学園事件がおこった。北原白秋、下中弥三郎、平塚雷鳥、小山内薫らは小原擁護派だった。擁護派の父母の中から新学園設立の動きがおこり、「和光学園」

が誕生した。このような新学校設立の動きと同時期に明石女子師範付属小の及川平治らのように師範学校付属小学校などで、自由教育を推進する教師たちが輩出した。

八大教育主張

新教育＝自由教育運動の性格を示すものとして、一九二一（大正一〇）年八月一日〜八日、雑誌『教育学術界』（大日本学術協会という出版社が版元）主催の「教育学術研究大会」（八大教育主張講演会と称せられる）の演題と講師の一覧を紹介しよう。定員二〇〇〇名に対し、五五〇〇名の申込みが殺到、講演記録集『八大教育主張』（一九二二年）は、二四年までに一〇回の版を重ねた。

1　自由主義教育の根底……樋口長市
2　自動主義の教育……河野清丸
3　自由教育の真髄……手塚岸衛
4　衝動満足と創造教育……千葉命吉
5　真実の創造教育……稲毛詛風
6　動的教育の要点……及川平治
7　全人教育論……小原国芳
8　文芸教育論……片上伸

手塚岸衛の足どり

上記の人のうち、及川平治と手塚岸衛の評伝が中野光氏の『教育改革者の群像』(国土社)で記述されている。そこでの手塚の足跡が、大正自由教育の辿った運命を象徴しているように思われるので、かいつまんで紹介させていただく。手塚は一九〇八年の福井師範教諭を振り出しに、群馬師範、京都女子師範を歴任、京都時代は府の地方視学となる。教育改革の推進を志して活動を重ね、一九一九年、千葉師範付属小の主事となった。千葉の自由教育は、西の奈良女高師付属小(主事・木下竹次)と並び称され、東の「メッカ」となった。千葉の「大漁節」の曲で「教育改良節」がつくられた。「一ツトセー人の子害う教育を先ず一番に打破れ。ソレ改造ダネ!……六ツトセー　無理をしないで伸び伸びと、児童本位の自由主義。ソレ改造ダネ!　七ツトセー　何から何まで自律的。人格尊導自由主義。ソレ改造ダネ!……」といったものである。「白楊会」という組織をつくり、全国に支部をつくり、機関誌『自由教育』を発行した(一九二四年~)。千葉県下では全教員の二八%が読者になった、という。「自由教育講習会」は、千葉県下約四〇〇の小学校のうち三分の二以上で行われた(一九二〇~二二年)。

しかし、中央の国家主義・統制主義の教育とはどこかで抵触せざるを得ない。この運動に対し、圧迫・反対が加えられるようになった。茨城県では手塚たちの研究講演会が、県学務課によって開催禁止された(一九二一年)。翌二二年、水戸市教育会が手塚を招いたが、茨城県当局は千葉県当局に電報を打ち、来県を阻止しようとした。手塚とは関係のない事件だが、一九二四年九月、長野で川井訓導事件がおこった。長野県松本女子師範付属小の川井清一郎訓導は、国定教科書を使わずに授業をしていた。授業参観のとき、森鷗外「護持院ヶ原の敵討」を使用した。このことが問題化し、川井は休職処分をうけた。

一般的には、自由教育運動＝教育改造運動は一九二四年後半頃からゆきづまりになったとされるが、千葉ではまだ衰えをみせなかった。一九二六年、千葉県当局は、手塚を大多喜中学校校長に転任させた。〝栄転〟の形をとった自由教育対策であった。手塚は大多喜中学でも、自由教育＝教育改造をすすめるが、配属将校（陸軍大尉。前年から配属）と右翼教師（特務曹長）の策動で、校長排斥運動がおこされた。千葉県中学校生徒連合演習に際し、大多喜中の四、五年生全員参加となった。配属将校は全員に背嚢《はいのう》をつけさせようと、購入を要請したが、手塚校長は許可しなかった（余談をはさんで恐縮だが、私はここで快哉を叫ばざるを得ない。演習の度に背負わされたあの背嚢なるものは、古い皮革の独特の悪臭がし、背中に食い込み、三八式銃の重さとともに思い出すたびに不快感がよみがえってくる）。この配属将校は、手塚が赴任の際、小学から抜擢採用した音楽教師を殴打する暴力事件をおこしていた。一九二七年の軍事教練の査閲（年に一回、軍が訓練状況を視察する）における酷評や上級学校受験生不合格問題を理由に、四、五年生が校長排斥の同盟休校を行った。配属将校と右翼教師の画策で、生徒側の音頭とりは県学務課事務官の息子であった。校長支持派の生徒は、排斥派の生徒から暴力をうけた。憲兵隊が介入したり、県議会で問題になるなど、事件は拡大した。県当局は手塚を免官、教頭を休職にしようとした。手塚は辞表を提出、中学全教員も辞表を提出したが、手塚の辞表のみ受理された。

こうして公立学校との縁が切れた手塚は、自らの教育理念の実践の場として、野口の児童の村小や赤井の明星学園につづき自由ヶ丘学園を創設した（一九二八年）。そして八年の奮闘ののち二・二六事件の一九三六年に死去、学園も幕を閉じる。同じ年、池袋・児童の村小学校も廃校となった。

大正自由教育とは何であったか

中野光氏はその著『大正自由教育の研究』の序説において、大正自由教育の歴史的性格と役割につき、赤井米吉、梅根悟、川合章、玉城肇、海老原治善ら諸氏の見解を紹介しつつ考察している。それらのうち、海老原の見解にふれた部分を引用させていただく。

「玉城や川合と同じく、大正自由教育運動に日本資本主義の帝国主義的要請からの反映を認めはするものの、それらが『明治教育＝絶対主義イデオロギー性の批判をもってたちあらわれる』がゆえに『反体制教育運動』の出発を意味した、とみたのが海老原治善である。海老原は『自由教育＝新教育といっても、大きくいって明治絶対主義教育のブルジョア的修正への指向と、より自由主義的な批判による民主主義化への可能性をもつ方向という二つの潮流があった』……とみる。彼は川合が取り上げることができなかった芸術教育運動（後出——引用者）にも注目し、そこにおける人間解放の方向を評価し、総じて自由教育が体制批判に徹底し切れず教育方法の改革にその役割を限定していったことを、思想および運動の『限界』としてとらえ、そうした限界の克服過程をたどることによって、昭和初期の郷土教育、生活綴方教育運動（後出——引用者）への『連続』を実証しようとしていった」

昭和の教育運動へ

大正自由教育運動の時期も、もちろん主流として国家主義教育体制が存在（たとえば臨時教育会議の建議、一九一七〜一九年）していたが、労働運動、農民運動の活発化のなかで、階級性を自覚した教育運動も生まれてきた。一九二一年、労働者教育協会、日本労働学校、二二年の大阪労働学校。同じ二二年から各地で短期の農民学校がはじまる。二五年の新潟県木崎村の小作争議で設けられた木崎無産農民学校はその本格的取組みにおいて、その長期性において有名である。二六年六月、農民小学校を設立するが、県当局によって解散させられた（同年九月）。

大正自由教育を担った人びともさまざまなコースを辿る。八大教育主張者の一人、樋口長市は前記・川井訓導事件の折は視学委員で川井批判の講評を行った。野口援太郎や志垣寛らと池袋児童の村小学校創設に取組んだ下中弥三郎（平凡社社長）は、一九二九年志垣を平凡社の子会社「文園社」の社長とした。編集陣は小砂丘《ささおか》忠義、上田庄三郎らである。同社は、その後の生活綴方運動の拠点の役割を果たす『綴方生活』を刊行した（一九二九〜三七年。発行は、その後郷土社になる）。

生活綴方運動は、芦田恵之助の自由選題主義や、つぎに児童芸術教育運動の節でのべる鈴木三重吉の『赤い鳥』が提唱した、ありのままを書くという文芸的リアリズムに触発され、児童を生活現実に向き合わせ、文章にさせ、教室で検討し、社会認識を育てようとする運動である。すさまじい貧困に苦しんでいた東北農村の教師――とくに青年教師たちは、一九二九年、北方教育社をつくり、『北方教育』を発行（三〇年）、三四年には北日本国語教育連盟（『教育北日本』を発行）へと発展した。翌年、北海道綴方教育連盟の成立、児童の村小学校の『生活学校』発行など、運動は全国にひろがった。「北方性」教育と称するなど地域の生活現実に向き合う姿勢を基本とした。たびたびの弾圧をうけて、やがて表舞台から姿を消す。戦後復活、今は国語教育の重要な柱となっている。

一九二〇年、下中弥三郎らによって「教育改造の四綱領」を掲げる「啓明会」が発足した。日本最初の教員労働組合である（一九二八年解散）。その後、関東小学校教員連盟などの動きがあるが、いずれも当局に阻まれる。そこで一九三〇年、非合法に「日本教育労働者組合」（教労）が結成された。同年、合法的に「新興教育研究所」（新設。所長・山下徳治。機関誌『新興教育』）がつくられた。プロレタリア文化運動とともにプロレタリア教育運動が展開された。教労と新教は、満州事変にさいし、反戦運動を行い、修身や歴史教科書の批判・改作を試みた。校長をふくむ二〇八名の検挙者を出したいわゆる長野教員赤化事件（一九三三年・前出）は、この教労・新教活動への弾圧であった。教員弾圧は一道三府三七県に及んだ。

教育科学研究会（城戸幡太郎、留岡清男ら。その成果は岩波講座『教育科学』三一～三三年）の運動もすんだが、これまた弾圧される。

『赤い鳥』の誕生

一九一八（大正七）年、夏目漱石門下の鈴木三重吉によって、児童雑誌『赤い鳥』が創刊された。「……現文壇の主要なる作家であり、また文章家としても現代第一流の名手として権威ある多数家の賛同を得まして、世間の小さな人たちのために、芸術として真価ある純麗な童話と童謡を創作する最初の運動を起こしたいと思いまして、月刊雑誌『赤い鳥』を主宰発行することに致しました」（創刊に際してのプリントより）。鈴木は当時の子ども向け読物や歌の俗悪さを批判し、「彼等（子どもたち）の真純なる感情を保全開発する」ことを志したのである。創刊号には芥川龍之介「蜘蛛の糸」のほか、島崎藤村、鈴木三重吉、徳田秋声、小島政二郎、小山内薫、小宮豊隆らの童話、北原白秋、泉鏡花の童謡などが収められている。以後、有島武郎、小川未明、宇野浩二、佐藤春夫、豊島与志雄、菊池寛ら文壇の多彩な顔ぶれが執筆する。坪田譲治、塚原健二郎、新美南吉、平塚武二らは、この雑誌で育った。童謡は白秋のほか、三木露風、西條八十、野口雨情が協力、与田準一、巽聖歌らが育った。注目すべきは、作家・詩人の作品だけではなく、子どもたち自身の作品を登場させたことであった。創刊のときから、子どもたちの綴方や詩を募集、綴方は三重吉、詩は白秋が作品を選び、講評をそえて発表した。豊田正子『綴方教室』収録作品の多くは、『赤い鳥』に掲載されたものである。

『赤い鳥』の童謡には、成田為三、弘田竜太郎、草川信、山田耕筰、中山晋平ら作曲家が協力した。

また児童画を公募、掲載したが、選者は山本鼎であった。山本はフランス留学、ロシア滞在（ここで露文学者・片上伸と共鳴）、帰国後、農民芸術運動、児童自由画運動を推進した。後者は、従来のお手本の模倣＝「臨画帳」から離れ、子どもの見たままを描かせる新しい運動であった。児童自由画協会を創設したが、発展させて日本自由教育協会とし（一九二〇年）、片上伸、北原白秋、岸辺福雄らと機関誌『芸術自由教育』（アルス社）を創刊した。山本は白秋の妹と結婚、義兄弟となった。

『赤い鳥』に刺戟されて『金の船』や『童話』が創刊された。『子供之友』（婦人の友社・羽仁もと子）創刊は『赤い鳥』より早く（一九一四年）、生活教育を意識した啓蒙的・文化的編集の雑誌であった。

児童演劇運動など

新劇運動の夜明けとして、小山内薫、土方与志の築地小劇場が一九二四年六月に発足したが、同年一二月に同劇場で児童劇が上演された。この児童劇はそれまでの「子供芝居」「お伽芝居」を脱却、児童芸術に高めるものであった。劇団東童の誕生は一九二八年である。学校演劇運動も成城小学校ほかの私立学校で発展させられた。新興人形劇運動は、伊藤熹朔、千田是也、遠山静雄らによって、一九二三年にはじめられた。本章第2節で私の体験として紹介した、小学校における口演童話（久留島武彦ら）運動も、大正期の児童文化運動である。

ついでにいえば、児童文化という呼称は、一九二二年発行、峰地光重『文化中心綴方新教授法』に端を発しているらしい（浅岡靖央『児童文化とは何であったか』）。峰地は『赤い鳥』に触発された小学教員だった。翌年、「児童文化協会」という出版社（富山師範関係）から童謡舞踏の本が出されている。兵庫県下で自由教育・芸術運動を実践した池田種生は一九二七年、上京、やはり児童文化協会と称する小出版社を興した。池田は新興童話作家連盟（一九二八年）を結成、また新興教育研究所（前出）の活動を、本庄陸男らとともにすすめた。彼らはプロレタリア児童文化運動家であった。プロレタリア文化運動の中で、『少年戦旗』が刊行された（一九二九〜三一年）。

『コドモノクニ』が展開した世界

先述の北村氏の回想であげられている『コドモノクニ』も『日本児童文庫』も大正自由教育・児童芸術運動の風潮の中で生み出されたものだ。『コドモノクニ』（東京社、いまの婦人画報社発行）は、それまでの子ども雑誌がA5判、定価三〇銭前後だったのに対し、B5判、厚いポスター紙三六ページ、オフセット五色刷、定価五〇銭の大型デラックス絵本として登場した。絵画は武井武雄、竹久夢二、蕗谷紅児、恩地孝四郎、鈴木信太郎、本田庄太郎、川上四郎、岡本帰一ほか多士済々、童謡は北原白秋、野口雨情、西條八十ら、童話は浜田広介、岸辺福雄、村山籌子ら、という内容であった。同誌は「新しい情操教育を目標として創刊され、自由主義的色彩のこい、モダーンな上品な絵雑誌だった。毎号、一流メンバーをそろえて、なかなか壮観だった。童心芸術の殿堂などといわれたほどである」（奈街三郎「『コドモノクニ』の芸術運動」、『児童文化講座』第二巻所収）。同誌は一九四四（昭和一九）年三月号で終わる（当局指導のいわゆる企業整理で）が、奈街は「ほんとうは、一、二年前に死んでいたのだ。光輝ある伝統をもって、大きな歴史的役割を果たしただけに、その末期については、語るにしのびないものがある」と苦々しげに文を結んでいる。同誌編集長をやったことのある奈街にとっては、太平洋戦争下、当局の統制でつくらされた誌面など、みるに耐えぬものであったろう。

私と同年（一九二七年生まれ）の詩人・中村稔氏は『私の昭和史』で、幼年時、五歳のころの同誌の記憶について語っている。「教訓的、道徳教育的な要素のまるでない、文学的香気のつよい雑誌であった」「私が『コドモノクニ』に見、感じていたものは西欧的近代社会の匂いのようなものだったのだろう」「一方で私は爆弾三勇士の歌を口ずさみながら、幼な心に西欧的近代的なものへの憧憬をはぐくんでいた」。

『日本児童文庫』と『小学生全集』

『日本児童文庫』の発行元はアルス社である。一九一五年、北原白秋と弟・鉄雄は阿蘭陀書房を設立。芸術雑誌『ＡＲＳ』を発刊するが、赤字で廃刊。そこで一七年、鉄雄がアルス社を興す（末弟の義雄と）。『芸術自由教育』の発行元となったことは先にのべた。日本最初の写真雑誌『カメラ』創刊、『アルス写真大講座』『アルス写真年鑑』の刊行が示すように、創造的な出版活動を展開した。全集『フロイド精神分析大系』はアルス社刊である（一九三〇年ごろ。三三年ごろには春陽堂『フロイド精神分析学全集』）。『日本児童文庫』は、折柄はじまった「円本ブーム」に触発された企画である。円本とは「一円本」のこと。一九二六年、改造社が『現代日本文学全集』（全六三巻）を、菊判約五〇〇ページ、一冊一円で出発させた。当時として六〇万部の予約読者を獲得した、というから大成功である。この成功をみて、各社が競って予約全集物を刊行したのが円本ブームである。

アルス社の北原が土田杏村（文明評論家）と相談、『日本児童文庫』の刊行となった（一九二七〜三〇年。全七六冊）。「内容は内外の古典、物語、童謡、童話劇から知識読物までを網羅し、執筆陣の顔触れも見事だった。杏村を初め河井酔茗、島崎藤村、佐藤春夫らに、禿木（平田）や新村出、森田草平らの翻訳者、小波（巌谷）、未明（小川）三重吉（鈴木）らの童話作家、大類伸、喜田貞吉、田中啓爾らの歴史地理学者、松村武雄、横山正雄、柳田国男らの神話・民俗学者、坪内逍遙、秋田雨雀、長田秀雄、久保田万太郎らの劇作家、石川千代松、渡辺万次郎、正木不如丘、石原純らの自然科学者、美術解説は山本（鼎）や石井柏亭、笹川臨風など、童謡は白秋を筆頭に露風（三木）そのほか、当代一流の人々であった。画家も小村雪岱、高畠華宵、倉田白羊などから、初山滋、岡本帰一、清水良雄、竹久夢二そのほか児童雑誌でよく知られた童画家たちが口絵や挿画、カットを分担していた。名実共に優れた少年少女向けの百科全書であった」（藤尾金弥「アルスの出版活動と『芸術自由教育』」『大正自由教育の光芒』）。

このとき菊池寛、芥川龍之介編集の『小学生全集』（全八八冊、興文社）が同時に発行されたから、大騒ぎとなった（前者は一冊五〇銭、後者は三五銭）。広告合戦となり、北原白秋と菊池寛が広告面で応酬した。

勅語ぬきのヒューマニズム・児童文化

「昔（昭和初年のころ――引用者）は、学校教育と児童文化とは無関係でありえた。学校教育は、教育勅語を中心としていても、児童文学では、勅語ぬきのヒューマニズムでやっていけた」（波多野完治「児童文化とはなにか」『児童文化講座』第一巻）。

学校教育における教育勅語体制の貫徹、すなわち統制による国家主義・国粋主義・軍国主義の徹底、大人の精神生活における思想統制・弾圧にくらべて、波多野氏の指摘するように、児童文化での統制・弾圧には時間落差があったようである。世界や日本の知的遺産を子どもたちに正しく伝えようとする仕事に介入するのは日中戦争以後、蹂躙するのは太平洋戦争下ではあるまいか。『君たちは……』が収められている『日本少国民文庫』（全一六巻）の刊行開始は一九三五年で、完結は一九三七年である。

1　人間はどれだけの事をして来たか（1）……恒藤恭
2　人間はどれだけの事をして来たか（2）……石原純
3　日本人はどれだけの事をして来たか……西村真次
4　これからの日本、これからの世界……下村宏
5　君たちはどう生きるか……山本有三・吉野源三郎
6　人生案内……水上滝太郎
7　日本の偉人……菊池寛
8　人類の進歩につくした人々……山本有三

9　発明物語と科学手工……広瀬基
10　世界の謎……石原純
11　スポーツと冒険物語…飛田穂州・豊島与志雄
12　心に太陽を持て……山本有三
13　文章の話……里見弴
14　世界名作選（1）……山本有三選
15　世界名作選（2）……山本有三選
16　日本名作選……山本有三選

著者名と題名をみれば、勅語ぬきのヒューマニズムの線で編集されていることがみてとれるだろう。もちろん、自由な条件で出版されたものではない。『君たちは……』を読んでいると、当時の検閲・弾圧を意識して、ぎりぎりの線で筆がおさえられていることがよく読みとれる。

（3）文化、教養とファシズム

精神形成の土壌と契機

先述のような精神形成の土壌は、文化と生活体験であるが、その土壌にはさまざまの契機がある。家庭環境における生活態度・習慣・言い伝えなどもその一つであろう。私の問いに答えてくださった同人・宮守正雄さんの教養形成の足どりを、つぎに紹介させていただく（氏は一九二四年生まれ、私より三歳年長）。

宮守氏の家庭は東京・下町の商家。父君は歌舞伎・落語・邦楽に通じた趣味人。母堂は短歌誌『潮音』（太田水穂主宰）の会員で文学好き。その影響で小学高学年から中学にかけて、世界や日本の文学全集を読むようになる。中学生になると『岩波文庫』の名作に親しむようになる。『岩波文庫』の哲学・思想・宗教の分野を読むようになるのは、中学から中央大学予科にかけてから。

中学に入るまでに、文久生まれ、生粋の〝江戸っ子〟の祖父から大きな影響をうけたことを自覚している。祖父は「京都の天皇という人は、明治になって初めて知った。いまの政府は薩摩と長州などの連中が天皇をかついで公方様（徳川慶喜）をだまして作り上げたもので信用できない」と言い、正雄少年につぎのようなことを話してきかせた。

▽自慢をし、威張るのはエヘンプイプイヤローといって人間のクズ。軍人、役人、社長、学者に多い。

▽目立ちたがり、指導者面して人を指図したがる連中がいる。〝売名〟の輩で、やがて地面に叩きつけられる。そのとき自分や人間を見つめ直せたら、見込みがあるが、できなければ〝人非人〟である。

▽〝世間様〟というものは、さまざまな性格・能力の人たちによって動いている。それぞれの人をよく見、自分を磨くことが大切だ。磨く度合いに応じて、それなりの人がお前のまわりに寄ってくる。

▽人のためにつくせ。それもできるだけ相手にわからぬように。さりげなく。間違っても恩着せがましい態度をとるな。

▽自分のことを話すのが先で、相手と和やかな会話ができない人がいる。こういう人は自分本位で、他人の痛みに不感症だ。昔の人が〝聞き上手〟になれと言ったのはひとを敬愛することの人事さを言ったものだ。

中大予科時代、学業半ばにして宮守氏は東部第六部隊に召集される（一九四四年九月）。一週間後、貨車で博多へ。釜山→奉天→天津→南京と移動させられる。南京で一カ月の訓練の後、大沽に駐屯。

釜山の駅頭でひどい光景を目にする。朝鮮人の老爺が駅のホームの水道水を汲んだとき、憲兵がきて「鮮人は出て行けっ」といきなり殴り倒した。この光景で政府やジャーナリズムが喧伝するアジア民族解放＝大東亜共栄圏の欺瞞が見抜けたように感じる。「天皇というものをかついで作りあげた政府」などと祖父から聞かされていた者には、何かのキッカケがあれば、たちまち物事の真実が看破できる。朝礼で「焼くな。犯すな。掠《かす》めるな」と唱えさせられた。これはいかに焼き、犯し、掠めることが横行していたかの証明である。

四六年三月に帰国、復学。もう二度と政府や支配層に騙されるまいという気持ちになる。そして勉強するなら酷い目にあわせたアジアの人々のために勉強しようと、考える。特権階級に属し威張りかえるように人間にはなるまい（祖父の教え）、在野でいこうと思い定める。こうした思いが重なってジャーナリズムを志すようになり、書評紙に仕事の場を得る――教養が人生コースを方向づけていく過程がよく読みとれる。

教養の大事さをみつめ直そう

加藤周一／ノーマ・フィールド／徐京植『教養の再生のために』（影書房）の中で、加藤氏はテクノロジーと教養について、大要つぎのようなことをのべる。私たちは自動車をつくる、そしてより速く、より快適に、より効率的に走れるようになる。これはテクノロジーだ。「しかし、その自動車に乗って、どこに行くかは、テクノロジーとは何の関係もない」。何のために、どこに行くかを決めるのは、教養の分野に属することである。「それは、社会にとっても、個人にとっても、窮極の目的は何か、が大事だからです。どういう価値を優先するか、その根拠はなぜかということを考えるために必要なのが教養です。それがないと、目的のない効率だけの社会になってしまうでしょう」。そして別のくだりで「もっとも劇的な選択は平和か戦争かということでしょう」とのべる。教養とテクノロジーは対立するものではなく、補完的になるべきもので、テクノロジーは教養の基盤をつくるし、それは発展すればするほど教養を必要とする（教養がなければ無残な結果をもたらす）ことにも注意が向けられる。

ノーマ・フィールド氏は、「私たち一人一人が有意義な生涯を送ることができるような社会を目指すことが、教養本来の意味ではないかと思います。その前提としてまずは戦争、それから貧困をなくさなければならない」。しかし、戦争と貧困の根絶はきわめて困難な課題だ。この課題の解決＝「そういう理想」への「執念を作り出すことがそもそも教養の役割でもあるはずです」。

想像力、他者の目、そして視座の転換

では教養は、どうすれば豊かにすることができるのか。多くの本に親しみ、思索をこらすことか。そ

れらが必要なことはもちろんだが、現状の批判的認識と想像力（たとえば自分とかけ離れた境遇の人間の痛みへの）の解放が必要だ（ノーマ・フィールド）。この想像力は、加藤氏によれば、「他人の心のなかに感情移入する能力」のことであり、それは「たぶん小説や詩を読まないと発達しないでしょう」。

徐京植氏は、「教養の必須の条件」として、「他者のことを思い、また他者からの批判に耳を傾けるような対話」をあげる。これはまた、日本の国と社会、あるいは自分の日々の生活を「より大きな世界と歴史のなかで見定め」ることであり、「『自分自身と周囲を、内側と同時に外側から』眺める」ということである。

ここでのべられている想像力や他者の目というとらえ方は、『君たちはどう生きるか』のなかで、潤一君がコペル君と呼ばれるようになったきっかけ、つまり「視座の転換」（同書のモチーフの一つ）とほぼ同義であることに注目しておきたい。

【注】

(1)『世界の名著』第二四巻『パスカル』。中央公論社。前田陽一・新訳。由木康・改訳。

(2) 同前。

(3) 安川寿之輔氏は、一五年戦争期に学校教育体験をもった青少年を三世代に区分している〈『十五年戦争と教育』〉。要約すると、

(A)少国民世代（一九二六～三六年生れ）……軍国主義教育で純粋培養された。

(B)わだつみ世代（一九二〇〜二五年生れ）……自我の目ざめ始める中等教育段階を「満州事変」開戦以後に体験した世代。学徒出陣世代。マルクス主義思想は消失し、国粋主義思想の講義が必修科目扱いとなった時期。

(C)前わだつみ世代（一九一一〜一九年生れ）……わだつみ世代の年長者が自由主義思想の残光に触れることができたのと同じように、マルクス主義の残光に接触しえた世代。

(4) 多くの研究書があるから、それらを参照。大逆事件としては、ほかに難波大助事件（虎ノ門事件）、李放昌事件（桜田門事件）等がある。

(5) 渡辺治「天皇制国家秩序の歴史的研究序説——大逆罪・不敬罪を素材として」『社会科学研究』第三〇巻、第五号、東京大学。

(6) (3)参照。

(7) 自由ヶ丘中学という名称の中学校については、論者は未詳である。しかし同記録の成立過程、及びその内容からみて、大きな事実誤認、誇張はないと判断されるので、引用させていただいた。

(8) 民間教育史料研究会『教育の世紀社の総合的研究』（一光社、一九八四年）。同書には城西学園中学校、啓明学園、目白学園のなりたち等ものべられている。

終章　コペル君の凱旋と吉野さんの視座

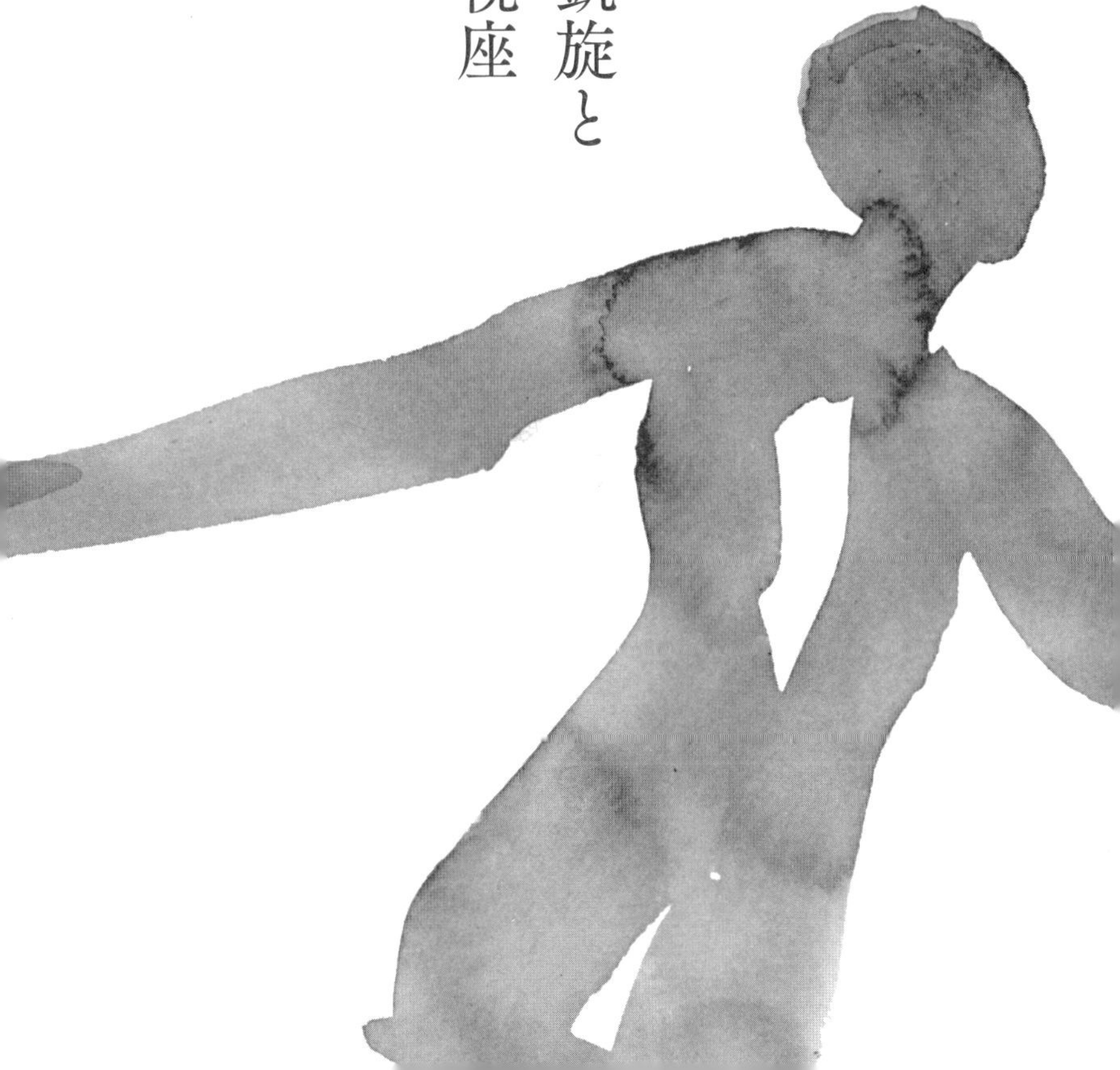

最終楽章

「雪の日の出来事」（テキスト第六章。中学での制裁事件とコペル君の挫折を描く）を山場とする物語は、つぎのように展開する。親友たちとの約束をたがえ、痛恨とともに病床に伏したコペル君は、お母さんのそれとないはげまし、叔父さんの忠言をうけて、心からの反省の手紙を北見君たちに送った（テキスト第七章「石段の思い出」）。それにつづくテキスト第八〜一〇章で、物語はいわば最終楽章を迎える。二週間ばかりの床を離れ、手紙を出してからの四日間、北見、水谷、浦川の三人が、コペル君の家に現われた。コペル君の反省を正面から受けとめて諒解し、友情を復活させようとやってきたのだ。水谷君の姉、かつ子さんも加わり、コペル君の表情は晴ればれとなる（三人の家庭からの抗議によって、制裁事件は学校中の大問題となり、私的制裁を加えた上級生が処分をうけ、事件は決着したことが語られる）。

中学二年に進級した春、コペル君は庭に出、日影の草花を日当たりのよい所へ移し替えた。一本の草花らしきものをみつけ、掘り出しにかかったが、球根まで三〇センチの深さだ。コペル君はその深さに感動する。「そうだ！　あんな深いところからでも、こいつはのびて来ずにはいられなかったんだ」。見まわすと、そののびて来ずにはいられないものは、あらゆる草木の中に、一せいに動きはじめており、のびてゆかずにいられないものは、コペル君のからだの中にも動いているようだ。

その晩、コペル君は、仏像がギリシャ人によってはじめて作られた、という意外な話を叔父さんから教わる。ガンダーラ仏像にまつわる東西文明交流の壮大な歴史である。日本への仏像の渡来経路を知って、コペル君は深い感動に包まれる。「ギリシャから東洋の東の端まで遠い遠い距離――二千年の時の流れ――生まれては死んでいった何十億の人々」「さまざまな民族を通して、とりどりに生まれて来た、美しい文化！」。そして昼間に庭で感じた「あの延びてゆかずにいられないもの」が、「何千年の歴史のなかにも大きく動いている」ことを実感する（テキスト第九章「水仙の芽とガンダーラの仏像」）。

冬の朝、コペル君は新しいノートに、叔父さんに宛てて感想を書きはじめる。叔父さんのノートを何度も読んで、「一番心を動かされたのは」「僕に人間として立派な人間になってもらいたい」という亡き父の言葉である。いまの「僕は消費の専門家」で、浦川君のように何かを生産できるわけではない。「しかし、僕は、いい人間になることは出来ます。自分がいい人間になって、いい人間を一人この世の中に生み出すことは、僕にでも出来るのです」。そしてつづける。「僕は、すべての人がおたがいによい友だちであるような、そういう世の中が来なければいけないと思います。人類は今まで進歩して来たのですから、きっと今にそういう世の中に行きつくだろうと思います。そして僕は、それに役立つような人間になりたいと思います」。以上の言葉で、物語はしめくくられる（テキスト第一〇章「春の朝」）。

新たな戦争を前に、平和の呼びかけ

以上のような、交響曲の最終楽章に当たる部分を別の言葉で追ってみよう。コペル君は人生最初といっていい挫折を経験する。母と叔父の助けを得ながら、率直な謝罪をのべ赦しを乞うという決断と行動によって友情を回復する。挫折を乗り越える体験だ。体験を重ねてコペル君は成長した。のびて来ずにおれぬ黄水仙のように、人間もまた成長し、発達するものである。人類は何千年もの歴史を織りなし、進歩してきた。このような視点に立てば、いまは心を暗くさせる争いに満ちた日本と世界ではあるが、やがて平和で明るい日本と世界へ進歩することは不可能ではない。そうした進歩の側に身をおこうとする人間が、「人間として立派な人間」なのだ。君たち、こんな人間を目ざして生きようではないか――吉野さんの少年少女たちへの呼びかけである。

前にもふれたが、初刷発行は一九三七年七月、日中全面戦争の開始、盧溝橋事件のときである。執筆完了は同年五月。滝川事件以降、日本は戦争の泥沼にいっそう深く足を踏み入れ、軍国主義が日一日と強まる時期であった。だから本書は、新しい戦争を前にした平和への呼びかけなのである。

当時の世相を考えてみよう。戦争熱に浮かされるのではなく、冷静に事態を分析し考察する力のある知識人にとっては、暗澹たる思いに包まれざるを得ない時期である。だが物語は、当時の世相からすれば、不思議な明るさをもって終わっている。それは吉野さんの回想（文庫版所収）で語られている山本有三氏の『日本少国民文庫』編集・発刊意図＝ファシズムに抗するヒューマニズムに基因するものであろうが、同時に著者・吉野さんの人間理性への信頼、理性にもとづく人間発達への確信によるもの、と思われてならない。『君たちはどう生きるか』は、このような吉野さんの哲学を、次代の少年少女に伝えようとする教養書であり、教育書だということができよう。

『君たちは……』にこめられた思い

「思想・文化・教育」というタイトルでの教育学者・堀尾輝久氏と吉野さんの対談がある（堀尾輝久『教育と人間をめぐる対話』新日本出版社、一九七七年所収）。対話はまず、吉野さんが、一九三〇年代後半に、どうして少年少女向けの読みものの仕事、ある意味で教育の仕事にかかわるようになったのか、という質問ではじまる。『君たちは……』など少年少女向け書物の執筆は、まったく偶然のきっかけによる、と吉野さんは答える。一九三一年、満州事変の年、予備将校としての召集中、治安維持法違反で検挙され、軍法会議で裁かれた後、陸軍衛戍刑務所で服役した。三二年に出所したが、完全な失業状態。姉の世話と山本有三氏の援助でしのぐ。そのうち山本氏が新潮社との間で少年少女向けの双書企画(『日本少国民文庫』全一六巻)を成立させ、その編集者として吉野さんを推せんした。失業中ではあったが、哲学勉強を志していた吉野さんは迷う。結局、編集をひきうけ、二年余り没頭。そして山本氏の眼病のため、同氏執筆予定の『君たちは……』を、吉野さんが執筆することとなった。

迷ったあげくの選択ではあったが、吉野さんにとっては、身すぎ世すぎのため、いやいやながらの仕事ではなかった。ファシズムの流れの中で、せめて子どもたちに「本当のこと」「伝えるべきこと」を伝えたいという山本氏の考えに賛成、「今われわれにできるだけのことは、やはりしておかなければならない」という思いで取りくんでいった。その背後には「なにかギリギリな、思いつめたものがあった」と、吉野さんは語る。そのころの気持ちは「嵐の中で顔を伏せて耐えているようなもの」だが、「いつかは……という未来への期待」が心の支えとなる。「歴史はここで終るはずがないんだ、いつかはこの歴史的状況が変わるときがくる、変えられるときがくる、それに備えて今は……」と念じていた。「子どもへの期待」はすなわち「つぎの時代への期待」であった。そして二年間ほどこの仕事に没頭し、全一六巻が終ったときは、もう子どもの本は二度とやりたくない、と思ったほどだ、と述懐する。いかにも吉野さんの人柄を彷彿とさせるエピソードだ。

ついでにいえば、戦時下、多少とも時局の真相を見透せたものは、吉野さんと同じく「いつかは……」という心境でいた。そうして見透しをもつ者の大半はマルクス主義者だった。吉野さんよりかなり後輩だが、私より三～四年上の早大の先輩たちは秘密の研究会で、日本の敗戦を結論づけていた。だから彼らの別れぎわの挨拶は「デア・ターク（その日）」だった。彼らが軍隊に召集されていたとき、学生時代の研究会が発覚し、各地で憲兵隊に捕まり、釈放されたのは一九四五年一〇月一〇日だった。

時代をへだて、状況も大きく異なる今日の時点においても、全篇をつうじてひしひしと緊張感が迫り、しかも当時の状況を考えれば不思議なような明るさをこの物語がたたえているのは、以上のような吉野さんの「ギリギリ」の思いと、人間への確信、「未来への期待」＝「デア・ターク」が貫かれているからだ、と思われる。

普遍人間的なもの――ウニヴェルサール・メンシュリヒ

対談で堀尾氏は、子どもにとって教師としての吉野さん、編集者として〝時代の教師〟の役割を果たす吉野さんを論じ、「教師と編集者」の職業的性格の共通性、その方法論についての意見をのべつつ質問する（このくだりは吉野さんの『編集者の仕事』〔岩波新書〕とあわせて読むと面白い）。

吉野さんは、大学時代、教員免状のために教育学概論や教育史の講義を聞いたのみで、教育問題については素人だからとことわりつつ、問われるままに自らの教育観を答える。

――政治や教育について、少し立ち入っていくと、専門家や学者の教えを乞わねば断定はできないのだが、しかし、同時に、職業や教育程度の差をこえて各人がそれぞれの意見をのべることができる、と考えられているのが政治や教育の分野だ。それには相応の根拠があるのではないか。現代では政治も教育も職業化して専門家がやることになっているけれども、その扱う事柄の内容は、いわば普遍人間的な問題だからだ。

「……ゲーテはエッケルマンとの対話の中で、『哲学者と政治家とは、専門家であってはならない。その扱う問題からいって、彼らは普遍人間的——ウニヴェルサール・メンシュリヒ——でなければならない』ということを語っていますが、教育も同様だといえましょう」。一定の社会関係の中に生きているわれわれは、分業・専門によって関心も価値感情も限定されているが、そういう関係の総体そのものは、どの専門にも属さないし、またどの専門にも関係する。ゲーテが政治について普遍的人間的問題といったのは、このことではないか。そして、子どもの問題というのは、まだどの専門にも分化しない前の問題で、やはり普遍人間的な問題といえる。一方は、極度に分化した後の統一の問題、他方は、未分化の状態にある一体性の問題。「私は、現在の（社会の）梗塞を打開するには、この意味での普遍人間的なものを取りかえすこと、あるいはそれを取りかえそうという強い意欲の動き出すことが、必要なのではないかと思うのです」。

六〇年安保にみられるように、この時期までは、対米従属の軍事同盟か非武装中立か、強権政治（警職法や安保強行採決）か民主主義か、といった理念が対決軸たり得ていた。しかし、安保以後、高度成長をへて、日本社会は現実（追随）主義、実利主義の色彩がおおうようになり、無理想のタダモノ主義が主流になっていく。知識人は専門の枠にとじこもり、共同の輪に容易に加わろうとしない。吉野さんが感じとったのは、こうした梗塞状況であったのだろうが、それは金脈政治支配、バブル景気を経過して、いっそうの深まりをもたらし、今日の乱暴な市場万能主義（弱肉強食）、粗雑・無理念の新自由主義の惨状に至るのである。

『君たちは……』の頃の、軍国主義支配の進行は、現在以上の社会梗塞時代であった。こうしてみると、普遍人間的課題は、吉野さんが生涯問いつづけた課題であった、ということになる。

ニヒリズム対ヒューマニズム、リアリズム

時代梗塞をみつめながらも、吉野さんの眼はニヒルではなく、人間への信頼にみちている。ヴェトナム戦争で、ヴェトナム民衆の勝利への足どりに注目し、そのことは「人間解放の勝利、人間の人間としてのすばらしさの実証」のように思われると述べる。この人間への信頼は、吉野さんの思考の根底に、ヒューマニズムとリアリズムがあるからであろう。吉野さんにおけるヒューマニズム形成の起点として、「少年の時代から論語とか、少し長じてから聖書などに親しんで、深い知恵や浄らかな情操が、きわめて短い言葉によって、実に見事に語られているのに感動した経験」、あるいは「旧制中学生のころから、高校時代にかけて、強烈な影響を受けたトルストイの考え方」があったのであろう。そのような思考と感受性の方向が、青年期における哲学の勉強、そしてマルクス主義における人間の解放・発達の思想との出会いによって、より確かに成長させられていったものと思われる。

その場合のヒューマニズムは、冷静な現実認識、リアリズムに支えられている。思想・理論が対決すべき相手はあくまで現実であり、思想・理論の正しさは現実の検証に耐えるものでなければならぬ。そこで吉野さんは、あるがままの人間をみつめようとする。「矛盾をもちながら生きているというのが、現実のすべての人間の、まぬかれない条件で、だからこそ生きているのだ」。したがって「ある人に担われている思想」をみる場合、それが「どれだけ否定的なものを否定しかえしてきた結果か」とみる視

点が必要となる。道徳についても同じだ。「心身ともに虚弱で道徳律を破るほどの欲望が最初からない人間が、道徳律に反しない生活をしているのと、たとえばトルストイのように、強烈な肉欲と苛烈な求道心とをあわせもって、その相克に悩んで一生を過ごした人と、どちらが立派な人間といえるでしょうか。私は、トルストイのほうが人間として立派だ」と思う。道徳的であるか否かも、ただ道徳律をものさしにして測るわけにはいかない。「なにを、どれだけ否定しているかが、常に問われなければならない」。――コペル君の挫折、葛藤、克服、成長を描く吉野さんの思考態度である。

歴史と人間的なものの全面的展開

日本における文化・教養問題と教育の関連について考察し、国民の学習・教育権を説く堀尾氏の所論をうけて、吉野さんはつぎのようにいう。「子どもの教育権が文化と関連して考えられると、問題は歴史の問題につながるという話」は興味深い。「子どもの教育が一面では、人間の可能性の展開として考えられ、そのかぎり全体的な人間の理念につながるという点」、「他面では、子どもが文化の継承、発展の担い手として考えられ、そのかぎり、教育は歴史における価値の連続を前提としているという点」においてである。二つの点を考え合わせると、先にのべた「普遍的人間的なものが、過去から現在を通じて将来へという、歴史のダイナミックな展開の中で取りあげられるようになる」。

各時代の文化は、それぞれの時代の社会・経済的構造に規定されているから、時代を異にした文化の間には、質的な相違がある。この面からみれば、歴史は非連続だ。だが、マルクスがその『経済学批判』の序言で指摘した、異なった時代、異なった社会の所産が古典的な価値をもって現代に通用する

（ギリシャ彫刻と現代のように）ことの例からみれば、歴史にはまぎれもなく連続がある。いわば歴史は非連続の連続である。こうした視点に立って、「教育を人権の思想にもとづいて、人間の可能性の展開として考える場合には――重視されるのは、歴史の連続の面になるだろう」。そういう連続の面から考えるなら、「歴史は、それぞれの時代に激しい階級対立や分裂や矛盾を蔵しながら、なお、総体として、人間的なものの、その全面的な展開へ向かっての前進としてとらえられるのではないか」。

――黄水仙の芽をつうじて可能性の展開を想い、ガンダーラ芸術をみて歴史の連続が語られ、物語全体として人間的なものの全面的な歴史的展開が『君たちは……』で語られているのであった。

この物語は道徳についての教科書である

「かつての修身科のように、国家が道徳律を定め、徳目を選び、国家的統制の下にそれを子どもたちに注ぎこむという、政府の管理下に行われる道徳教育」には、吉野さんはもちろん反対だ。『君たちは……』は、当時の軍国主義道徳教育に対し、正面からの批判の言葉はないが、内容的にはきわめてきびしい批判の書となっている。そして同時に、きわめて積極的な道徳教育の書にもなっている。それは当時から吉野さんの中に、つぎのような認識が存在していたからであろう。「感受性が柔軟で、価値感情がまだ汚れていないうちに、私たちは、子どもの中に、子どもにとって可能なかぎり、いろいろな価値意識をめざましてやる必要があり、その中には倫理的な価値意識もあると思うのです。彼らに人間の立派さとか、やさしさとか、一般に人間の人間らしい価値についての自覚を促してやらねばならない。それを怠ると、音楽について音感を欠いた音痴があるように、道義についても道義感の欠如した人間ができあがる」「こういう価値への開眼という意味で、子どもの精神を開発するということは、やはり、教育といわれるのではありませんか」。

――このような文脈において、『君たちは……』はきわめて高質の教育書になり得ており、世代と歴史的時間をこえて多くの読者に支持されているのであろう。先述したように、吉野さんは人間をリアルにとらえる視点を堅持する。価値意識や感情の目覚めについて考えるとき、否定的な形で出て来る価値感情に注目しよう、という。バスなどで老婆を押しのけて乗車してくる乱暴な奴をみかけると、けしからんと思い、上役にへつらう奴をみると、その卑屈さに反感を覚えるというように、「反価値への否定というものが、私たちの精神にネガティヴな形で価値意識を目覚めさせるのがふつう」ではないか。「差別に対する憤慨がさきで、平等の理想への目覚めや、その理想に向かっての努力がつづくのです」。

戦前、あの苛烈な治安維持法の下でも、危険をおかして非合法活動に参加する人が絶えなかった（吉野さんもその一人）のも、差別と抑圧にみちた非合理、非人道の体制への怒りがその基底にあったのだ。『君たちは……』の物語への背景には、非合理なもの、理不尽なもの、差別への激しい怒りが湛えられている。

みずからに問いかける――「どう生きるか」

『君たちはどう生きるか』の主題は、貧困・差別、そして戦争（時局状況から正面にすえられなかったにせよ）とこれに対置する人間性の解放であった。

先にふれたように、吉野さんが堀尾さんとの対談で、日本の梗塞状況を憂えたのは一九七二年であった。その時点から今日をくらべると、日本の梗塞度は数倍にも増している。『君たちは……』が書かれた日中戦争の時代とは別の形態ではあるが、再び「戦争をする国」にするか、しないか、貧困・差別・選別を増大させるか、克服するか——そのために、君たちはどう生きるかが問われる時代になった。その問いは当然自分自身への問いである。「私たちは、どう生きるべきか」。

おわりに

『20 c.－21 c. マスコミ・ジャーナリズム論集』第一号（一九九三年）からの連載「吉野源三郎『君たちはどう生きるか』をどう読むか――私の名著研究」は、内容的には第一四号（二〇〇七年）の「第7章 人間発達の未来へ」（本書の終章）で終わった。にもかかわらず「最終回」としなかったのは、この作品を通じて向き合ってきた吉野さんと別れ難い思いがあったからである。

一九三七年刊の同書はまさに「君たちは、どう生きるか」との語りかけで終わっている。私はその言葉をそのまま現代に生きる私たちへの呼びかけと受けとめる旨をのべて擱筆した。だが、吉野さんのその呼びかけは次世代へ向けてのものであったと同時に、自分自身に向けてのものであったに違いない。吉野さんはひとにはやさしいが、自らにはきわめてきびしい人であった。ひとに何かを期待するとき、まず自らがその期待に応えるべく全力をあげる人であった。[1] 少年少女たちにどう生きるかと問いかけた吉野さんは、その後どう生きたか。その足どりを追い、報告すべきではないか――そんな思いがあって私は最終回と記すのをためらったのだった。

同書刊行後、吉野さんは岩波書店に入社、亡くなるまで出版ジャーナリストの道を歩んだ。岩波での最初の業績は、岩波新書の創刊（一九三八年）であった。「偏狭な国粋主義や反動的な思想を超えた、自由で豊かな文化があること」を伝えたい、「人類の進歩についての信念」[2]を養っておきたいという山本有三氏の思想に共鳴し、『日本少国民文庫』（一六巻）を編集、『どう生きるか』執筆に吉野さんは精魂を傾けた。その吉野さんの姿勢は、「もしも国民の『物の考え方』と心情の中に、狂信的な国粋主義やファシズムと相容れない異質的なものが眼覚め、それがどれだけにせよ定着するならば、それこそが、生硬なイデオロギーよりも、かえって根底的な反ファシズムの地盤になるはずだ[3]」との着想にもとづく、岩波新書創刊へと展開した。

『どう生きるか』の主要課題――ヒューマニズム＝人間（性）の解放・発達、その最大の阻害要因＝貧困と戦争（後者は当時の情勢により正面から描かれはしなかったが）は、ひきつづいて戦後の吉野さんのテーマであった。反戦、平和、民主主義、自由、人権の理念をみつめつつ、絶えず現実と切り結ぶ一貫した姿勢は、創刊以来長く編集長をつとめ、骨格をつくり上げた『世界』の誌面を貫いている。平和への哲学、人間解放・発達の思想が読みとれる。

吉野さんは出版ジャーナリストでありつつ、哲学者、思想家、現代史家であった。いや、そうであったからこそ傑出した出版ジャーナリストであったのだ（その対極に、単なるオモシロ主義、現実追随主義、売上げ至上主義の無理念、無節操の編集者たちがいる）。

吉野さんは常にそれらの課題と取組む現実の「場」に身を置いた。広範な知識人を結集した平和問題談話会や憲法問題研究会の組織者、あるいはまた敗戦直後発足のジャーナリスト連盟呼びかけ人、その後の日本ジャーナリスト会議（一九五五年～）の初代議長、原水爆禁止運動をはじめとする統一戦線運動の推進者、としての「場」である。

吉野さんは好んでひとの先頭に立ち、号令を下す人ではなかったが、周囲が強く要望し、自らもそうすべきと判断したときは、その「場」に立つことを辞さない人であった。戦前、戦中、ジャーナリストは分散、孤立し、ファシズムに有効な抵抗をなし得なかった。その反省があったからこそジャーナリスト連盟（ジ連）結成に尽力し、レッド・パージ等によるジ連壊滅後は、プレスの会、知識人の会で連帯を維持し、日本ジャーナリスト会議結成の核となったのであった。

そのジャーナリスト活動を職場で支えるためには労働組合によるその地位の保障や権利の確保が必要である。そのために吉野さんは出版労働運動にも携わった。一九四六年の岩波書店労組の初代委員長となり、盟友の松本慎一・印刷出版（全日本印刷出版労働組合）書記長[4]と協力、各出版企業を通ずる統一労働協約締結を成功させた（各出版社で同一の労働協約を結ぶ）。岩波書店における統一協約の後文（個別に締結）では、日本民主化への労・経（営者）共通の意志、そのための労組の役割、出版事業の社会的使命にかかわる労経協力の必要が謳われている。吉野さんは松本氏のあとをうけ、印刷出版書記長や産別（全日本産業別労働組合会議）の執行委員（四七年）もつとめた。吉野さんは労働運動家でもあったし、経済安定本部（長官・都留重人）の顧問になったこともある。

戦後初期から晩年まで、〝吉野源三郎はどう生きたか〟をまとめるべきだ、という思いが「最終回」と記すのをためらわせたのだった。しかし私に残された人生の時間は残り少ない。やはり第一四号をもって終わったことにさせていただくほかないことをご報告する。連載中、ご教示や激励を下さった多くの方々に感謝しつつ。

【注】

(1) 吉野さんは一九三〇年代初め、治安維持法で三度検挙された。最初は東大図書館司書のとき。次いで陸軍砲兵予備少尉として召集中のとき。陸軍衛戍刑務所に一年半ほど囚われる。このとき累を仲間たちに及ぼさないため、吉野さんは自殺をはかった。数ミリの差で死にいたらなかった。信義にあつく、自らにきびしい人柄である。

(2) 吉野源三郎「作品について」(岩波文庫『君たちはどう生きるか』所収)。

(3) 吉野源三郎『職業としての編集者』(岩波新書)。

(4) 吉野さん、そしてその盟友たちは、当時街頭で労働の姿を眼にする機会の多かったプロレタリアートに熱い共感を寄せていた。一高時代、古在由重氏とツルハシを振う労働者を眼にしたとき(古在由重『教室から消えた先生』)。一九二五年メーデーで、三省堂の同僚だった松本氏と女工の行進をみたとき(吉野源三郎「若い日の松本」(『人民評論』四八年一月号)。ともに〝額に汗して〟働く姿への感動と、その感動を分かちあう終生の友情がにじみ出て、美しい文章である。吉野さんの盟友として、さらに粟田賢三氏(哲学者、岩波書店)がいる。

吉野源三郎と橋本進

熊谷伸一郎

吉野と橋本の足跡の共通性

一九三七年、戦争とファシズムの季節に刊行されたにもかかわらず（いや、実際には、そのような時代状況と向き合って著されたものだからこそ）、普遍的な内容をたたえる図書として、いまなお多くの読者を得ている『君たちはどう生きるか』。この一冊の児童向けの書物に、著者の吉野を通じて、どれほどの人類の知的営為の蓄積が含まれているか。それを解説したのが本書である。

もとより、児童向けに解説したものではない。本書は、日本ジャーナリスト専門学校（二〇一〇年閉校）における橋本進の講義「名著研究」の草稿をもとに編まれた。中央公論社の編集者だった時代、橋本が『世界の名著』シリーズのうち数冊を担当していたことから、この講義を担当することとなったという。本書では紙幅の関係から割愛されているが、本書のもととなった雑誌連載の開始に際して橋本が書いた説明*によれば、その経過は次のようなものだった。

「一九八四年、現代史出版会の休業とともにフリーの身となったとき、先輩ジャーナリスト松浦総三氏のお世話で、この講義題目（「名著研究」――引用者）が与えられました。……ふりかえってみれば、青年時代、若干の世界・日本の名著にとりくんだ経験が、その後の私の出版ジャーナリストとしての形成に生きていることが自覚されます。試行錯誤の授業をしているうち、吉野源三郎氏の『職業としての編集者』（岩波新書）が発刊されました（一九八九年）。哲学者、思索家、そして実践家でありつづけながら、すぐれた出版ジャーナリストとしての生涯を貫かれた吉野さんの業績を読むなかで、氏がとりくまれたであろう名著を紹介していくことのほうが、私の貧弱な学習体験を語ることより、若い諸君にとってはるかに有意義であろうと、思いいたりました。そこで吉野さんの名著『君たちはどう生きるか』を中心テキストにして、読みすすめるなかで、関連名著を紹介するという形式を考えました」

本書を読めばわかるように、橋本の学習が「貧弱」などとはとうてい思われない。本書は、これからジャーナリズムの世界に入ろうとする若い世代に向けて、出版ジャーナリズムの先達が語りかけたテキストであり、その点、子どもたちに「おじさん」の視点から語りかけた『君たちはどう生きるか』と共通した構造があると言えよう。

名著研究という講義の草稿との性質もあって、各章の参照文献に見られるように、第1章から第2章にかけて、カント『永遠平和のために』、デカルト『方法序説』、エンゲルス『家族、私有財産および国家の起源』、ベーベル『婦人論』が紹介され、第3章では「網目の法則」を入り口としてマルクス『資本論』やエンゲルス『イギリスにおける労働者階級の状態』を中心にした社会科学の古典中の古典が解説される。第4章では「浦川君」の描写から貧困問題を、横山源之助『日本の下層社会』や細井和喜蔵『女工哀史』、河上肇『貧乏物語』などの、これも古典中の古典をひもときつつ解説がなされている。

本書の中で、第5章はやや異質である。ここでは名著も古典も紹介されない。むしろ社会科学の古典をはじめとする人類の知的営為が敵視され、排除され、ついには絶滅させせられた戦時下の出版とジャーナリズムの状況が、特高警察の内部資料である『出版警察報』などを通じて解説されていく。冷静な筆致ながら、そこには、明らかに、自由な言論を押し潰すものに対する橋本自身の憤怒がこめられているように思われる。『君たちはどう生きるか』がどのような時代状況のもとで書かれたのかを知るうえでも重要な章である。第6章は橋本氏自身の「皇国教育」体験も交えつつ教育について語られる。

各章とも話題の端緒は『君たちはどう生きるか』から採られ、適宜参照されるものの、当然のことながらその基調にあるものは、戦後の民主主義運動とジャーナリズムの本流にあって、最期までの姿勢を一貫させた橋本氏の体験と世界観である。名著というものが常にそうであるように、『君たちはどう生きるか』を別の形で理解し説明することも可能であろうが、本書の全体を通じ、橋本氏の素材の切り選びかたや理解の鋭利さ、現実との切り結びかた、筆致の安定感は、さすがと思わされる。

一八九九年生まれの吉野源三郎に対し、橋本は一九二七年生まれと、その生きた時代に約三〇年のへだたりはあるが、総合雑誌の編集者として同時代と格闘し、出版労働運動やジャーナリストの連帯に力を尽くしてきた両者の足跡は共通する。

さらに言えば、戦前、治安維持法違反で三度にわたって検挙された吉野に対し、戦後の出版史における最大の事件の一つといえる『風流夢譚』事件（嶋中事件ともいう）を、橋本は『中央公論』の編集次長として経験している。そのどちらも、（憲法二一条にいう）「集会、結社及び言論、出版その他一切の表現の自由」にかかわる深刻な体験であり、本書が単なる古典解説や書誌の羅列にとどまらず、吉野がかねて問題にしていた「思想のリアリティ」をもっているのはそのためであろう。橋本は、『君たちはどう生きるか』の解説者として最適任の位置にあったといえる。

故・橋本進氏は二〇一八年八月に亡くなった。私にとって橋本は半世紀近く年上の存在であり、しかも直接の面識はない。吉野源三郎といい、橋本進といい、編集者としても出版ジャーナリストとしても大先輩というべき存在であり、その二人の知的結晶である本書の解説を引き受けるという大胆な判断に至ったことについて、少し触れさせていただく。

大月書店より本書刊行と寄稿についての話がある前に、私はすでにこの本のもととなった雑誌連載を読んでいた。吉野源三郎の事績について調べていたところ、岩波書店OBで、在職中は『世界』や岩波新書を編集されていた坂巻克己氏よりご教示をいただいていたためである。何日間かかけて読了し（もとの連載は本書よりかなり分量が多い）、ここに書いたような感想を持つと同時に、本書で紹介されている資料を集めるなどしていた。また、橋本氏が注力されていた横浜事件における国家の責任を問う活動に私も一時期参加していたなどといったこともあり、偶然とは思えないものを覚え、非力を顧みず引き受けた。

吉野の事績についての資料を集めていたのは、編集者・出版ジャーナリストとして常に参照軸として位置する存在である吉野について詳しく知っておきたかったということと、また同時に、『世界』で吉野にかかわる特集を編むということもありうるのではないかと考えたからである。そしてそれは、言うまでもなく、『君たちはどう生きるか』が、刊行から七〇年が経過してなおこれだけ多くの人々に読まれ、児童書や思想書という表層的なカテゴライズを越え、一冊の本として強い生命力をもって生きつづける古典となったということから触発されたものである。

だが、吉野が書いたものやその実践のドキュメントを読めば読むほど、また吉野を知る人から話を聞けば聞くほど、『世界』という雑誌がしなければならないのは、吉野についての記事を掲載することではなく、いま時代が提起している課題と格闘し、事実を掘り起こし、分析し、論評し、これらの課題について自分たちがどうすべきかを議論し、提案し、あるいは批判していくこと――すなわち吉野が編集者として自らに引き受けた責任を、私たちも引き受け、果たしていくことなのではないか、と思われてくるのである（それでも吉野の本格的な評伝はやはり必要と思い、橋本が「おわりに」でその試みを高齢のために断念したと告白していることをきわめて残念に思うのだが）。

吉野は、ある講義で次のように述べている。**

「日本においては、……哲学を勉強している専門家に『君は何が専門か』と聞けば『わたくしはギリシャ哲学です』とか『アリストテレスです』とかいうことになります。ところが哲学そのものが解決しなければならないのは、アリストテレスの著作ではないのでありまして、アリストテレスは哲学的問題と格闘した成果を自分の著作に残したのであります。……もとの思想家には彼が生きていた時代に直面した問題があります。それはかならずしも当面の歴史的な問題だけではなく、永遠の問題と言われているものの場合もありますけれど、ともかくそういう問題をその時代に受けとって、それと格闘し、そしてその時代に大きな影響を与えたという、そういう相互作用の中で思想がいとなまれたのであります。それを今日わたくしなり皆さんなりが受けとることによって、今日の相互作用の中でどれだけの力を発揮し、どれだけの役割を果たせるのか。そこが問題であります。それによって思想がもとの思想家のリアリティと等しいリアリティを回復するのだろうと思うからであります」

これからも多くの人々を励ましつづけるであろう吉野の著書・思想・実践には、それぞれの時代と格闘してきた思想家の遺した知的財産に対する、徹底して主体的な学習があった。橋本が遺してくれた本書は、私たちもまたそれらの知的財産を受けとり、学び、今日の相互作用の中で役割を発揮していく存在となるために、最良の水先案内であろう。

＊ コマエスクール同人編『20 c.－21 c. マスコミ・ジャーナリズム論集』第一号、一九九三年一月。
＊＊ 吉野源三郎「思想のリアリティと同時代」、社会科学研究セミナー・芝田進午編『社会科学研究年報7（一九八三年版）』所収。

（くまがい・しんいちろう／岩波書店『世界』編集長）

橋本進と六三年

出会ったのは一九五一年一月、『婦人公論』の編集者だった進の企画で四月号に掲載する「アプレゲールの抗議」座談会、女子大卒業を目の前に控えた私は二一歳、彼二三歳で、話は盛り上がり、以後あれこれの意見を手紙に書いたりしゃべったりで話の合う友人になった。そして「男女平等・相互の人格を認めあい援助し力を合わせて平和・民主主義のためにたたかってゆきたいと決意して……」という宣誓を友人たちの前で読み上げて、五五年九月に結婚した。以来六三年、共に元気で暮らしてきたのに二〇一八年八月、彼は肺がん初期告知後一年半で逝ってしまった。

この評論は一九八六年以来、非常勤講師として日本ジャーナリスト専門学校と都留文科大学で講義した内容を軸にして、同人誌に一九九三年から毎号発表したものである。当時、自分のことに追われていた私はそれを知りつつ読むことを怠っていた。

いま、それを一挙に読んで感無量、彼の学識と根気よさに驚いている。ここに出てくる内容はこの二〇年いつも話題にしてきたことで、おおくの書籍を求め、読み、考証に足を運び丁寧にまとめたものと思える。

進はジャーナリストに生まれついたような人で、会った最初からいつも話題は政治・社会情勢・社会運動に関したことで、そういうことに関心のある私は彼とはなすことがおもしろくてならなかった。二〇歳代から『中央公論』『婦人公論』の編集の仕事をしていて、当時の言論界で問題提起できるような原稿を書いていただくのにあちこちに出かけて執筆者を探し、テーマを模索していた。新婚旅行も途中で編集会議のために帰ってきたり、上高地に行こうと旅行に連れ出しても途中の松本で引き返してしまうというように、編集を離れられない仕事中心の人であった。帰宅はいつも待ちぼうけの深夜、土日も執筆者と会うために出かける、夏季・冬季休暇もとらず、夕食など一緒にとることはまれで、私は一人暮らしのようであった。したがって住居の設定も子育ても日常生活は私の独断、彼は趣味も生き甲斐も編集がすべてなのだとおもい知った。その仕事ぶりをみると筆者の考え方を大切にし、執筆された原稿にその考えがよく反映されているかどうか丁寧に読み込んで筆者と話し合い、加筆訂正をすすめる、その親切な対応のしかたはおどろきであった。作家の堀田義衛さんにはよく信頼されていた（後年、堀田さんの自伝的回想録『めぐりあいし人びと』〔集英社、一九九三年〕の構成を手伝うことになった）。あまりにも仕事に全身全霊を打ち込むので、彼の生理的生活時間は最小限になってしまい、健康を心配したものである。

また出版労働者の権利をまもりたたかう、という労働組合運動にも熱心で、中央公論労働組合の役員・委員長からその上部組織の出版労連の役員も務めて、さらに日本ジャーナリスト会議にも参加し、実に多忙であった。いきいきと仕事と活動に励む彼はかがやいていて、いつも妬ましくうらやましくおもっていた。

しかし、一九六一年に起こった嶋中事件で彼の人生は一変した。『中央公論』に載った小説『風流夢譚』が、夢の中であるけれど、皇室を揶揄したものであるという解釈をした右翼団体が抗議し、一七歳の少年が社長の私宅を襲い夫人が怪我、お手伝いさんは殺された。同誌編集長は更送され、編集次長だった進は他の部署に異動となり、生き甲斐であった総合雑誌の編集、言論活動の第一線から撤退しなければならなくなった。さらに、次に担当した『思想の科学』誌が天皇制特集をしたので諸般の事情からその刊行を取りやめて断裁にしたことなども続いてあった。

嶋中事件は「東京新聞」二〇一八年一〇月五日夕刊コラムで「……この黒い歴史を知らぬ出版人はいない」とあるように今日まで語られる事件であるから当事者の進にとっては一大エポックであったろう。彼はその後出版部で仕事をしていたが、一九七〇年に誘われて『時代』という総合雑誌の発刊に編集責任者として加わった。私は当初は経済的理由で反対したが、彼の夢をおもいやって黙過、彼は四三歳で中央公論社を退職した。

想定したように『時代』誌は五号で休刊し、彼はその後徳間書店が発足させた「現代史出版会」編集長になった。一九八四年に休止するまで民衆史を手がけ、『鎖塚――自由民権と囚人労働の記録』(小池喜孝著、一九七三年)、『自動車絶望工場――ある季節工の日記』(鎌田慧著、一九七四年)、『ゲンダーヌ――ある北方少数民族のドラマ』(田中了/D・ゲンダーヌ著、一九七八年)などおおくの出版物を編集した。

彼は仕事の関係でたばこはどうしてもやめられないヘビースモーカー。私は健康が心配でならないので、仕事をやめて(好きなことだけやる)フリーになるよう勧めた。以来、日本ジャーナリスト会議で活動しそのニュースを手伝い、出版退職者懇談会にも参加、日本ジャーナリスト専門学校・都留文科大学の講師になったりして自由な生活に入った。三年かかったがたばこもやめることができて、私はほっとした。

五九歳から九一歳で死去するまで、彼は横浜事件再審を求める活動をはじめ、さまざまな社会活動に熱心に参加していきいきしていた。

彼の社会的関心は私の専門のフェミニズムや社会保障・福祉にもおよび、私が熊本学園大学に職を得て単身赴任をしてからも、海外に出張など出かけるときは必ず同行し、彼なりの視点でおおくを学び発見したようである（毎年二〜三回出かけた。本書にはそこでの見聞が述べられていて有益だったと思われた）。二人は一九八五年にナイロビ、一九九五年に北京で開催された世界女性会議にも参加。海外にいる知人、友人を訪ねて旧ソ連や東欧・中国での社会主義の現実も見た。特に一九八九年前後の中国・チェコ・バルト三国では歴史の移り変わりを見たおもいであった。私のウィーン大学への研究長期出張では、ヨーロッパの政治・生活を味わったことである。

私事になるが、彼の編集者としての技術を高く評価していた私は原稿執筆にもつきあってもらい、多分に恩恵を受けたことである。

私どもの暮らしの中でいちばん大事にしたのは書籍であったから、一間《ひとま》暮らしの最初から、狭い団地に住んで子育てしたときも、まるで書籍の中で食べ遊び、寝ているような暮らしであった。本の置き場を求めて近所の分譲地を買い、小住宅を建てて本だけ置いたが、のちにそこを増築して引っ越した。十数年後それでも置き場がなくなり、ある程度処分をきめて図書館を活用しようと、本の重みで家がゆがまないように都心に鉄筋の三階建てを作って転居した。本に追いかけられる人生であった。彼の終末をむかえてそれらの本を処分したときは、身を切られるおもいで私たちの生活の半分を整理した感がある。

進と一緒に生きた人生は、最初に宣誓した男女平等、平和と民主主義のためにたたかう、という理念の実践であったが、当時の社会でそれを実行することはたいへん困難であった。女性が働きつづけられる職業を探すのも厳しい時代、ともに仕事を持つのに、子どもが生まれてもその面倒をみてくれる人もいないし、保育所もない。地域で保育所づくり運動をするが、夫は仕事だから超多忙ですべてあてにならない。電化製品は開発途上で家事もたいへんであった。このことは書き残さねば、と私は自分史『切り拓く』（ドメス出版、二〇一六年）にまとめた。

夫婦が対等で仕事・子育てを両立させつつ自己実現をめざして、理念どおりに生きることはとても難しいが、夫婦ともになんとかここまで現実に妥協せずに生きて来られたのは、共通の思想・価値観に支えられ、努力し、相互に我慢をかさねてきたからである。

進の人生をまとめてみると、前半は編集という仕事をとおして、後半はジャーナリストとして社会的発言と活動を実践しつつ十分生きることができ、充実した良い人生であったとおもえてくる。

最後になったが、本著を刊行していただくためにおおくの方々のお世話になった。まず同人誌で一緒だった中央公論社での後輩の奥田史郎さんが本評論を示唆され、元草の根出版会の梅津勝恵さんが全文を集めて読んでおおすぎる内容を指摘され、元新日本出版社編集者の志波泰男さんが出版案を考えて、大月書店の森幸子さんが短縮して一冊にまとめてくださった。そして、岩波書店『世界』編集長の熊谷伸一郎さんには激務であるにもかかわらず、急なお願いに応えて「解説」を書いていただいた。ご多忙のなか時間をかけてくださったみなさん、そして丁寧な編集にこころからお礼申し上げる。

二〇一八年一一月

橋本　宏子

本書は、コマエスクール同人編『20c.－21c. マスコミ・ジャーナリズム論集』第一号（一九九三年一月）から第一四号（二〇〇七年）に連載された「吉野源三郎『君たちはどう生きるか』をどう読むか――私の名著研究」（全一一回）と同第一五号（二〇〇八年）に掲載された「『君たちはどう生きるか』をどう読むか」の連載を終えて」を纏めたものです。

この書籍化に際しては紙幅の制約により、著作権継承者のご了解のもと、やむなく削除した箇所があることをご海容願います。（編集部）

著者　橋本 進（はしもと・すすむ）
1927年東京生まれ。小・中学校は神戸市。1948年中央公論社入社。『中央公論』編集次長などをへる。1972年現代史出版会編集長。1984年よりフリー・ジャーナリスト。日本ジャーナリスト専門学校講師、都留文科大学講師、日本ジャーナリスト会議代表委員、日本ペンクラブ会員として活躍。1986年には「横浜事件・再審裁判を支援する会」を創設し事務局をになう。著書に『南北の塔——アイヌ兵士と沖縄戦の物語』（草土文化、1981年）、『長崎に燃えよ、オリンポスの火——車いすの平和の旅』（共著、草土文化、1983年）、『出版——その現在と未来』（小学館労組ブックレット）、『横浜事件・再審裁判とは何だったのか——権力犯罪・虚構の解明に挑んだ24年』（共著、高文研、2011年）などがある。
2018年8月没。

装丁・装画・挿絵　小林真理（STARKA）

『君《きみ》たちはどう生《い》きるか』を読《よ》み解《と》く
——あるジャーナリストの体験《たいけん》から

2018年12月15日　第1刷発行

定価はカバーに表示してあります

著　者　橋　本　　進
発行者　中　川　　進

〒113-0033　東京都文京区本郷2-27-16

発行所　株式会社　大　月　書　店

印刷　太平印刷社
製本　中 永 製 本

電話(代表)03-3813-4651　FAX 03-3813-4656／振替 00130-7-16387
http://www.otsukishoten.co.jp/

©Hiroko Hashimoto 2018

本書の内容の一部あるいは全部を無断で複写複製（コピー）することは法律で認められた場合を除き、著作者および出版社の権利の侵害となりますので、その場合にはあらかじめ小社あて許諾を求めてください

ISBN 978-4-272-33095-9　C0036　Printed in Japan